THINKER

思想者

记录时代的精神印记

美国简史

A BRIEF HISTORY OF THE UNITED STATES

刘芳 著

新世界出版社
NEW WORLD PRESS

图书在版编目（CIP）数据

美国简史 / 刘芳著. -- 北京 : 新世界出版社,
2017.4

ISBN 978-7-5104-6190-3

Ⅰ.①美… Ⅱ.①刘… Ⅲ.①美国 – 历史 – 通俗读物
Ⅳ.①K712.09

中国版本图书馆CIP数据核字（2017）第023015号

美国简史

作　　者：刘　芳
责任编辑：余守斌
责任校对：魏芳芳
责任印制：李一鸣　王宝根
出版发行：新世界出版社
社　　址：北京西城区百万庄大街24号（100037）
发 行 部：（010）6899 5968　（010）6899 8705（传真）
总 编 室：（010）6899 5424　（010）6832 6679（传真）
http://www.nwp.cn
http://www.nwp.com.cn
版 权 部：+8610 6899 6306
版权部电子信箱：nwpcd@sina.com
印　　刷：三河市宏图印务有限公司
经　　销：新华书店
开　　本：880mm × 1230mm　1/32
字　　数：210千字　　印 张：8.75
版　　次：2017 年 4 月第 1 版　2017 年 4 月第 1 次印刷
书　　号：ISBN 978-7-5104-6190-3
定　　价：32.00元

前言

伟大的国家造就伟大的人民，伟大的人民之兴旺发达不是因为财富与力量，而是因为有一个社会在促使他们充分发挥自己的才智。

——林登·约翰逊

在波涛汹涌的太平洋蔚蓝色的海水中，屹立着一片广袤的土地，这就是美洲大陆。200多年前，一群虔敬的清教徒在这个大陆的北部建立了一个全新的国家——美利坚合众国。200多年后，这个国家已经成为这个星球上最发达的国家。

美国作为独立国家的历史始于1776年，建国后的100年间有了迅速发展，19世纪80年代，美国成为世界头号工业强国。美国在两次世界大战中获得很大利益，经济急剧增长，成为世界上最发达的资本主义国家。

美国有高度发达的现代市场经济，其劳动生产率、国内生产总值和对外贸易额均居世界首位，并有着较为完善的国民经济宏观体制。

美国在2007年国内生产总值达到13.794万亿美元，这几乎是世界国内生产总值前10名中的日本、德国、英国与法国的总和，且略高于欧盟所有成员国国内生产总值的总和。

美国是世界第一军事大国，并在全球数十个国家和地区设有数百处军事基地，美国年度国防预算开支在4000亿美元以上，占世界总军费开支的50％以上。

美国还拥有世界上超一流的高等院校，在世界排名前500名的大学中，美国占168所，其中前20名中，美国占17所。

这样一个新兴的国家，骨子里却有着崇尚武力的因子，美国从独立到现在，发动过70多次的对外战争和侵略，共参加了大大小小的战争和武装冲突近200次。有人说美国的崛起靠的是战争，在世界大战期间本土作为一个没有受到战争波及的国家，大发战争财。除了朝鲜战争和越南战争外，美国基本上都是胜利者，而每次胜利都给他们带来了大小不同的回报，由此而形成了美国人的一种战争经济观：战争是国家最好的一种战略性投资。

在生活习俗和与人交往方面，美国人热情直爽，不拘小节，性格外向。美国人的时间观念很强，无论什么活动都是按照预定的时间开始，迟到是非常不礼貌的。

要了解一个国家，就不能只停留在肤浅的物质层面，或者是停留在自己主观的见解上面。那么到底是什么使这个国家拥有如此强大的力量和影响力？这些都要我们抛去表面的现象，到它的文明深处去一探究竟。

本书简明扼要地勾勒出了一幅气势恢宏的美国历史画卷，引领读者感受美利坚文化独特的魅力。希望读者能够通过这本书，对美国历史有一个客观的、明晰的认识，并从中学到美国人的处世风格和独特的思维方式。

目录

第三章　美国的西部大开发和南北战争

第四章　美帝国的崛起和军事扩张

第五章　第二次世界大战前后的美国

第九章　美国的教育体系

第十章　美国文学与艺术

第一章
美洲的发现与殖民地的形成

在冰河时期的巅峰，约3.5万年前，世界上绝大部分的水都被锁在大陆冰层里，有长达1500公里之宽的陆桥连接亚洲与北美洲。到1.2万年前，人类分布于西半球各地。第一批美洲人自亚洲跨越陆桥，并且数千年来仍留在阿拉斯加。他们接着向后来成为美国的南方陆地移动。他们在西北部、西南部的山区与沙漠地带以及中西部的密西西比河沿着太平洋定居。

第一节　印第安人

在遥远的上古时代，美洲是一个没有人类居住的大陆。迄今为止，在整个美洲大陆，一直没有发掘出任何猿人或类人猿的生活遗迹和化石。但是在至少两万年以前，印第安人就繁衍、劳动和生活在美洲大陆上，并且创造出了辉煌、灿烂的古代文明。

美洲本土民族绝大部分都是从西伯利亚东北部横渡白令海峡的移民，到此后就在这片肥沃的土地上繁衍生息。但还是有少数的民族是在白令海峡移民到达之后从南太平洋诸岛抵达南美西岸的。

从他们培育的植物来看，足以证明他们横渡大海远赴美洲的事实。因为在太平洋西岸发现了相同的、高度驯化的、离开人的培植就无法生存的植物，而这种植物这样分布的原因只能是人类的迁徙造成的。

欧洲人在美洲发现的印第安人，至少有99%是从白令海峡横渡而来的种族的后裔。在近代之前，人们认为印第安人首次渡海来到美洲大陆是在约1万年以前。考古新发现和碳-14年代测定法的使用，彻底修正了这一推测。现在考古学家普遍同意，人类肯定在两万年以前，很可能更早些时候就已生活在美洲大陆了。印第安人最后一次大迁移大约发生在3000年以前。接下来的是爱斯基摩人，他们不停地往返于海峡两岸，直到现代政治环境迫使他们留在海峡的这一边或另一边为止。总之，在离亚洲最近的美洲地区，这时的人口已十分稠密，从而阻止了人类进一步的迁徙。

那么，当时的移民是怎么渡海的呢？以当时的生产力来说，似乎是无法达到的，但其实过海到达美洲大陆并没有什么困难。冰河时代末期封冻了大量的海水，海面下降了460英尺（约140米），于是露出了一座宽1300英里（约2092公里）、连接西伯利亚和阿拉斯加的陆桥。如此大的“桥”实际上是一块大而新的次大陆，这为当时动植物的广泛繁衍提供了广阔的地理环境。而且，这一地区由于猛然低落下去，不是被冰覆盖着，而是被湖泊、沼泽、草地和冻土带的各类灌木所覆盖；这些植物为当时的大型哺乳动物如乳齿象、猛犸象、麝牛、鬃犎、驼鹿、麋山羊以及羚羊、骆驼、狐狸、熊、狼和马提供了食物。由于这些动物越过陆桥来到美洲大陆，因此，随之而来的便是以捕捉它们为生的猎人。

在白令海峡还存在的遥远年代里，整个北美洲都覆盖着巨大的冰川。它一直延伸到现在美国的密苏里州、伊利诺伊州、印第安纳州。冰山的高度达500米。这一称为威斯康星的美国冰川，在1.1万年前结束，那时连接新旧大陆的陆桥沉入了白令海底。最为保守的估计是，人类在两万年前来到了美洲，还有的认为早在3万年、4万年、5万年，甚至10万年前，人类的足迹已留在美洲大陆。地质学家推测，新大陆的最早发现者越过白令海峡后，可能沿着一小块没有冰川的堤岸一直向美洲的南方走去，直到他们面前出现了没有冰川的广阔土地时才停了下来。

即使气温回升使海面升高、淹没了这块连接地之后，最终形成的海峡也很狭窄，可以在看到对岸的情况下乘粗制小船毫不费力地渡过。后来的更先进的移民可能是乘船从亚洲来到美洲，然后沿西北海岸继续航行，直到最后在今日所谓的不列颠哥伦比亚登陆和定居。渡海来到阿拉斯加的大多数移民，越过育空高原中部冰封的山峡，继续进入北美内地。他们被促使他们移居美洲大陆的同样的力量——寻找新的狩猎场地的动力和后方部落不断向前挺进的压力推动着向前迁移。这样，分散的狩猎部落不久便布满南北美洲两块大陆。人们发现，有明确的迹象表明，到1万年以前，亚洲移民已到达南美洲的南端。

印第安人以前曾被称为红种人，因为他们的皮肤经常是红色的，后来才知道这些红色是由于他们习惯在面部涂红颜料所给人的错误认识。

从民族特征来看，所有的印第安人都属于蒙古种人。他们以颧骨高凸、头发硬直粗黑、脸上和身上汗毛稀疏、小时候脊骨背后带有蒙古种人的斑点为特征。不过，不同的部落差异甚大。美洲最早的印第安人比后来的印第安人更不像蒙古种人，因为在今天所谓的蒙古种人完全进化之前，他们就已离开了亚洲。移民以近亲繁殖的小集团散居各地，也说明了诸种独特生理类型存在的原因。

印第安人的文化源远流长，神秘莫测，主要类型有玛雅文化、亚马孙河流域和热带森林的草原部落文化，主要包括阿拉瓦克人、加勒比人和图皮瓜拉尼人、巴西东部的热斯族和博托库多人、潘帕斯和巴塔哥尼亚人、火地人文化、阿兹特克文化、印加文化。

玛雅人是古代印第安人的一支，是美洲唯一留下文字记录的民族。他们构成了多样的美洲土著民族，生活在墨西哥南部和中美洲北部。“玛雅”是为了方便而给他们起的一个集体的称呼，这包括为该地区贡献某种文化和语言遗产的人，也包括许多不同的人口、社会和种族群体，他们中每个族群都有自己特殊的传统、文化和历史特征。

在21世纪初，约有700万玛雅人，墨西哥南部和尤卡坦半岛、危地马拉、伯利兹、萨尔瓦多和洪都拉斯至今还保留着大量遗留的古代文化遗迹。一些玛雅人已经相当程度地融入了现代文化，另一些人还在继续着传统的习俗，这些人以玛雅语作为主要语言。他们拥有基本统一的文化，称玛雅文化。

印第安人创造了灿烂的文明，为北美大陆的发展做出了自己的贡献。大约在公元前5000年前印第安人已经开始种植农作物了，到公元1000年左右，形成了以玉米、大豆和南瓜等农作物为主的农业种植体系。到18世纪中期，美国东南部五大部落还学会了种植烟草、土豆、大蒜、桃子等。其中，玉米和土豆影响最大。

印第安人虽然没有文字，但是他们有丰富的想象力和创造力，有着多种口头语言和口头文学。印第安人用他们丰富的地理知识，留下了很多的地名。这些地名都是印第安人留给北美人民的宝贵遗产。美国有一半以上的州、地区、城市、河流、山川，在使用印第安人的名称。如“肯塔基”在印第安语中意为“肥沃的河边牧草”；“迈阿密”意为“半岛上的居民”。

多少年后的今天，印第安人的生活仍然带有非常浓厚的民族色彩。印第安人的婚礼最有代表性，婚礼地点多选择在印第安人聚居区中的公共建筑物里举行，一般是一幢较大的木头房屋。举行婚礼时，亲朋好友、左邻右舍、村中居民纷纷来到木房里，众人席地而坐，互致问候。男女老幼身穿民族服装，款式新颖，色泽艳丽。虽然印第安人性情开朗，但婚礼场合却显得非常安静，即使说话也是轻言细语。

印第安人相信“万物有灵论”，他们崇敬自然，对自然界的一草一木、一山一石都报以敬畏态度。印第安人在相当程度上已经被欧洲基督教信仰所同化，在今天的美国大部分印第安人信基督教，但印第安人的原始信仰仍然存在，它与基督教相混杂，成为一种奇怪的宗教信仰。卡耶特说，宗教信仰在印第安人生活中占据很高地位，最重要的部落首领是宗教领袖，他在内部事务上的权力高于部落首长。在大多数部落，部落首长仅负责对外事务，主要是与联邦或当地政府打交道，他对外代表部落，但他的任命权在宗教领袖，他在对内事务上更要听从宗教领袖。

第二节　不速之客

1492年8月3日，星期五，早晨。受国王派遣的西班牙航海家哥伦布，带着给印度君主和中国皇帝的国书，率领3艘百来吨重的帆船——“圣玛丽亚号”“平塔号”和“尼尼亚号”，从西班牙巴罗斯港扬帆出了大西洋，直向正西方向驶去。经过70个昼夜的艰苦航行，1492年10月12日凌晨终于发现了陆地。哥伦布以为到达了印度，只是他至死都不知道，自己登上的这块土地，属于现在中美洲加勒比海中的巴哈马群岛，他当时将它命名为圣萨尔瓦多。

1493年3月15日，哥伦布返回了西班牙。接着他又三次重复向西航行，登上过美洲的很多海岸，探察了波多黎各、牙买加、维尔京群岛以及圭亚那和洪都拉斯。直到1506年逝世，他一直认为他到达的是印度。后来，一个叫做亚美利哥的意大利学者，经过更多的考察，才知道哥伦布到达的这些地方不是印度，而是一个原来不为欧洲人所知的大陆。哥伦布发现了新大陆，但是，这块大陆却用证实它是新大陆的人的名字命了名——亚美利加洲。

哥伦布是一个虔诚的基督徒，他在遗嘱中这样写道：“圣灵佑助，我获得了并在后来彻底明白了一种思想……承万能的主宰，我在1492年到了印度大陆……”

哥伦布去世后的100年，英国各宗教教派的分歧与矛盾日益严重。其中部分教会认为改革宗教礼拜仪式与清除天主教的影响措施还不彻底，他们反对教会对天主教的妥协措施，特别反对主教的种种特权，提倡教徒个人进行直接的宗教体验，要求改革复杂的宗教仪式，提倡简单的宗教礼仪。这种宗教派别被称为清教。

当时的英国政府与教会的当权者对于这种观点十分害怕，于是千方百计加以迫害。在1620年，100多名逃避宗教迫害的英国清教徒，乘坐一艘叫“五月花号”的船只，开始了前往美洲新大陆的航程。他们漂洋过海的目的，是要建立一个自由的宗教圣地。清教徒是英国国教的分裂者，他们成立了自己的教派，希望按照自己的方式实现宗教理想，而不是按照英国国教的方式。

茫茫大海上，“五月花号”就这样一直漂泊着，乘客一方面要承担凶险和疾病的痛苦，一方面又不知道自己归去何方。一切都是陌生的，面对着荒芜的新大陆，他们心潮难息。清教徒们将如何实现自己的理想，并以什么样的方式在陌生的土地上生存下去呢？

在海上漂泊了66天后，历经艰辛的“五月花号”终于向陆地靠近了。船上总共有102位乘客，他们的目的地原本是哈德孙河口地区，但由于海上风浪险恶，他们错过了目标，于是就在现在的科德角外普罗温斯顿港抛锚了。当时是1620年11月21日。

后来美国有一位诗人言道：“这片土地先属于我们，后来我们才属于它。”从历史渊源看，美洲原本是印第安人的领土，是他们居住的地方。考古发掘研究表明，他们的祖先在一万年前从亚洲经西伯利亚进入阿拉斯加。多少年来，他们一直默默无闻地在这块土地上繁衍生息。当第一批白人抵达北美洲时，北美印第安人的数量已经达到了100万。他们还过着母系氏族社会的群居生活，主要以渔猎为生，也从事农业，种植豆类、玉米、南瓜和烟草。他们还发明了雪橇和轻巧灵便的桦树皮独木舟。

但是好景不长，印第安人安逸舒适的日子将要悄然远去。自从哥伦布发现新大陆以来，西班牙、葡萄牙、荷兰、法国、英国的殖民者争先恐后地涌向辽阔富饶的美洲大陆。起初，印第安人对那些新到的欧洲移民很友善，甚至把他们视为“天赐的盟友”。正是由于印第安人的帮助，那些最早的欧洲移民才得以立足，但不久外来的白人就反客为主，印第安人的好日子永远结束了，新大陆迎来了她的新主人，从此她的历史也翻开了新的一页。

当“五月花号”上的清教徒踏上北美大陆时，他们决定就在那儿登陆而不再继续航行。而且由于他们不是来到一块他们持有执照的领地上，为了建立一个大家都能受到约束的自治环境，在“五月花号”即将登上北美大陆之前，船上的41名成年男子在甲板上签订了一份契约，这就是《五月花号公约》。全文如下：

以上帝的名义，阿门。我们这些签署人是蒙上帝保佑的大不列颠、法兰西和爱尔兰的国王——信仰和教会的捍卫者詹姆斯国王陛下的忠顺臣民。

为了上帝的荣耀，为了增强基督教信仰，为了提高我们国王和国家的荣誉，我们漂洋过海，在弗吉尼亚北部开发第一个殖民地。我们在上帝面前共同立誓签约，自愿结为一个民众自治团体。为了使上述目的能得到更好的实施、维护和发展，将来不时地依此而制定颁布的被认为是对这个殖民地全体人民都最适合、最方便的法律、法规、条令、宪章和公职，我们都保证遵守和服从。据此于1620年11月11日，于英格兰、法兰西、爱尔兰第十八世国王暨苏格兰第五十四世国王詹姆斯陛下在位之年，我们在科德角签名如下。

以上这一段文字，第一次从民众的角度阐述了国家权力的来源：国家是民众以契约的形式合意组建的，国家的公权力来自民众的部分权利的组合。法律实施的真正力量源于民众对于国家法律合法性与公正性的认同，出于对法律的敬畏而自愿服从，而不是慑于国家暴力。法律是为了维护全体社会成员的整体利益，而不是为了维系某种统治秩序而制定的。也就是说，这一份写在一张简陋的纸上的契约从法理上根本否定了君权神授的理论，并以某种形式指出国家的权力来自全体社会成员以契约达成合意所出让的部分私权利的组合。

公约中规定，船上的人到达北美新大陆后，自愿结为一个民众自治团体，并制定和实施有益于团体利益的公正法律、法规、条例和宪章。全体成员保证遵守和服从这一切。

《五月花号公约》由此被历史学家确认为美国历史上第一份政治性契约文件。《五月花号公约》有很重要的象征意义，因为这可能是第一次，在没有任何监管下，一群人聚集在一起，决定形成属于自己的社会和政治契约，并用他们所认为的公平法律来实行自我管理。

1620年11月21日，经过66天的航行，承载着欧洲文明的“五月花号”终于到达了马萨诸塞州的普利茅斯。船上的102名清教徒依照承诺，组成了普利茅斯殖民地自治团体。

今天，“五月花号”的复制船静静地停泊在普利茅斯港湾，距它不远处有一块刻着1620个字的石头，据史学家考证，这块石头是清教徒首次登上北美大陆的标志。

美国的立国基础，最主要的就是宗教和商业。关于美国的宗教基础，德国的兰克以及美国的史学之父班克罗夫特都认为，加尔文才是美国的真正国父。其立论基础当然是基于美国早期新英格兰地区的殖民活动及其清教主义的宗教背景；托克维尔更是认为，加尔文的清教主义不仅是一种宗教理论，更是一种政治理论。

此外，除了这种宗教动机，商业也是一个很重要的因素。就“五月花号”上的这批殖民团体来说，他们赴北美弗吉尼亚地界垦殖原本是经过英国伦敦一家名为“弗吉尼亚公司”的授权，而且与之签订有严格、详细的经济和约，规定了彼此的权利和义务。然而，当乘客们抵达北美时，不知道是有意还是无意，“五月花号”航船驶出了弗吉尼亚的地界，这一意外在船上的乘客中引发了争执和骚乱。因为，船上不仅有原来避居荷兰莱顿的虔诚的清教徒，而且也有一些所谓的“陌生人”，相比之下，他们来北美的动机主要是为了讨一口饭吃，至于宗教上的追求则非常淡漠，智识和道德水准也不及那些从荷兰辗转来北美的英国清教徒或“朝圣客”们。

很显然，由于这一新的情况，他们原来与“弗吉尼亚公司”所签订的和约的效力就成了问题，因为他们当时所处的位置已经偏离出既定目的地几百英里。此外，船上的一些没有宗教追求的“陌生人”乃是单独的个体，并不隶属于从荷兰社区来的那批朝圣团体，从而也不受这一避居荷兰的英国宗教团契及其约法习惯的管辖。也就是说，当“五月花号”航行至北美即将登陆时，他们面临着解体的危险，因为无论是与英国“弗吉尼亚公司”之间的经济和约，还是与上帝之间的宗教约法传统和习惯都不再有规范的效力。或者说，他们处于霍布斯所说的自然状态之中。然而，如果他们登陆后各自作鸟兽散，不能结成一个紧密的共同体以共渡难关，他们就无法在严寒、贫瘠的北美大陆生存下来。于是，经过反复和郑重的讨论协商后，他们在船舱中签署了一份公约，即后人所称的《五月花号公约》，并以此结成了一个世俗的公民政治体，成为美国政体发展的第一块坚实的基石。

后人关于《五月花号公约》的解释可谓五花八门，或保守，或激进，不同的党派和意识形态为它涂抹上了不同的色彩。于是，随着岁月的流逝，《五月花号公约》逐渐成为美国立国的传奇和神话，虽然《五月花号公约》还存有不少的疑点，但是它在美国历史上的独特地位是毋庸置疑的，甚至在全世界范围内都树立起了一个法律的典范！

第三节　美利坚民族的诞生

美国不是一个自然形成的国家，这是与世界上其他国家最大的不同。美国是因为宗教原因而迁徙北美大陆的新教徒所创建的宗教国家，他们建国的原始目的是在这一片新大陆上实践新教理想，在新大陆实现新教的宗教目标。

所以，美国一开始就是一个建立在新教意识形态上，为新教意识形态所驱动，为实现新教意识形态目标而奋斗的国家。新教的价值观是这个国家产生的动力，也是这个国家以后的政治经济与社会生活的主导力量。

追溯历史，我们会看到，美洲殖民地的形成和建设，以及美国的立国和建国，都源于基督新教特别是清教徒思想的影响。

在英属法属殖民地时代，前来美洲大陆定居的，主要是来自欧洲大陆的移民。我们一般把他们当作是在欧洲大陆失去土地或者作奸犯科而被流放到美洲的贫苦下层居民，说他们在欧洲是罪犯或贫民，到美洲大陆是为了在新殖民地寻求土地、寻找生计，或者是不得已而为之。其实不然，这群人有着丰厚的财产和较高的社会地位，当初到美洲大陆寻找新生活的人，许多是有着宗教目标的基督教新教教徒，其中主要是与英国国教圣公会产生冲突的英国加尔文教派的清教徒。他们迁移美洲，或者是为了摆脱欧洲天主教势力的压迫以及来自英国圣公会的迫害，或者是受分离主义态度驱使而要在新大陆建立一个新教统治的新天地。

最先到达美洲的移民，都是一些被通缉的英国清教徒。这些人主要是英国斯库鲁比地区的清教徒农民，领袖是当地的大富豪布鲁斯特及牧师罗宾逊以及他们的学生布赖福特等人，布赖福特后来做了普利茅斯殖民地的总督。这些人当初在英国的时候，因为在家乡斯库鲁比地区举行新教教徒的非法集会，被政府及国教的特务检举，而面临入狱危险。于是他们逃往新教国家荷兰，希望在那里避难，并且能维持他们的信仰生活。但在荷兰的阿姆斯特丹及莱顿城，出身农民的他们不能适应那里的城市生活，与当地的新教徒发生了冲突，加之荷兰与西班牙签订的13年和平条约即将期满，天主教大国西班牙的威胁日益迫近，于是，这些人又筹措资金，逃往美洲大陆。他们于1620年末到达北美，然后在北美弗吉尼亚地区建立了普利茅斯殖民地，由此成为美洲的“开发之父”。

1765年，北美英属殖民地召开了一次“反印花税法大会”。这次大会是根据马萨诸塞的倡议在纽约召开的，有9个殖民地派代表参加。正是在这次大会上，克里斯托弗·加兹顿提出了“美利坚人”（Americans）的概念。他说，在这个大陆上，不应该再有人自称新英格兰人，新约克郡人。我们都是美利坚人。这个说法得到了人们的响应和认同。于是，生活在北美英属殖民地上的人民第一次有了共同的民族概念，美利坚民族诞生了。

宗教分离主义也是美洲新大陆移民的一个来源。分离主义一直是宗教史上的一个传统现象，当某种宗教派别不容于当地的风土文化或其主体宗教时，这种宗派往往就会产生分离主义倾向，即离开其所处的本土文化或主体宗教，而另辟生活之地，或者是自立宗派。基督教以及犹太教和伊斯兰教的“信仰之父”亚伯拉罕就是分离主义的先驱，当初他生活的地区中东城市乌尔盛行拜物教以及多神教，为摆脱拜物教和多神崇拜的影响，在年逾古稀的时候，亚伯拉罕舍弃了居住数代的家乡乌尔以及安逸舒适的生活，带领族人踏上了迁移跋涉之旅，走向上帝赐予的“流着奶与蜜的”应许之地迦南。当年迁居美洲新大陆的基督新教的教徒们，有许多人也是抱着这种分离主义态度而离开了祖辈世居的欧洲的，他们来到北美，抱着在那里建立一个完全脱离天主教影响的实践新教信仰新天地的梦想。对于他们来说，新大陆就如同亚伯拉罕当年迁居的中东迦南地区，是上帝应许的“流着奶与蜜”的土地，是实践真正信仰也就是基督新教的地方，在那里，他们将摆脱旧大陆欧洲的天主教势力的影响，建立起能够真正实现上帝的旨意为上帝所喜悦的新天地。

美国学者奥尔森讲述新教徒大量涌入北美的历史时说：“当清

教徒在17世纪自动离开英国的时候，他们寻找的是一个新世界，可以不受不虔诚的皇权和不纯洁的国家教会的阻挡，在那里建立这种基督教联邦。他们认为北美是应许之地，所以为了神与神的国度，他们要占领北美。”

第二章
独立战争和美利坚合众国的建立

和世界上其他国家相比，美国的建国历史很短，前后也不超过300年。在这300年间，美国也经历了历史上许多的艰难曲折，美国民众现在所享有的政治自由和经济富庶都是他们自己争取得来的。只不过美国人很善于争取自己的权利，也善于在争取自己权利的过程中作出妥协，建立在基督信仰之上的政治原则和妥协精神保证了美国政治的稳定和持续，也使这个新生的民主国家平稳地度过了一系列危机。

第一节　独立战争

16—18世纪，西欧各国相继侵入北美洲。当时的西欧各国正在完成资本的原始积累，法国人建立了新法兰西，包括圣劳伦斯流域下游大潮区和密西西比河流域等处；西班牙人建立了新西班牙，包括墨西哥和美国西南部的广大地区。1607年，英国的第一个殖民据点——詹姆士城建立，此后的殖民地如同雨后春笋般兴起，大西洋沿岸陆续出现了13个殖民地。到达殖民地的大多数是贫苦劳动人民，但是也有贵族、地主和资产阶级。最多的是英国人，其次是爱尔兰人、德意志人和荷兰人。移民中有逃避战祸和宗教迫害的人；有自愿和非自愿的“契约奴”以及乞丐、罪犯；还有从非洲贩运来的黑人；等等。

1775年4月19日，美国独立战争的第一枪终于打响了，这就是莱克星顿的枪声。这是北美殖民地人民反对英国殖民统治，争取民族独立而进行的民族解放战争。这场战争历时8年之久，从1775年持续到1783年，最终以英国在北美殖民统治的破产和北美殖民地的独立而告终。

欧洲移民来到北美洲，带来的不光是掠夺和征服，还有先进的生产方式。在此后的几年内，殖民地的农业、工商业，尤其是航海业、造船业、海外贸易蓬勃发展。与此同时，北美13个殖民地的居民也日益融合。

先进的生产方式带动了北美的经济文化，在独立战争爆发以前，在这片新的地域上已经形成了一个不同于英国的新的民族，就是美利坚民族。他们不甘奴役和压迫，提出了这样的条件：挣脱对宗主国的依附关系，独立地发展国民经济。

然而，北美殖民地独立发展的强烈愿望遭到了英国当局高压政策的阻挠。英国殖民当局为了使北美殖民地永远充当其廉价的原料基地和商品倾销市场，极力遏制殖民地经济的自由发展。英国殖民当局接连颁布一系列法令，禁止殖民地人民向阿巴拉契山以西迁移，禁止殖民地发行纸币，宣布解散殖民地议会，并对殖民地课以重税，加紧对殖民地的军事控制，等等。

英政府的所作所为，激起了殖民地各阶层人民的强烈反抗。群众纷纷走上街头，举行声势浩大的游行示威。1773年3月5日，发生了驻北美英军枪杀波士顿居民的“波士顿惨案”，群情为之激愤。

1773年12月发生的“波士顿倾茶事件”成为反英斗争的高潮。英属东印度公司原来垄断了印度与大英帝国以及其他地区的贸易，但因经营不善，再加上荷属东印度公司的竞争，面临破产，当时东印度公司积压了近1800万磅茶叶急于脱手。1773年，为挽救英属东印度公司，英国议会通过了《茶叶法》。

《茶叶法》规定英国政府退还东印度公司运往新英格兰地区茶叶的关税，允许公司不通过英国或北美的批发商而直接将茶叶出口销售到北美殖民地，这就使英属东印度公司在殖民地的茶价可以大大降低，甚至低于从荷兰运来的走私茶叶的价格。公司还指定那些未参与抵制英货的商人作为销售茶叶的代理商，这样，公司垄断了殖民地的茶叶市场，对当地的茶叶生产与销售构成强烈的竞争。为了阻止东印度公司的茶叶上岸进入市场，波士顿民众在塞缪尔·亚当斯的领导下组成了“茶社”，并于12月16日化装成印第安人登上运载茶叶的船只，将价值9000英镑的342箱茶叶抛入大海。

英国政府认为“波士顿倾茶事件”是对殖民当局正常统治的恶意挑衅，为压制殖民地民众的反抗，1774年3月英国议会通过了惩罚性的法令，即《波士顿港口法》《马萨诸塞政府法》《司法法》《驻营法》。这四项法令通称为“强制法令”，规定英军可强行进驻殖民地民宅搜查，取消马萨诸塞的自治地位，封闭北美最大的港口波士顿港。

这些“不可容忍的法令”，使宗主国与殖民地的矛盾进一步激化。北美殖民地人民忍无可忍，决心拿起武器与殖民当局抗争。为了迎接即将到来的战斗，各个殖民地纷纷储集军火，制造武器，组建名为“一分钟人”的民兵队伍。1774年9月5日，12个殖民地选派的55名代表在费城召开了第一届大陆会议，商议共同抗英事宜。会议召开后，革命形势日益成熟，北美殖民地同宗主国之间除了用战争解决问题外，已别无选择了。

1775年4月18日，马萨诸塞总督托马斯·盖奇根据密报，派遣800名驻波士顿英军前往康科德，搜缴当地民兵的秘密军火库，并企图逮捕当地“通信委员会”的领导成员。这一消息为“通信委员会”情报人员所截获，星夜飞报给了当地爱国者。“一分钟人”接报后，立即集结。翌日清晨，当英军行进至莱克星顿和康科德一带时，遭到了早已严阵以待的民兵的袭击。民兵们从岩石、树林、灌木丛后面对准英军发出了雨点般的射击。英军伤亡273人，北美民兵伤亡93人，康科德、莱克星顿的战斗打响了“震惊全世界”的第一枪，揭开了美国独立战争的序幕。8月23日英王发布告谕，宣布殖民地的反抗运动为非法，声言“宁可丢掉王冠，决不放弃战争”。12月22日，英国议会通过派遣5万人的军队赴北美殖民地镇压革命者的决议。面对这一形势，1775年6月15日，第二届大陆会议决定组建正规的大陆军。原英军上校、弗吉尼亚种植场场主华盛顿被任命为大陆军总司令。英军企图凭借其陆海军优势首先切断新英格兰与其他殖民地的联系，然后各个击破之。大陆军在华盛顿的率领下采取避敌锋芒，持久耗敌的方针，与英军展开了长期的艰苦卓绝的斗争。

从1775年4月打响独立战争第一枪到1783年战事结束，为期8年的美国独立战争大体经历了以下3个阶段：

第一阶段：1775年4月—1777年10月，为战略防御阶段。这一阶段主战场在北部地区，战略主动权掌握在英军手中。1775年6月17日，波士顿民兵在邦克山战斗中与装备精良的英国正规军展开了第一次正面交锋，显示了北美民兵惊人的战斗力，大大鼓舞了殖民地人民为独立而战的斗志。在斗争的高潮中，1776年7月4日，大陆会议正式宣布脱离英国而独立。1776年12月，在经过激烈争夺后，为了保存军力，化被动为主动，华盛顿放弃了纽约。纽约失陷标志着独立战争进入了困难时期。12月25日圣诞节之夜，华盛顿率部渡过特拉华河，奇袭特伦顿黑森雇佣军兵营成功，接着又在普林斯顿重创英军，使陷入低潮的美国独立战争重新获得了活力。

1777年7月，英军计划兵分三路，分进合击，会师奥尔巴尼，以尽快实现其切断新英格兰的战略企图。当北路7200余名英军在伯戈因的率领下，从蒙特利尔孤军南下时，立即陷入了新英格兰民兵的汪洋大海之中，处处受到民兵阻击和围追堵截。在弗里曼农庄和贝米斯高地接连受挫后，伯戈因被迫退守萨拉托加。大陆军和民兵以3倍于英军的优势兵力将英军团团围住，伯戈因弹尽粮绝，孤立无援，于10月17日被迫率领5700名英军投降。萨拉托加大捷大大改善了美国的战略态势和国际地位，是美国革命战争的重要转折点。

第二阶段：1777年10月—1781年3月，以萨拉托加大捷为标志，进入战略相持阶段，主战场逐步转向南部地区。在这一阶段国际环境日益朝着有利于美国的方向发展。萨拉托加大捷后，法国、西班牙、荷兰等改变了动摇不定的观望态度。1778年2月，法美签订军事同盟条约，法国正式承认美国独立。

1778年6月法英开战，西班牙也于1779年6月对英作战。俄国于1780年联合普鲁士、荷兰、丹麦、瑞典等国组成“武装中立同盟”，打破英国的海上封锁。1780年12月，荷兰也加入法国方面对英作战。北美独立战争扩大为遍及欧、亚、美三大洲的国际性反英战争，英国陷入空前孤立的境地。

在南部战场上，美国大陆军和民兵以游击战和游击性的运动战与敌周旋，日趋占据主动。在1781年的吉尔福德之战中，英军伤亡惨重。在大陆军和民兵的持久消耗下，英军渐感力量不支。1781年4月，英军在康沃利斯率领下，实行战略收缩，向北退往弗吉尼亚。格林乘势挥师南下，在民兵游击队的配合下，拔除英军据点，收复了除萨凡纳和吉尔斯顿之外的南部国土。

第三阶段：1781年4月—1783年9月，为战略反攻阶段。1781年8月，康沃利斯率7000名英军退守弗吉尼亚半岛顶端的约克敦。此时在整个北美战场英军主要收缩于纽约和约克敦两点上。1781年8月，华盛顿亲率法美联军秘密南下弗吉尼亚，与此同时，德格拉斯率领的法国舰队也抵达约克敦城外海面，击败了来援英舰，完全控制了战区制海权。9月28日，1.7万名法美联军从陆海两面完成了对约克敦的包围。

在联军炮火的猛烈轰击之下，康沃利斯走投无路，于1781年10月17日即伯戈因投降的第四个周年纪念日，请求进行投降谈判。10月19日，8000名英军走出约克敦，当服装整齐的红衫军走过衣衫褴褛的美军面前一一放下武器时，军乐队奏响了《地覆天翻，世界倒转过来了》的著名乐章。

约克敦战役后，除了海上尚有几次交战和陆上的零星战斗外，北美大陆战事已基本停止了。1782年11月30日，英美签署了《巴黎和约》草案，1783年9月3日，英国正式承认美国独立。

第二节 独立宣言

美国“独立战争”之后，那些手握兵权的将帅并没有趁机获取国家权力，而是跟士兵一样解甲归田。他们没有建立起他们的联邦政府，也就是说，他们打下了江山，但是并没有去坐江山。直到战争胜利后的第四年，也就是1787年，美国各州的代表才被迫重新坐到一起，讨论起草一个宪法。又过了两年，即1789年，宪法才被通过，联邦政府才开始工作，美国人民也才选出他们的第一届总统华盛顿。这时候，一个颇具规模的国家才算是建立起来了。

然而，美国的建国日期却不是1787年政府成立的日子，而是定在1776年的7月4日，这是他们发表《独立宣言》的日子。那个时候，为期8年的“美国独立战争”才刚刚开始，名义上的美利坚民族既没有总统，也没有宪法，更没有一个完整的政府，当然也没有国旗、国歌、国徽、首都。但是在美国人看来，有一个自由独立的美国理想，这就算是建国了。这也是唯一一个先有国家理想和精神，然后有宪法，最后才有总统和政府的国家。

《独立宣言》是美国的一个理想和理念，不是一个国家的标志；但是如果没有《独立宣言》，只有政府和总统的话，美国也未必是美国，没准会像其他的国家一样。正是美国人在1787年起草的这部宪法，不但使《独立宣言》的理想变成了现实，而且保证了这个现实的国家最大限度地符合《独立宣言》的精神和理想：人人生而平等，造物主赋予他们一些不可剥夺（转让）的权利，其中包括生命权、自由权和追求幸福的权利。为了保障这些权利，人类才在他们中间建立政府。政府的正当权力，是要经过被治理者的同意才能产生的。当任何形式的政府违背这些目标时，人民便有权改变或废除它，并建立一个新的政府。这个新政府赖以奠基的原则及其组织权力的方式，务必使人民认为唯有这样才最可能获得他们的安全和幸福。

美国人民恪守了他们当初的诺言，缔造了自由体系和民众无上的权力，并为确保《独立宣言》的精神和理想不受伤害进行了不懈的斗争。自美国建国以来，美国的宪法从来没有修改过一个字，所有违背宪法精神的人都会受到惩罚，或者付出相应的代价，不是遭到国会弹劾，就是自动辞职下台（如尼克松）。就连华盛顿这样在我们看来当之无愧的“国父”，也是在宪法被批准之后，才由美国人民根据宪法选举为第一届总统的。

所以，没有联邦宪法，就没有美利坚合众国，甚至可以这样说，是一部宪法缔造了一个国家。

这样一来，一般人心目中的建国程序就完全颠倒过来了，因为在大多数国家那里，先是建国，然后才是制定宪法的。正是这种“倒行逆施”，让人类亘古未变的主题——自由主义得到了无上的发扬。这也是我们千百年来追求的制宪精神，这种精神认为，不是国家创造了法律，而是法律创造了国家。美国的建国过程便体现了这一精神，美国也确实是最完善的宪政国家。唯其如此，美国宪法在1789年生效以后，世界各国便纷纷效尤，相继制宪，并以此作为自己立宪的参照系甚至楷模。

1787年制定并于1789年批准生效的美利坚合众国联邦宪法，是世界上第一部比较完整的资产阶级成文宪法。它奠定了美国政治制度的法律基础，制定后多年来附有26条修正案，至今仍然有效。

1777年大陆会议制定的并于1781年批准施行的《邦联条例》规定，由当时13个独立州组成邦联制国家。邦联政府的权限很小，不能有效地行使国家职权。鉴于此，邦联国会于1787年2月邀请各州代表到费城修改《邦联条例》。5月召开会议，出席的有12个州（罗德岛州除外）的55名代表，华盛顿任主席。主张废除《邦联条例》，重新制定新宪法的代表占优势，因此使得这次会议成了全国制宪会议。出席会议的大都是资产阶级和种植园奴隶主的代表，由于利益不同，大州与小州之间又存在着矛盾。经过长时间的秘密讨论，直至1787年9月17日才通过新的宪法草案，交由各州批准。全国围绕新宪法的批准问题展开了广泛的激烈讨论。1789年3月4日召开的美国第一届联邦国会，宣布《美利坚合众国宪法》正式生效。

可是这部宪法却差一点胎死腹中。首先是制宪会议开得很不顺利。这次会议的时间，原本定在1787年5月14日，正式代表74人，但实到只有55人，而且拖到5月25日才达到法定人数，正式会议因此延期11天。会议开始以后，因种种原因中途退场的又有13人，坚持到底的只有42人；而这42人中，又有3人拒绝在宪法文本上签字，罗德岛则始终拒绝派代表参加。这样，最后在宪法文本上签字的，只有12个州的39名代表，其中包括他们的主席，弗吉尼亚代表乔治·华盛顿。再加上一个证人、会议秘书威廉·杰克逊，签字的一共40人，只不过比74人的半数稍多一点（55%）。至于会议过程中充满唇枪舌剑和讨价还价，则更是不在话下。所以这次会议便从1787年的5月25日，一直开到9月17日，足足开了三四个月之久。

最后，许多人最初的意见，都被别的代表修改得面目全非。对于珍视自己思想的人而言，这种结局当然不能令人满意。因此华盛顿认为，这部宪法能维持20年就算不错了。

好不容易才起草成的宪法，在交由各州批准时又遇到了麻烦。特拉华、新泽西和宾夕法尼亚三个州倒是爽快，当年就予以通过。特拉华和新泽西的议会一致通过，宾夕法尼亚则以2：1的票数通过。到1788年6月，批准联邦宪法的州已达到法定的9个，但还有两个举足轻重的州，即弗吉尼亚和纽约，迟迟不肯批准。这样，又经过一番斗争和妥协，这两个州才勉强同意批准，美国宪法也才得以于1789年3月4日正式生效，一个“神形兼备”的美利坚合众国，也才算是真正建立起来了。

美国宪法的诞生过程如此困难重重，归根结底还是美国的特殊国情。但恰恰是这样的特殊国情，决定了这个国家的性质，是由宪法和法律创造的，而且决定了它的宪法也一定是最能体现共和与宪政精神的。

在《独立宣言》发表以前，北美这片广袤的大陆上其实没有什么国家，只有一些殖民地。它们在理论上属于大英帝国，实际上由自己管理，即“主权王有，治权民有”。在1607—1732年，这样的英属殖民地一共有16个。后来，有3个殖民地被兼并。因此，到独立战争时，北美大地上的英属殖民地一共是13个。按照从北到南的顺序排列，它们是：新罕布什尔、马萨诸塞、罗德岛、康涅狄格、纽约、新泽西、宾夕法尼亚、特拉华、马里兰、弗吉尼亚、北卡罗来纳、南卡罗来纳、乔治亚。所谓美利坚合众国，起先就是由这13个殖民地联合而成的。

要把它们联合起来并非易事。首先，这些殖民地虽然都号称英属，但相互之间却并没有什么关系，也没有什么瓜葛。每一个殖民地都是以个体的方式建立起来的，其政治权力直接来自英国国王的特许。大英帝国对它们进行“垂直领导”，并没有在当地设立统一管理这些殖民地的政府机构。所以，这些殖民地之间是互不相关的，也是可以互不买账的。

其次，这些殖民地的性质也不相同。它们大体上可以分为三类。第一类是公司殖民地，比如弗吉尼亚，就是弗吉尼亚公司建立的；马萨诸塞，则是马萨诸塞湾公司建立的。第二类是领主殖民地，是英国国王封给某个或某些领主的。而且，就像当年周天子分封诸侯一样，这类殖民地也可以再分封。比如以英国王后玛丽命名的马里兰，就是封给第一代巴尔的摩勋爵乔治·卡尔弗特的，而巴尔的摩勋爵又分封了60个庄园。第三类殖民地是自治殖民地，也叫契约殖民地。它们既不属于国王，也不属于领主，是自由移民自己根据他们之间的契约建立起来的，比如罗德岛和康涅狄格就是。这三类殖民地，各有各的情况，各有各的利益，各有各的想法，并不是那么容易就能合拢起来的。

最后，这些殖民地的人口也很复杂。有白人，也有黑人。白人当中，除英格兰人外，还有苏格兰人、爱尔兰人、德意志人、西班牙人、荷兰人、法国人、瑞典人，等等。根据1790年的统计，当时的白人人口中，英格兰人占60.1%，苏格兰人占8.1%，爱尔兰人占3.6%，德意志人占8.6%，荷兰人占3.1%，法国人占2.3%，西班牙人占0.8%，瑞典人占0.7%，其他人占6.8%。这说明北美殖民地是一个以盎格鲁—撒克逊人为主的多元文化社会。

这就为他们的联合设置了障碍，也为他们走向共和奠定了基础。但在一开始，他们的联合却是因为迫不得已。这些具体的原因说来话长，不说也罢。由于种种原因，这些原本“不搭界”的殖民地的代表开始坐到一起讨论问题，一次又一次地开会，直至“谈”出一个美利坚合众国来。

第三节　三权分立

美国的1787年宪法实行的是联邦制，采用三权分立的原则，即行政权、司法权、立法权相互分离，相互制衡，肯定了民主共和政体。这部宪法由序言和7条正文组成。第1条包括10节，规定美国国会的组成及其职权。第2条包括4节，规定总统的职权和产生办法。第3条包括3节，规定美国联邦法院的组成及其职权。第4条包括4节，主要内容是规定各州的权力。第5条主要是规定宪法修正案提出和通过的程序。第6条主要是规定联邦宪法和根据宪法制定的法律为全国最高法律，各州法官均必须遵守。第7条规定宪法经9个州批准后生效。根据这部宪法，美国成为一个拥有统一的中央政权的联邦，以代替过去松散的邦联。虽然各州仍保有相当广泛的自主权，但新宪法使联邦政府的权力大为加强了。在当时的历史条件下，这有利于巩固北美独立战争的成果，促进经济的发展。

1787年制定的宪法没有把《独立宣言》和当时许多州宪法中所列举的民主权利包括在内，也没有提及言论、出版、信仰及其他公民自由权利，因此遭到广大人民群众的普遍反对。马萨诸塞、弗吉尼亚和纽约等5个州在批准宪法时就曾强调必须修正。以后在广大人民群众和一部分民主派的强烈要求和法国革命的影响下，经麦迪逊等人的倡导，又提出10条修正案。1789年9月25日，国会通过10条修正案，交由各州批准。1791年12月15日这些修正案得到批准，开始生效。这10条修正案通称"人权法案"。主要内容是宣布人民有言论、出版、集会和宗教信仰等自由，规定非依法律不得扣押人、捕人、搜查及没收财产，以及刑事诉讼案中的被告有权要求迅速公审和律师辩护等。在当时的条件下，附有"人权法案"的10条修正案的1787年美国宪法，确认了民主共和、三权分立与人民的权利自由等制度和原则，具有重大的历史意义。它对欧洲、亚洲及拉丁美洲的宪法和民主革命，都有重要的影响。

这部宪法以后陆续增加其他16条修正案。其中较重要的有：1865年生效的关于废除奴隶制的第13条修正案；1920年生效的关于美国妇女享有选举权的第19条修正案；1964年生效的关于选举时取消人头税限制的第24条修正案；1971年生效的关于降低公民选举年龄为18岁的第26条修正案，迄今这26条修正案均已成为1787年宪法的一部分正式生效。1972年，国会通过的关于男女权利平等的第27条宪法修正案，在得到3／4的多数州议会批准后，也成为美国宪法的一部分。

1787年宪法的形成是与北美殖民地的历史传统，独立后的共和国困境、制宪者的民主政治理念及其制度创新和政治智慧密切相关的。

北美殖民地北方的新英格兰地区是美国民主的发源地。这里的人和南方移民有很大的不同，就是早期移民到北方的英国人大都是为追求自由和幸福而来。他们在著名的《五月花号公约》中表达了他们的民主理想。新英格兰地区的民主政治植根于乡镇中，乡镇规模不大，一切立法和行政管理工作都是全体乡镇成年居民一起或当着他们的面实行的，乡镇有自己的最高权力机构——人民大会，进行直接选举。到17世纪中期，这种乡镇民主已在新英格兰地区普遍推行，这对未来美国民主政治的发展起过重要的推动作用。

共和国危机对制宪既是挑战也是机遇。独立后年轻的共和国实行邦联制，但遭遇了来自经济、政治和外交等各方面的压力和威胁。国家甚至出现了分崩离析和被颠覆的可能，如果这种可能成为现实，那么革命者们的自由民主的理想就会化为乌有。因此，革命者们感到必须加强各州之间的团结统一，建立一个强大的中央政府，设计一套创造性的制度以确保人民的天赋人权。这重重危机是制宪者在长达几个月的制宪会议上最大限度地实现妥协，追求利益平衡的重要因素之一。

制宪者的民主政治理念是形成该宪法的重要理论基础。18世纪80年代的美国制宪者既继承了英国的自由思想，又从法国启蒙运动中吸取了如平等这样的一些民主理念。这种结合最能体现在制宪者对“共和”的理解上。为了防止君主专制，必须实行民主制度，但是，民主制度又容易产生“暴民政治”，而人民又是不能被排斥的。于是，制宪者采纳了英国的代议制度，美国制宪者称之为“共和”。在“民主共和主义”的影响下，美国宪法既注重权利的平等，又时刻防止专制权力的出现。前者如民众投票权方面，选民的财产资格得到放宽，小州在参议院中获得了平等的代表权。后者则主要表现在分权和制衡方面，其中最典型的就是联邦政府内实现了三权分立。

制宪者的公共品质、妥协精神和高超的制宪技巧也是重要因素。在危机重重之际，制宪者们表现出高度的责任感和使命感，如虽然最后在宪法上拒签，但对制宪会议一往情深的梅森曾说，他宁愿把自己这把老骨头埋在这个城市里，也不愿意看见制宪会议就这样如鸟兽散，陷他的国家于不堪。面对错综复杂的矛盾，制宪者必须通过许多“妥协”才能完成历史使命。学者们一般认为制宪会议上有三大妥协：大州和小州就国会代表权达成妥协；北部与南部就税收和代表权上如何计算奴隶人数达成妥协；北部和南部就管理对外贸易和征税达成的妥协。妥协并不等于放弃原则，也不等于毫无责任感。任何成功的妥协，当事人都必须具备足够的气度和高超的技巧。从某种程度上说，一部现代民主政治史就是人类追求理想并不断妥协的历史。

第四节　联邦宪法

美国宪法为美国政府分设了三个相互独立的机关。第一章规定立法机关，即国会，行使立法权；第二章规定行政机关，即政府，行使执行法律的权力；第三章规定司法机关行使解释和适用法律的权力。

这种模式是为了把权力分设，以保证不会出现某一部门权力过大而危及人民的自由。有人把这个概念称为“Check and Balances”

（审查与平衡）：三大机关中任一机关都可以审查（限制）另两个机关的权力，从而做出平衡（抵消对方的权力）。从设置上讲，这种分权削弱了政府效率，甚至显得政府机构臃肿笨重。但按汉密尔顿的话说，是减小了政府的“危险性”。

美国是一个联邦制国家，即美国有50个州，每个州有自己的政府及其地方下属机构。从1789年建国伊始，就存在很多州与联邦之间的权力之争，这些纷争至今没有得到解决。

美国建国伊始，联邦主义者即坚信联邦政府应该有至高无上的权力。美国的第一届总统华盛顿和第二届总统亚当斯都是联邦党人。顾名思义，反联邦主义者坚信应当限制联邦的作用，倡行各州的权力。《独立宣言》是1776年7月4日发布的。在其序言中，它宣布位于美国东海岸的当时的13个殖民地不能继续容忍英国的奴役，要变成一个独立的国家。美国独立之战由此爆发了，并以美国的胜利而告终。数年之后的1789年，美国有了自己的宪法。这部宪法持续到今天，成为历史上持续时间最长的宪法。

在当时，宪法，甚至包括《权利法案》，都没有提及平等问题。只在宪法的序言当中提及了“自由”一词。而第5修正案只禁止联邦政府非经法律的正当程序而剥夺人们的自由。直到1868年的第14条修正案，州政府才受到和联邦政府同样的限制。

最高法院以现代民主国家唯一可行的方式回答了这个问题：平等权是最基本的权利，宪法已经隐含了此内容。适用于联邦政府的宪法第5条修正案关于“法律的正当程序”的规定，成为引申适用平等原则和其他所有基本原则的载体。

宪法本身保护妇女和美国黑人“寻求自由”的权利吗？如上所

述，妇女的选举权直到1920年的第19条修正案才得以保证。对黑人来讲，宪法在确定众议院代表人数和直接税方面只把他们每个人当作3/5个人来统计（见宪法第一章第2节第3条）；奴隶贸易直到1808年才被终止（见宪法第一章第9节）；并规定逃往自由区的奴隶要被送回（见宪法第4章第2节第2条）。林肯对这些规定感到十分困窘，他指出《独立宣言》是美国平等理念的具体化，而宪法关于支持奴隶制的言辞却是一种耻辱，因为它容忍了严重的不平等。

直到美国南北战争结束后，宪法第13、14、15条修正案才对美国黑人的平等权利给予了一定程度的保护。有人指出，宪法对妇女的平等权仍然没有提供保障。由于宪法“平等权利修正案”对妇女的疏漏，造成了妇女在立法和司法上均处于不利地位。

宪法（包括《权利法案》在内）是否涵盖了人们应当享有的所有权利呢？“非经法院判决不得被认为有罪”的权利是否包含在内？隐私权呢？享有食品、教育、住所和医疗保障的权利呢？如果说这些权利都包含了，那么在宪法的哪些条文里显示出来呢？

或者说，宪法，特别是《权利法案》，是否像许多民权运动者指出的那样，因为它为政府不公平地侵扰人们的生活（如法案条文列举者）提供了保护却没有相应的有力救济措施而荒诞过时了，抑或因其有致命的瑕疵而应被彻底革除呢？相反，许多现代宪法，如苏联宪法，确实对劳动权、住所权、教育权、医疗权等提供了保障。更有甚者，英国、以色列和新西兰这三个西方传统国家根本就没有成文宪法，这样的结果之一就是，对立法机关的权力根本就没有明文的限制。

1776年美国建国大典赋予1787年宪法草案以至高无上的褒誉，

美国最高法院执掌审判权的第一位黑人大法官马歇尔对美国人民以宪法修正案的方式对以往的不公进行改正的方式给予了高度评价。

联邦制是若干个邦联合组成的统一国家。联邦制国家的特点是：第一，国家整体与组成部分之间是一种联盟关系，联邦政府行使国家主权，是对外交往的主体。第二，联邦设有国家最高立法机关和行政机关，行使国家最高权力，领导其联邦成员。第三，实行联邦制的国家都认同于统一的联邦宪法，遵从代表国家利益的统一法律。第四，联邦各成员国有自己的立法和行政机关，有自己的宪法、法律和国籍，管理本国内的财政、税收、文化、教育等公共行政事务。第五，联邦和各成员国的权限划分，由联邦宪法规定。如果联邦宪法与成员国的宪法发生冲突，以联邦宪法和法律为准。

在联邦制国家中，美国是一个典型。美国一开始并不是个联邦，而是个邦联。原属英国殖民地的13个州为反对英国的剥削和高压政策，于1776年7月集会通过《独立宣言》，宣布13个州脱离英国独立。双方遂进行战争，到1781年，以英方失败而告终。1783年，英、美签约正式承认美国独立。

在战争期间，13个州的大陆会议制定邦联条例，并于1781年成立邦联国会，宣布成立美利坚共和国。当时，美国人相信共和制的国家不适合于具有广阔领土的国家，因为在这种共和国中，中央的立法机构必然易于脱离其大多数选民，发展下去，就会脱离选民的监督，共和制也就不存在了。 但是，一个共和国如果太小的话，就很难在一个充满侵略性的世界上顺利地生存下去。为此，人们认为，两全其美的办法就是一些小共和国联合起来成为一个邦联，为了一个共同的目标而发挥其联合起来的力量。在反对英国的过程中，特别是在与英国战斗的过程中，需要一种比较稳定的组织形式表达其共同意志，即一个永久性的政治组织问题。结果，邦联条例就于1777年提了出来。它规定成立国会。条例提出每州只有一票表决权，代表由各州议会任命；各州按土地价值分担邦联的公共开支；国会有权决定战争与和平、任命军官、派遣和接受大使、签订条约、发行货币等。

在邦联条例中，各州得到它们所要求的大部分条件。虽然各州让邦联国会负责对共同关注的大量事务作出决定，可是却未将执行其决定的权力授予国会。因此，国会无法对各州执行其决定。它甚至由于不能征税以支付自身开销，不得不依赖各州来供应经费。各州多关注自身利益，无视国会决议，只派二三流人物出席国会。国会有时都凑不齐法定人数，因而毫无威信。在这种情况下，其西部与英国和西班牙发生领土争端时，软弱无力的国会在对方军事压力下，无所作为。另一方面，在英国对其贸易进行限制时，各州不但不能齐心协力对外，反而为保护自身的利益伤害了其他州。在这种情况下，新产生的邦联所遇到的各种内、外矛盾使经济出现萧条，社会不稳定，特别是在马萨诸塞州出现的武装叛乱，使各州认识到邦联的软弱无能已危及自身的利益与生存。

为了解决邦联存在的问题，1787年5—10月于费城开了5个月的会，终于把邦联转变为联邦。在解决这一问题时，代表们认为要给予联邦中央政府比过去邦联国会更多权力。它应能征税维持自身所需费用，有力量组建军事力量维持国家独立，要管理好商业，保护好私有财产，有权执行其政令。但是在联邦机构上有两个问题存在分歧：一是如何反映小州的权利；二是如何防止政府权力落入反映少数人利益的人的手中。

对于第一个问题的解决办法是建立两院制。众议院的代表名额按人口比例分配，以反映大州利益，参议院的代表名额不论大小州都有同等的代表名额，以满足小州的要求，通过这种办法平衡大州与小州的权力及其利益。对于第二个问题则为了防止政府获取更多分外权力，采取把政府分成可以互相制约又互相平衡的不同部门，除一个两院制的立法机构外，还有一个独立的行政机构和一个独立的司法机构，每个机构都有特定的职能，并使其不超越各自的权限范围，这样，就可确保政府不致使权力转向独裁。按上述原则制定的宪法于1789年批准生效，联邦政府因而成立。这是近代国家中第一个新建的资产阶级的联邦制国家，它对联邦制的发展起了重要作用。

但是，随着时间的推移，邦联制的美国遇到了许多新问题。

第一，美国独立前，它的商船队在地中海地区的贸易往来不怕北非等地的海盗的抢劫，因为它受到宗主国英国的保护。独立后，失掉英国舰队的护航，美国商船队经常遭受海盗的袭击，损失惨重。

第二，1778年美法签订了联盟条约，法国放弃了以前在新大陆殖民地的种种要求。但它仍然妄图在北美大陆的西部、南部海岸建立新的殖民地，成为美国地理政治视野上的障碍物。

第三，英国自1783年同美国正式缔结《巴黎和约》以来，仍然在美洲屯兵，威胁美国的安全；它还想利用美国邦联制的弱点，以使英国商人长期称霸于美国市场。

第四，美国独立后，其经济发展需要扩大各州之间的经济联系，但是各州关税壁垒的存在，阻碍着经济的联系。同时，各州对外贸易政策因利害关系不同而有明显差异，十分混乱，各州越来越要求对国外输入美国各地的货物征收关税并详细规定与外国的贸易关系，以稳定市场、扩大国内贸易和发展美国经济。

第五，美国向西部扩展领土的过程中，西部各州与印第安人和西班牙人都有冲突，而当时的邦联政府却无法就是否派遣一支军队到“边疆”去作出决定。

第六，1786年，美国爆发谢司起义。谢司起义既是因战后美国经济萧条，农民们生活濒临危机造成的，也与邦联政府在处理农民问题上的无能有关。由此可见，新生的邦联制美国，其权力过于软弱，对内对外的威信也很低。谢司起义更暴露了邦联制美国政权的软弱无力。以上种种使美国各阶层认识到需要建立强有力的中央政府，认识到没有国家的统一、强大，没有在国际上的地位，任何集体、阶层、个人的利益也将不保。由此关于改组和加强中央政权的问题自然就提上了议事日程。

联邦制能够在美国建立的原因在于，联邦制的最大特点是分权，主权由联邦和各州分享。这既尊重了美国各州长期以来就拥有独立地行使各种权力的传统，又适应了当时美国亟须扩大中央权力的要求。

约翰·亚当斯、亚历山大·汉密尔顿和詹姆斯·麦迪逊等人主持制定了《联邦宪法》，1787年9月17日《联邦宪法》获得通过，《联邦宪法》扩大了新的中央政权的权威，使它能真正保护“生命、自由和财产”，并使这一强有力的政府职能合法化。为了维护这个新生国家的各种利益，美国实行了联邦制，这一政治制度给美国带来了持久的稳定、繁荣。

第五节 国父华盛顿

“国父”这个词在《辞海》中的解释为：“有大功于国而为全国人民所敬爱感戴者，尊称之为国父；如中国称孙中山先生为国父，美国称华盛顿为国父。”

这么说来，凡是“有大功于国而为全国人民所敬爱感戴者”，各国政府或人民，都尊称之为“国父”。“国父”的称号可以是只称呼一个人，也可以称呼两个人，未必只给予开国总统。“国父”是一个近代的概念，因此，称为“国父”的领导者，都是建立了民主政体的国家领袖。

美国的第一任总统华盛顿，出身于美国弗吉尼亚州威斯特摩兰县的一个大种植园主家庭。他的父亲奥古斯丁·华盛顿是当地一位很富有的农场主，他还有一个哥哥，叫作劳伦斯·华盛顿。幼年的华盛顿颇受父母疼爱，与自己的哥哥感情也非常好。1743年，华盛顿的父亲不幸去世，兄长劳伦斯承担起照顾他的责任，在此期间，他开始接触到一些受过高等教育的名门望族，跟他们交往的过程中，学到了英国上流社会的道德观念和温文尔雅的绅士风度。后来他学习测量仪的操作使用，渐渐成为一名颇有名气的测量员。

1752年，兄长劳伦斯因病去世，华盛顿继承了他的弗农山庄，而且还改行从戎，接替劳伦斯在弗吉尼亚州的民团副官职务。

此后，他当选为大陆军总司令，领导美国独立战争，取得了独立战争的胜利。1787年主持费城会议，制定联邦宪法，建立了美利坚合众国。1789年4月当选为美国第一任总统，连任两届后，坚决不再参加竞选。他始终希望自己成为“全体人民的总统”。这位为美国的建立立下不朽功勋的总统，当之无愧地获得了美国“国父”的称号。不过，美国人还把第三任总统杰弗逊也叫作“国父”，因为他发布了《独立宣言》，提出“人民主权”“三权分立”等具有开创意义的思想，为建立自由、民主、平等的国家，立下了不朽的功勋。

莱克星顿打响了美国独立战争的第一枪。1775年6月15日，在各州代表参与的第二届大陆会议上，华盛顿被与会代表一致推举为大陆军总司令，承担起北美独立战争领导者的历史重任。第二天，大会正式向他本人宣布了这一任命。当时的华盛顿已经44岁了，他诚恳地说：“虽然我深知此项任命给了我崇高的荣誉，但我仍深感不安，因为我的能力和军事经验恐怕难以胜任这一要职。鉴于会议的要求，我将承担这一重任，并愿竭尽所能为这一神圣的事业效劳。”

随后华盛顿谢绝了大陆会议给他的每月500元的薪水，他表示“对金钱的考虑是不能促使我牺牲家庭的舒适与幸福来接受这一艰巨的任务的”。5天后他就接到委任状奔赴疆场，临走前给亲人留下了遗嘱，他深知战场的风云变幻和生命的无常，但为了实现北美独立他走得毅然决然。

华盛顿所率领的军队，大多数都是临时招募来的，衣衫褴褛、装备简陋、纪律涣散，但大都抱着强烈的反抗精神。而他们的对手是号称“日不落帝国”的当时世界上最强大的军队。

1776年圣诞夜的特伦堡一战，华盛顿出其不意，打了一个大胜仗。这一仗被誉为“军事史上的一个奇迹”，大陆会议做出一个重大决定：把军事指挥权全权授予华盛顿将军。在这样巨大的荣誉和权力面前，他感到了更大的责任和压力，他写信给大陆会议，信中这样言道："大陆会议把军事职责方面的最高的和几乎无限的权力授予我，我感到无上荣幸。但我绝不认为，大陆会议如此信任我，我就可以不履行公民的义务。我时刻牢记一个道理：刀剑是维护我们自由的不得已的手段，一旦自由权利得以确立，就应把它们弃之一旁。"

华盛顿就是这样率领着一帮缺乏训练的业余战士，克服了重重无法想象的困难，经受了一次次失败的打击，取得了战争的胜利。

在争取国家独立的战争中，他事无巨细，全身心投入，有时候还自掏腰包，为手下的士兵购置军服，接济家属。

1781年，胜利已成定局，多年的战争洗礼，华盛顿所率领的大陆军已经变成了美国的中流砥柱，成为一支最有组织性和富有战斗力的力量。而华盛顿的威望，也蒸蒸日上，是美国众望所归的领军人物，在每一次危急关头，他都能够冷静分析，沉着应对，体现出巨大的个人力量，顺利地化解危机。

当时正是18世纪80年代，震撼世界的法国大革命还没有发生，英国在光荣革命之后长期推行的君主立宪制度给古老的英国带来了繁荣、稳定和自由。所以在美国的大陆上也兴起了一股思潮，就是要求君主制。于是，华盛顿就成了首选人物。在美国的新大陆上，这群没有世袭制牵绊，由移民组成的民众，认为手握重兵，打赢了独立战争的华盛顿自然能够顺理成章地成为君主。

首先提出这一思想的是华盛顿的部将、曾任米夫林堡守备司令的刘易斯·尼古拉上校。1782年5月，他致信华盛顿，列举军队遭受的种种不公，并把这一切归咎于共和政体，他说："那种把我们从难以想象的困难中引向胜利的才能，那些得到军队普遍尊重和崇敬的品格，定能引导和指导我们在和平的道路上前进。有的人把专制与君主政体混为一谈，觉得很难把它们分开。因此，我所建议的政体的首脑有一个显然较为温和的称号，但是一旦其他问题都得到解决，我认为很有理由采纳国王的称号。"

其实在当时的美国，不光是刘易斯·尼古拉上校一个人有这样的想法，不少的军事将领都有这样的想法，都认为华盛顿黄袍加身已经成了定局。华盛顿面临着前所未有的选择，但是他没有丝毫犹豫，马上写了一封信给刘易斯·尼古拉上校，信中措辞严厉，不留余地：

"我想不出我有哪些举动会鼓励你写这样一封信，我认为这封信包含着可能降到我国头上的更大的危害。如果我还有点自知之明的话，你不可能找到一个比我更讨厌你的计划的人了……如果你还重视你的国家，关心你自己和子孙后代，或者尊重我的话，你应该从头脑里清除这些想法，并绝不要让你或任何其他人传播类似性质的想法。"

华盛顿断然拒绝了黄袍加身，这对当时的君主制是一个巨大的威胁。美国最有实力和威望的人能够公开反对君主制，立刻在世界范围内引起了轩然大波。这一选择也为美国成为民主制国家开辟了道路。

1783年9月3日，英、美和约签订，英国正式承认美国独立，8年的艰苦奋斗和浴血奋战，美国终于赢得了自由、独立、尊严。1783年12月2日，在普林斯顿附近的洛基希尔，华盛顿向追随他多年，朝夕相处、浴血奋战的将士们发表了饱含深情、慷慨激昂的告别演讲，“最后一次，也是最为长期的亲切告别”。“你们在部队中是不屈不挠的百战百胜的战士；在社会上，也将不愧为道德高尚和有用的公民。”“平民生活的俭朴、谨慎和勤劳的个人美德与战场上更为壮丽的奋勇、不屈和进取精神同样可贵。”最后他公开表达了自己即将退役、过平民生活的热切愿望，“分离的帘幕不久就要拉下，我将永远退出历史舞台了。”

12月23日，在安纳波利斯，华盛顿向大陆会议辞去一切公职，亲手交回了大陆军总司令的委任状，急流勇退，正式选择解甲归田。第二天他就匆匆启程，返回故乡弗农山庄。

华盛顿所向往的，是恬静安逸的田园生活，他不愿意炫耀自己是开国元勋，免得世人说自己沽名钓誉，他甚至拒绝了挚友克雷克医生代表一位作者为他立传的请求。他一直认为独立战争的胜利是全国民众缔造的，而不应该赞美他一个人。华盛顿给这个国家、也给这个世界树立了一个榜样，他没有醉心于名利权欲，他追求的是另一种境界，就像中国陶渊明的“采菊东篱下，悠然见南山”，他更喜欢精神上的淡泊，在自己家葡萄架下面的日子是他一生最美好的回忆：“此时，我希望能悄然无声地融入山川大地，了断与尘世的一切纠葛。”

正是这样的境界使他断然拒绝了黄袍加身的巨大诱惑，有史以来，他是第一个打赢了战争就回家的统帅。

宾夕法尼亚州议会通过代表向大陆会议提出建议，要求对华盛顿的贡献和自我牺牲精神给予补偿。华盛顿明确表示，绝不接受任何补偿。他家乡所在的弗吉尼亚州议会将波托马克河与詹姆斯河的股份各赠送他150股，他知道此举显示了国家对他的高度评价、爱护与关怀，他如果拒而不受，可能会被看作是对国家美意的不敬、蔑视，甚至“被误解为蓄意炫耀自己的无私与美德”，经过再三斟酌，他最后将全部赠与捐献给了慈善机构。

华盛顿在美丽的弗农山庄悄然隐居下来，脱离了喧闹的政坛，如果不是时局的变化，使他再度应召为国服务，这位曾拒绝黄袍加身的伟人将在美丽的弗农山庄度过余年。1786年，也就是他回到家乡3年以后，新生的美国邦联面临着一场政治危机。当时的美国中央政府非常虚弱，无法承担有效管理国家机构的责任。8月1日，他在写给约翰·杰伊的信中表达了自己的忧虑：“短短数年，变化竟如此惊人。据闻，即使德高望重的人物也在无所顾忌地谈论君主政体。言论出自思想，再进一步即往往成为行动。这一步却是无法挽回和重大的一步！”“我虽已退出这个世界，但我坦率承认，我不能将自己置于漠不关心的旁观者的地位。”

就是这样一个人，3年前，他拒绝黄袍加身，悄然隐退，3年后，他虽身居乡间，却仍然心系社稷，不容许他的祖国滑向君主制的泥潭，他不相信赢得了独立的美国人民不能自己管理自己，他不相信流血牺牲奋斗得来的建立于平等自由基础上的制度“不过是一种空想和无稽之谈”。作为美国的缔造者之一，他坚决不希望发生这些“深以为忧的结果”。

此时美国的开国元勋们开始着手制订一部新的强有力的联邦宪法，民众要求他重新出山担任公职。他再三犹豫之后，还是再次告别了心爱的家园，1787年5月9日早晨，他动身前去费城，参加对美国乃至整个世界影响都极为深远的制宪会议，这一去又是8年。

在1798年2月举行的总统选举中，华盛顿众望所归，最后以全票当选为美利坚合众国第一届总统。获悉自己当选总统后，华盛顿表示：“我将下定决心，别无他顾，竭尽全力为民效力，以期能在适当的时机尽早解除这一职务，使我再次隐退，以便在惊涛骇浪之后，度过平静的晚年，以享天伦之乐。”

1789—1797年，华盛顿在担任两届美国总统期间，美国政府形成了规范的内阁制，确立了宪法的权威，经济上恢复了国家信用，外交上通过了与英国签订的《杰伊条约》，保全了美国领土的完整。总统任期届满后，华盛顿又回到弗吉尼亚州的弗农山庄，再次过起退隐的生活。美国国会曾邀请他出任第三届总统，但被他一口谢绝。

让我们来看看太平洋彼岸的美国国父华盛顿在任满了两届总统之后，爽然交权的情景：

华盛顿的最后讲话十分简约，一如他平时的朴实谦逊。他说：“现在，我已经完成了赋予我的使命，我将退出这个伟大的舞台，并且向庄严的国会告别。在它的命令之下，我奋战已久。我谨在此交出委任并辞去我所有的公职。”议长则答道：“你在这块新的土地上捍卫了自由的理念，为受伤害和被压迫的人们树立了典范。你将带着同胞们的祝福退出这个伟大的舞台。但是，你的道德力量并没有随着你的军职一起消失，它将激励子孙后代。”

根据文献记载，华盛顿交权的仪式非常简短，前后只有几分钟，但正是这个几分钟的仪式却使在场的每一个人都感动不已。这位昔日的将军，驰骋沙场的骄子，为了赢得战争不仅变卖了家产，而且因操劳过度此时生出满头白发，眼睛也几乎看不见了，望着这个垂暮的老人，每个人的眼里都蓄满泪水。

这几分钟，显示了华盛顿对美国的伟大意义，也显示出对世界的伟大意义。这是人类历史上第一次不依靠外在的压力仅仅依靠内心的道德力量就自觉放弃了在为公众服务的过程中聚集起来的权力。

第二天上午，华盛顿就启程离开了安纳波利斯，回到了弗农山庄，在自己的葡萄架和无花果树下过起了一种心满意足的乡绅生活。

1799年12月15日，一代伟人华盛顿在家乡病逝。他去世的消息传来后，举国哀痛，当时正在开会的国会休会一天，昔日的敌人英国也为他的逝世鸣礼炮20响致哀。在12月24日举行的追悼会上，他生前的下属亨利·李致悼词，悼词中的一段话后来成为家喻户晓的名句："他在建立战功方面是独一无二的，他在和平建设方面的政绩是独一无二的，他受人民怀念之深是独一无二的，他是一位举世无双的伟人。"

为了纪念他的功绩，美国国会在1791年决定，于大西洋岸的波托马克河畔建立一个新的首都，取名"华盛顿"。1800年，新都建成后，政府所在地就从费城迁到华盛顿城。

第六节　民主先行者杰弗逊

他在上帝祭坛上发过誓言："永远反对一切对人类心灵暴虐统治的专制形式。"这句话概括了他曾经用毕生精力为之奋斗的信仰与精神。后来，这句话被镌刻在了美国首都华盛顿的杰弗逊纪念碑上，成了他一生的写照。这就是美国的民族之魂——托马斯·杰弗逊。

托马斯·杰弗逊（1743—1826）1743年4月13日生于弗吉尼亚州的古什兰（现阿尔巴马尔），当托马斯·杰弗逊出生的时候，古什兰还处于边境地区。托马斯的父亲彼得·杰弗逊是一个性情温和的富裕农场主，他是当地的土地测量员。托马斯的母亲出生于弗吉尼亚州最有声望的家族之一。杰弗逊又高又瘦，脸上长着雀斑，头发黄中带红。他是美国历史上才华横溢的人物之一。在30岁之前，他已经学习了6门语言及法律、数学、科学和哲学；他是自学成才的建筑师，设计了不少世界上最漂亮的住房；他是发明家，设计了美国的货币系统；同时，他还是出色的音乐家。

14岁时，杰弗逊的父亲去世了，杰弗逊作为长子继承了家庭的产业，包括500亩土地和100名黑奴。

1760年，杰弗逊考取了位于弗吉尼亚首府威廉斯堡的著名高等学府威廉玛丽学院。在这里，他广泛阅读哲学、历史、自然科学与文艺作品，学习非常刻苦，每天学习时间达15个小时，他深受当时盛行的欧洲启蒙思想的影响，参加了校园里组织的很多进步团体。1762年毕业后，他又跟随学校著名的怀斯教授继续攻读法律，于

1767年取得当地的律师资格。1768年杰弗逊担任了家乡阿尔贝马郡的治安法官，1769年，他当选为弗吉尼亚州议会议员，令人奇怪的是，他并不是一个出色的演说家，因此，他写了很多信和文章来代替演讲。这些信和文章的主要内容是关于美国殖民地和英国之间日益增长的矛盾的，其中一篇的内容是杰弗逊所称的“美国人的权利”的问题。这篇文章使杰弗逊的名字传遍了整个北美殖民地。他反对英国政府的态度如此强硬，以至于英国政府宣布他为叛徒，一旦他被抓住，就会被绞死。

1769年杰弗逊和玛莎·斯凯尔顿在威廉斯堡邂逅，一见钟情，很快坠入爱河。1772年元旦，28岁的杰弗逊与23岁的玛莎·斯凯尔顿结婚。两人都在音乐方面有杰出的成就，玛莎·斯凯尔顿善拉大提琴，杰弗逊善拉小提琴，琴瑟相随。可惜短短的10年后，玛莎就撒手人寰，杰弗逊无限伤感，也没有再续弦。

3年之后，杰弗逊被选进了大陆会议。由于善于写作，他被指定为《独立宣言》的撰写人。

在独立战争中，杰弗逊是弗吉尼亚州议会的第一名成员，然后任州长。他为了通过一项保证宗教信仰自由的法律而辛苦工作。这一法案是美国历史上同类法案中最早的一个。

独立战争结束后，杰弗逊为驻法国公使。当新的联邦宪法通过华盛顿当选为第一任总统后，杰弗逊被任命为国务卿。

杰弗逊所担心的，是怕美利坚合众国有一天会变成独裁的政体，他完全相信美国的全体民众可以管理好自己。杰弗逊希望美国成为一个需要很少法律的国家，他是在边境地区长大的，他相信只有受过教育的公民才能够保护这个新生的民主政体。所以，杰弗逊非常推崇教育，他认为所有的孩子应该至少上到3年级以上，这对于今天的我们来说可能算不上什么教育，但是对于当时的美国来说，无疑是重磅炸弹，因为当时很多人根本没有接受过任何教育。

当时的财政部长亚历山大·汉密尔顿却有不同的想法，他不同意杰弗逊如何使政府成为好政府的观点。他赞同英国的政治体系，即由国王或者一个至少是终身制的总统作为最高领袖的政治体制是最好的。许多人都由衷地认同汉密尔顿的观点。但是，杰弗逊坚信，按照汉密尔顿的观点，合众国最终会变为独裁政体。而汉密尔顿认为，杰弗逊的观念将会导致暴民统治。

一开始，杰弗逊并没想成立一个政党，但不久，拥护他观点的人拥戴他为领袖，这些人被称为共和党（几年之后，这些共和党人自称为民主党人）。同意汉密尔顿观点的人被称为联邦党人。没有人刻意设计，但这由此成为美国政党制度的开端。

当华盛顿总统第一任期结束后，杰弗逊辞职返回到故乡弗吉尼亚。当华盛顿拒绝担任第三任期总统之后，约翰·亚当斯当选为总统，而托马斯·杰弗逊当选为副总统。亚当斯属于联邦党人，杰弗逊则属于共和党人，这种混合组合方式的产生是因为撰写联邦宪法的人没有意识到政治派别的问题。他们的计划是，让获得最多选票的人当总统，让选票得数为第二的人担任副总统。后来，联邦宪法作了修改，规定总统和副总统应属于同一个政治派别。

亚当斯只担任了一任总统，之后，杰弗逊当选为总统。由于他认为国家应该尽可能地以低成本运转，所以他对陆军和海军进行了裁军。与华盛顿不同，杰弗逊从不穿潇洒漂亮的制服，他也不乘坐由很多马拉着的四轮车，通常都是以步代车或者骑马。

杰弗逊身为总统，却很少注意外表，他的穿着俭朴又随便，以至于引起一场较大的误会。1803年12月英国新首相和他的妻子麦丽夫人访美，杰弗逊穿着俭朴的衣服和拖鞋接待了他们，而在参加白宫的一次正式宴会时，没有人陪伴他们入席，以至于英国首相和他的夫人不得不与其他客人争座位。对这种接待方式，英国首相及夫人感到这是对他们本人和国家的一种侮辱，从而引起了一场外交战。杰弗逊解释说："在社交圈子里，人人平等，不管是在职和不在职的，国内和国外的，男女宾客都享有同样的平等。"他认为穿着俭朴随便和不拘礼节是这个民主共和社会的习惯。他在执政期间，废除了许多繁文缛节，其中之一便是取消了宴会上的等级差别。

这个时候，法国宣布密西西比河以西的大片广袤的未知土地为法国所有。在新奥尔良，法国控制着密西西比河河口两岸的地区。这意味着，如果法国人不想让美国的船只出入的话，他们可以随时关闭河道。但是这条水道对于阿拉巴契亚山以西的美国定居者来说实在是太重要了。1803年，杰弗逊决定从法国手中购买新奥尔良。出乎他的意料，法国的皇帝拿破仑竟然同意了出售从密西西比河到落基山脉的整个路易斯安那地区。

当时英法关系日趋紧张，战争已不可避免，拿破仑急需筹款来进行这场战争。法国尽管自己已经无力保卫北美殖民地，但也不愿看到这一大片土地落入英国之手，因而宁愿把路易斯安那地区全部卖给美国。所以，在门罗到达巴黎的前一天，法国外长塔列朗已向李文斯敦提出了拿破仑不仅愿意出卖新奥尔良，也愿意出卖整个路易斯安那地区的建议。于是在4月30日双方签订协议，定价1500万美元。6月，这一协议草案送到了华盛顿。渴望得到这片土地的同时，杰弗逊又为这个协议草案是否符合宪法精神感到不安。按照杰弗逊的想法，协议草案应交由国会审定修改，并作为修正案增补在宪法之中，使这一购买行为具有充分的合法性。但这一审定过程太慢了，当听到驻法特使写信说拿破仑已对这个交易感到后悔，如果拖延时间或许他会收回自己的许诺时，杰弗逊迅速改变了自己增补宪法的想法，要求参议院立即对协议草案进行审定，并批准了这一协议。1803年12月20日，美国国旗已飘扬在新奥尔良上空。

杰弗逊认为，总统除了具有宪法规定的权力之外不能拥有其他的权力。但是宪法中没有任何规定说总统可以拥有使美国国土翻倍的权力。杰弗逊同样相信，美国的未来取决于西部。这个机会对美国来说实在是太重要了，失去了这个机会就真是太可惜了。于是他签署了购买路易斯安那地区的协议。之后，他要求国会同意他已经做的一切。一些人对杰弗逊超越联邦宪法所赋予其的权限行事非常恼怒，另一些人则说杰弗逊想成为新领土的皇帝。

1804年，杰弗逊第二次当选总统，开始了他的第二个任期。如果杰弗逊愿意的话，他还可以再次当选为总统。但是他总是担心，如果一个总统的任期太长的话，他就有可能成为一名独裁者。杰弗逊认为，任何总统的任期都不应该超过两届。当然，当总统从来没有让他感到过真正的幸福。因此，他拒绝参加第三任期的竞选。他回到了蒙提萨罗的家乡。

托马斯·杰弗逊是第一个死于贫困的美国总统。杰弗逊8年的总统生涯，使他欠下了巨额债务，不得不另借债偿还以离开白宫。离开白宫之后，他虽然拥有几间小作坊和一个小农场，但入不敷出，尽管忍痛卖掉了一些土地还债，但仍然还有大约5万美元的债务，于是还债就成为困扰这位离任总统的难解之结。他的大女儿玛霞与他一起生活，她在给父亲的信中写道：“我什么都可以忍受，就是不想看到你年纪这么大还要为债务而烦忧。”

1812年，英国人入侵，焚烧了美国国会图书馆，杰弗逊将自己价值5万美元的藏书，以2.35万美元的低价卖给国会，偿还了将近一半的债务。尽管手头拮据，但杰弗逊仍然规划并帮助成立了弗吉尼亚大学。从1816年起，杰弗逊以全部身心投入筹建弗吉尼亚大学的运作之中后，美国各地为之捐款1.6万美元。在他的积极游说之下，州议会批准每年支付1.5万美元以资办学。杰弗逊到处募捐用于建校。1825年3月7日，弗吉尼亚大学开学了，尽管当时只有30名学生。杰弗逊亲自将老师们召集在一起，帮助他们决定应该教授哪些课程。

1826年7月4日，他写下生平最后一封亲笔信，抱歉地推辞掉华盛顿纪念《独立宣言》50周年纪念活动，他终于满足了活到7月4日的最后愿望，中午12时50分，离开人世，享年73岁。几个小时之后，另一位《独立宣言》起草人、杰弗逊的前任总统亚当斯也撒手人寰。

杰弗逊前后从事政治活动近60年之久，在美国人民的心目中是一位伟大的英雄。杰弗逊是资产阶级民主派代表人物，共和党的创始人。他于1773年创办弗吉尼亚的“通信委员会”，宣传殖民地独立的思想。拥护天赋人权说，提出以革命反抗暴君。主张自由发展小农经济，反对奴隶制和议会选举中的财产资格限制。后为大陆会议代表，参与起草《独立宣言》。曾任弗吉尼亚州州长、驻法公使、国务卿、副总统。总统任内，从法国购买路易斯安那，使美国国境扩张到与墨西哥接壤，国土面积翻了一番；推行“西进政策”，颁布禁止输入黑奴的法令。晚年创立弗吉尼亚大学。他确保了联邦政府的权力掌握在民众的手中，被历史学家评价为“伟大”或“接近伟大”的总统。

临死前杰弗逊亲自为自己撰写了墓志铭：“这里埋葬着托马斯·杰弗逊，他是《独立宣言》的作者，弗吉尼亚州宗教信仰自由法案的作者，弗吉尼亚州立大学之父。”他甚至没有提及自己曾经是美国的总统。

专题：美国的政党

与其他一些国家相比，美国的政党内部组织非常松散，原则上是一部“选举机器”，平时不发生太大功能，只有在各级选举时才组织运作。尤其是两个大党在全国层次上根本没有正式的组织来控管会员、活动、政策制定等事宜，只由一些州层次的组织负责管理此类事务。所以如一个美国人说自己是民主党或共和党，这其中的意义和一个英国人说自己属于工党或保守党是有很大不同的。美国选民可以自由注册成为某个党派的成员，可以自由投票给某个党派，不过这些都无法限定选民的选择，也不会带给该选民针对该党派任何特殊的权利或义务。选民可以今天参加一个当地的某党会议，明天又参加另外一个党的。同样的，登记的选民也可以依法、依程序“随时”变换政党。

1787年，美利坚合众国的开国元勋们起草《美国宪法》时，并未预见到政党在政府管理制度中的作用。实际上，他们通过分权、制约和平衡原则和由选举团间接选举总统等各项宪法规定，力图将政党及政治派别排除在政府管理制度之外。

尽管美国的开国元勋们用心良苦，美国仍开全国性政党执政之先河，并于1800年通过一次选举，将行政权力从一个党派转移到另一个党派手中。

19世纪初，选民必须拥有一定财产的规定被取消后，更多的人有了选举权，美国政党的发展与此密切相关。由于选民人数大量增加，就需要运用一定的手段来动员广大选民。为完成这一至关重要的任务，政党遂应运而生。美国政党的问世是这一民主革命的内容之一，到19世纪30年代，政党已经牢牢植根于美国政治生活之中。

今天，共和党和民主党完全渗透在美国的政治进程中。近2/3的美国人自认为是共和党人或民主党人，即使那些自称是无党派人士的人，通常也具有政党倾向，并表现出高度的政党忠诚。例如，在过去的5次选举中（1980—1996），平均75%的“倾向”民主党或共和党的无党派人士都投了他们所“倾向”的政党总统候选人的票。

政党无所不在的影响还扩展到了执政党。两大政党掌握了总统、国会、州长和州议会的权力。自1856年以来，历届总统不是共和党人便是民主党人。在第二次世界大战后，两大政党总统候选人得到的选民票平均为95%。

1998年的国会中期选举后，当选的国会议员中只有一人是无党派人士，而当选的7300多名州议员中，只有20人既非共和党又非民主党人。两党体制主宰了联邦各州的政府。

两党在选举上的竞争是美国政治制度最显著和最持久的特点之一。自19世纪60年代以来，共和党人和民主党人便主宰了选举政治。由这两个政党持续垄断一个国家的选举政治的状况，既反映了美国政治制度的结构，也反映了美国政党的特点。

美国选举国会和议员的规定是“一个选区选一人”，这意味着谁得的选票多谁当选。与此体制不同，“一区一人制”意味着，在任何选区只能有一个政党获胜。因此，“一区一人制”是在鼓励形成两个基础广泛的、可以赢得选区多数票的政党，同时还在宣告，人数较少的小党与第三党几乎永远无法获胜——除非它们与另一个政党联合，否则便生存不下去。

总统由选举团选举的制度进一步在体制上推动了两党制。当选总统需要在50个州的全部538张选举人票中获得绝对多数。这一规定使第三党若不与一个主要政党联合，想要获得总统职位难于上青天。此外，各州的选举人票是根据胜者全拿的规定分配的。要获得一州的选举人票，便要在该州赢得多数选民票。与“一区一人制”一样，选举团制度也对第三党不利，它们几乎没有机会获得任何州的选举人票，更不用说能在足够多的州获胜赢得总统职位了。

由于共和党人和民主党人操纵了政府机器，他们制定出其他一些有利于主要政党的选举规定，就不足为奇了。一个新党要在各州获得参选资格，便要付出艰巨的努力，花费大量的金钱。例如，宾夕法尼亚州的法律规定，一个新党要有9.9万名登记在册的党员，才能提出候选人。此外，联邦竞选法使主要政党得到特别的优惠，其中包括竞选总统可获得公共资金（2000年为6000万美元以上）、举行全国代表大会可筹集公共资金以及争取总统候选人提名者可有对等资金等。对第三党而言，美国独特的提名进程又是一个结构性障碍。在世界民主国家中，只有美国是依靠预选提名各政党的州和国会议员候选人，依靠州的预选来选择总统提名人。在大多数国家，政党候选人提名是由政党控制的。但在美国，要由选民最终确定谁是共和党和民主党的总统候选人。当然，这一制度使美国的正式政党组织弱于多数民主国家的政党。

这一参与式提名的进程，也有助于140年来共和党和民主党控制选举政治。在党内与党魁抗争的人，可在无需组织第三党的情况下，通过预选赢得党的提名，列入总统候选人名单，从而增加在大选中获胜的机会。因此，预选提名进程往往使不同政见得以进入两大政党，使持不同政见者无需费力去组织第三党。

与美国多数政治机构一样，现在的政党体制也是经历了考验和挫折而后发展起来的。制宪者和宪法的早期支持者一直希望不要建立政党或“派系”，因为他们一直对这种观念没什么好感。他们认为，新生的国家需要的是达成共识，党派是分裂的因素。因此，《宪法》本身根本未提到政党，政府各部门也应在没有政党的情况下自行管理。然而，政党不可避免地出现，对这些宪法机制产生了一定的压力，使它不得不总是对政党政治平稳地调整自己。

在第一届全国大选中，选举团一致赞成选举华盛顿为总统，他是一位颇具感召力的领袖，德高望重，几乎没有受到任何非议。他被誉为“正直人中最伟大者和伟大者中最优秀者”，连任两届总统，然后宣布退职，为今后总统职位的稳定以及顺利交接树立了良好的开端——其他许多国家并不太欣赏这种职位更替的先例。华盛顿任总统期间，他不太情愿干涉最初各党派的发展情况。当时形成的两党：一派是聚集在贵族汉密尔顿旗下的联邦党人；另一派是反联邦党人或称为民主共和党人，他们则依靠多才多艺的杰弗逊的领导。

在许多方面，这两派政党代表着现今存在的同一集团的利益，在几乎所有新成立的各州中，他们所代表的集团利益也没有多大差别。联邦党由各地贵族精英组成，一般比他们的对立者年纪较长，更保守，他们反对扩大公众参与政治的范围，相信他们享有“生来就有”的参与管理的权利。联邦党人认为没有改革的必要。在另一方面，民主共和党人则凭借提出更加民主的建议，以及反对生产和制造业阶层财富的日益增长，吸引了广大公众的支持。他们准备好在各地进行激进改革。他们甚至还怀疑他们所理解的宪法以及宪法保守的用途。

1796年，联邦党人赢得了总统职位；但到1800年，民主共和党势力强大起来，选举杰弗逊入主白宫，联邦党人的势力开始削弱。他们退至北方各州，再也没有在全国范围内重新获得控制权；又过了10年，他们几乎消失殆尽了。出于惊恐和不满，一些新英格兰联邦党人曾试图宣布退出联盟，但已占主导地位的民主共和党很快就平息了联盟遇到的初次危机。

民主共和党统治了美国25年，但即使在这期间，党内团结也已出现了分裂。1824年，该党分裂为针锋相对的两大派系；1828年，组建了以安德鲁·杰克逊为首的民主党；以约翰·昆西·亚当斯为首的民主共和党（1832年，曾出现过一派称为反梅森党的第三党，也算是诸多第三党的第一次露面；这些日后逐渐出现的第三党的主要特点是，他们一般就某个单一问题提出自己的主张，未免有些狭窄）。

1836年，民主共和党与一些情绪不满的杰克逊党人共同组建了辉格党。辉格党一直到1856年仍是美国第二大党，该党以稍微谦虚的方式采纳了联邦党人的许多保守观点。但辉格党一直缺少一名强有力的领袖人物，而且日益激化的奴隶制问题最终造成了党派分裂。对于奴隶制问题，民主党人也产生了分歧。当南方一翼控制了政党时，他们最终转而反对他们的领袖杰弗逊的遗训，并吸收了大多数辉格党人。有关奴隶制问题引起的骚乱成就了共和党，该党主要由北方持不满情绪的民主党员、废奴运动者、小型“自由土壤”党人和辉格派进步人士组成。1856年，共和党提名了自己党派的第一位总统候选人；1860年，共和党员林肯当选总统，这使民主党地位开始动摇。这次失败是民主党自身地位受到伤害的多次失败中的第一次。两大政党之间的竞争分界线就此形成了。在下一个世纪乃至今后的时期里，共和党和民主党将主宰美国的政治生活。

美国内战给这两大政党留下了印记，也为20世纪的政治生活提出了许多难题。民主党对蓄奴制传统的继承与杰弗逊和杰克逊的自由理想相抵触（尽管这两个人的言论和行动蕴含了这种矛盾的种子）。最终，民主党呈现出分裂的特征，一派代表原来的南方邦联保守各州的利益，另一派则代表了更加自由、更加城市化的北方的利益。共和党也就此发生了分裂。由于他们挽救了联盟，解放了奴隶，共和党一时成了自由的化身，这与共和党在19世纪晚期推崇以大托拉斯形式加强经济政治上的高度集权的做法极不相称。城市工人和农民的利益在这两大政党中均未得到体现，他们的苦难最终导致了人民党运动。

1896年，人民党试图接管民主党的举措基本成功。但由于他们提名的候选人是华而不实的威廉·詹宁斯·布赖恩而注定了他们失败的命运。布赖恩后来三次竞选总统都未成功。在布赖恩第一次竞选失败后，人民党就衰败下去，民主派也黯然失色；保守派和南方党人又重新把持了民主党。共和党继续支持他们的商业伙伴；甚至连当时备受推崇的西奥多·罗斯福的“破坏托拉斯”政策也不是人民党更算不上是自由派的政策了（罗斯福一味主张实行大规模垄断或托拉斯，是为了确保资本主义制度本身能得以健康发展）。1896年的总统选举标志着美国政治生活中处于不利地位的一派积极参与竞选的最终结束。此后，投票的选民人数显著减少，这种状况一直持续到现在。

联盟的政治福运横扫整个美国内战，随后而来的民主党内的动乱使共和党在1856—1932年一直有效地控制着全国政治生活，其中只有短暂的民主党复出阶段。此后，共和党对付“大萧条”的过于陈腐的手段失败，导致了一次重大的跨越党派界线的力量重组。

富兰克林·罗斯福把全国性政策定位于加强政府对经济和社会生活的干预的观点吸引了大批少数民族和穷人加入到民主党。接着，共和党也固化了自己作为大商业政党的形象和坚定了朴实的个人主义捍卫者的立场，主张尽量减少政府的干预。在当今这个越来越复杂、事物之间相互越来越依存的世界里，共和党的政治观点似乎注定了它要降至少数党的地位。1932—1980年，共和党只控制了两届国会，1977年共和党只取得12个州长和5个州议会的职位。然而，20世纪70年代期间该党持续实行了改组措施，到1980年初见成效，共和党人取得总统职位，控制了参议院，势力有所增强，获得了23个州长职位。但在1982年，民主党在众议院中赢回26个席位，并从共和党手中夺走9个州长职位。尽管1984年总统大选中，共和党大获全胜，但却输掉了两个参议员席位，在众议院也只夺回了2／3的席位。

1986年，民主党重新获得参议院55个席位，但在各州议会竞选中失利，而共和党得到8个州议会。然后，共和党在最近的连续六届总统大选中第5次获得总统职位，但民主党又增加了1名州长，1名参议员，并在民主党众议员占多数的情况下，又增添3名众议员。1990年选举结果与此类似。民主党增加1名参议员，9名众议员和2名州长。1992年，民主党赢得总统职位，在参议院保持本党势力，但输掉众议院9个席位，又增获2个州长职位，而且民主党在各州和地方一级政府继续占统治地位。

过去120多年来，两党的兴衰反映了这样一个事实：两党基本纲领存在着差别，选民依赖自己的理解来投票。然而，两党观点的差异对党内外的生活来说似乎无关紧要，人们只是呼吁对政党进行彻底整顿，以便反映左派和右派的意见。由于一直未出现一个强有力的第三党，也使得两党之间存在的不明显的差异更加突出了。自从内战结束后，只有5次总统选举受到第三大党相当规模的挑战。在1892年人民党获得8.5％的选票；西奥多·罗斯福的进步党（也称布尔穆斯党）在1912年大选中获得27.5％的选票；1924年，罗伯特·拉·福莱特的进步党获得16.5％的选票。近30年以来，乔治·华莱士的美国独立党于1968年获得13.5％的选票，1992年罗斯·佩罗获得19％的选票。

美国绝大多数州都有两个十分活跃、互相竞争的政党。但是，许多州几乎都已接近一党制了，因为其中总有一个政党占统治地位，在竞选中获得60％—80％的选票。因此，许多政治学家把一党制和两党制中一党占统治地位的情况归在一起，将美国这类政党体制归为缺乏竞争机制的政党制。

美国政治学家和政客们所持的普遍观点是，这种两党制中极端分裂、软弱无力的政党体制对这个国家是有利的。一位作家把主要政党描述为人民都可以站在“庞大，华而不实，貌似友好的保护伞”下。这种假设的前提是，这个国家复杂多样的组成需要这种政党体制。

现行两党制的维护者还指出：争取得到多数的愿望也能起到扩大民主的效果。可以通过扩大选举权，使政治家借此得到年轻人、妇女、文盲、穷人和其他处于不利地位的阶层的支持。因此，选举权使这些集团以其他形式参与政治，并可以得到政治家和政府机构的关注。最后，两党制的拥护者还认为，两党制在美国长期的历史发展，本身就说明了这种体制的存在是合理的。很清楚，美国政党今天的这种状况，是因为美国人民愿意它们这样。几个世纪以来，政党的发展顺应了不同时代的需要；如果它们不能让人满意，人民早就不拥戴它了。

第三章
美国的西部大开发和南北战争

美国是以商业和工业为基础的国家，但是法律原则却通常被忽略。这是一个爱好自由却允许奴隶制度的社会。宪法容纳这些差异性，然而却逐渐产生了很多负担。1803年美国向法国购买路易斯安那州，1819年从西班牙购买佛罗里达州，美国领土因此增加了1倍。1816—1821年，美国建立了6个新的州。而1852—1912年，美国人口也相应增加了3倍，年轻国家的规模多元化与一般化产生了矛盾。

第一节　西进运动

“西部大开发”这个词在中国家喻户晓，其实很多人都不知道，这个特有的名词肇始于美国。一位美国历史学家写道：“对于美国的发展来说，没有什么因素比西部的存在更重要的了。”

18世纪末至19世纪末的美国西进运动是美国国内的一次大规模移民拓殖运动，是美国人对西部的开发过程，也是美国城市化、工业化和美利坚民族大融合的过程。这场西进运动对美国的经济、政治和社会都产生了重大而深远的影响。直到目前为止，一部美国史在很大程度上可以说是对于西部的拓殖史。西进运动彻底改变了美国的面貌：大片荒地被开垦出来，大批的农场建立起来，西部农业的发展为工业的发展提供了大量的粮食、原料、出口产品和国内市场；美国的劳动力布局有所改变：促进了国内统一大市场的形成，东西部互补性贸易迅速发展；西部资源的开发和利用还满足了工业发展的需要，交通运输业也飞速发展。美国的西进运动激发了美国人的创造力和经济活力，提高了美国的综合国力和国际地位，对美国整个国民经济的起飞具有重要的意义。

对于农场主而言，西部有着大量的肥沃土地和大湖平原，是一个诱人的地方。杰克逊政府通过苛刻而不平等的法令把该地区密西西比河以东的印第安人全部驱赶出去，并一再降低土地的价格，有力刺激了西进运动的发展。

美国西部开发从产业的角度讲基本上是一种农业的扩张，荒地的开垦使农场大规模建立起来。无论从当时美国西部地区的人口就业结构来看，还是从投资水平和国民收入水平来观察，在相当长一段时间里，甚至到19世纪中叶，农业始终占美国国民收入的绝大部分，1880年农产品在全国出口品中所占的份额高达83%。即使在工业取代农业成为美国国民收入的主要来源之后，农业在西部地区的经济结构中仍占有特殊而重要的地位。这由此决定了美国西部经济发展的方式和方向，从而最终决定了美国西部开发的基本特征。

西进运动所涉及的地区在不同的历史时期，有不同的说法。还有一个原因就是西部地区的范围由于拓荒者的不断开拓而不断延伸。在美国刚刚独立的时候，人们把位于阿巴拉契亚山和密西西比河之间的地区称为西部，也就是所谓的老西部。后来西部的概念逐步扩大，以至包含后来的整个美国西部。那到底有没有一条线可以划分美国东西部呢？地理学家和美国史学家一般把98度西经线，也就是美国50厘米等降水线作为东西部的分界线。这条线基本上从北达科他南部一直延伸到南部的得克萨斯。

通过西部开发，美国基本形成了东西部之间的统一市场和经济一体化，逐步缩小了东西部之间的经济差距，促进了区域经济的协调发展。到19世纪末，美国国内东西部经济专业化和统一市场雏形、东西部经济互补的格局基本形成：东北部—大湖地区成为世界上最大的制造业带；中西部成为世界上最大的粮食生产集散地；处于偏远西部山区的矿业则在美国占有独一无二的地位。

由于美国当时是一个刚刚独立不久的新兴国家，在实现工业化的过程中所需要的资本、原料和市场等资源的配置基本上是通过西部开发得以解决的。首先，西部农业垦殖和农业生产的高速发展，为美国东部工业区提供了大量的农产品和廉价的劳动力。其次，为大工业化提供了大量资金。最后，西部落基山区金银矿业的开发，使大量的贵金属掌握在联邦政府手中，政府有能力在1900年通过金本位条例，改金银复本位制为金本位制，这不仅给美国工业化提供了有力的资金支持，也从此把美国工业化置于坚实的金融制度基础之上。

很多经济学家称19世纪美国的发展史基本上是一部铁路成功史，美国西部开发自始至终是置于一个发达的交通运输基础之上的。从18世纪末兰卡斯特大道建设开始，到19世纪晚期全国铁路网络基本形成，仅密西西比河以西地区的铁路通车里程就由1860年的不足3000英里（约4828公里）猛增到1890年的7.2万英里（约11.59万公里），约占全国的43%，这对西部开发和国民经济产生了巨大的影响。交通运输业等基础设施的建设，一是促进了美国西部经济的地区专业化，比如到19世纪晚期美国西部生产的地区专业化格局已经形成了小麦、棉花、畜牧三大农牧王国，落基山区的矿业帝国，大湖地区制造业的“制造帝国”等西部专业化的基础“经济走廊”。二是促进了全国统一市场的形成，大大加速了地区经济专业化和整个经济的商品化，从而也改变了美国诸区之间的关系。

西进运动还推进了美国的城市化进程，不同地区形成了不同的特色，19世纪中后期西部的城市化水平和发展速度都高于全国平均数。在长达100余年的西部开发历史中，阿巴拉契亚山以西地区兴起了沿铁路、河港、公路等形成的一大批层次不同的经济增长中心。在作为经济增长中心的城市中，有以芝加哥为代表的全国性的中心城市，也有功能各异的如堪萨斯、旧金山等区域性中心城市。这些中心城市的出现，极大地刺激了西部经济的发展，中心城市成为西部经济、政治、文化、艺术、教育最为发达，最为集中的核心，同时也是西部各类市场最集中的地方。同时，中心城市的出现，又加速了西部农村城市化和农业工业化的发展。

推进美国西进运动的主要力量是土地投机者、平民和种植园主。应该说，这些投资主体的基金主要属于商业或民间的资本，美国开发西部建设所需资金的绝大部分一开始就采用市场化和商业化的运行方式来进行，这是美国西部开发的又一重要特点。大量的商业或民间资本涌入西部的原因，一方面是由于美国工业革命之后东北部地区经济结构上的弱点，比如成本高、价格高、利润低；另一方面是由于西部“自由土地”的大量存在对商业资本来说具有较大的吸引力，其中最主要的是它的价格低廉，有利可图。即使是铁路建设这样大规模的基础设施建设，其资金的绝大多数也是由私人资本提供的。西部铁路建设的资金主要来自联邦政府和地方政府、国内投资者和国外投资者。而联邦政府对铁路建筑的政策，主要有三种方式：一是对进口铁轨豁免关税；二是以贷款形式，予以直接财政支持；三是授予铁路公司土地。地方政府主要采取认购投资股票、直接购买铁路公债、授予铁路公用土地的方式。而建筑铁路的绝大部分资金主要是通过向国内外投资者出售铁路证券来筹措，即85%的资本是由私人投资者提供的，而政府出资援助的仅占投资总额的15%左右。

1862年5月，美国国会通过了《宅地法》。此法规定：凡满21岁的美国公民，或符合入籍条件并愿做美国公民的外国移民，可免费或缴纳10美元的手续费，获得不超过160英亩（约64.75公顷）的土地：耕种5年以上或未满5年但在宅地上住满6个月并每英亩缴纳1.25美元费用者，可获得土地所有权。《宅地法》的实施，免除了拓荒者因购买土地而花费大笔资金所造成的经济负担，大量的资本助长了拓荒农业向商业农业演变的势头，促进了西部开发的大规模扩展。

纵观近代民主国家的历史发展轨迹，大多数国家尤其是大国都经历了一个从沿海到内地的发展进程，而这一进程又是与由商业到工业的转变联系在一起的。美国的西进运动虽然具有一定的特殊性，但它的成功和巨大影响不能不引起我们的高度重视和借鉴。

西进运动是一场自发的移民运动，绝大多数人都是一个人或者以家庭为单位迁往西部。移民队伍的成分形形色色，有土地投机家、奴隶主，但是更多的还是中下层的劳动人民。在迁徙的途中，他们披荆斩棘，历尽艰险，艰辛的生活夺走了很多人的生命。在拓荒时代的伊利诺伊州，至少三成的婴儿不满5岁就夭折了，成年人的平均寿命也只有四五十岁。正是这些为圆美国梦而不畏艰难险阻、勇往直前的拓荒者，使西部地区由蛮荒之地转变为繁荣昌盛的现代化城乡乐土。

第二节　血泪之路

“只要青草在生长，只要河水在奔流”，这句话在一代一代印第安人的内心深处留下了痛苦的回忆。1970年，一位参加越南战争的印第安裔美国老兵，泪流满面地重述了这句话，不仅当众证实了那场战争的恐惧，也证实了自己作为一个印第安人所受到的虐待。

美国人把印第安人逃离家园的过程称为“印第安人迁移”。其实这是一页名副其实的血泪史，白人为了得到阿巴拉契亚山和密西西比州之间的土地，用来种植南方的棉花和北方的谷物，向外扩张、开发移民、修凿运河、兴建铁路和建设新兴的城市，以及建立一个横贯大陆、连接太平洋的巨大帝国，期间不知道有多少印第安人为此付出了生命的代价，更不用说他们为此遭受的种种磨难了。

1829年安德鲁·杰克逊就任总统时，佐治亚州的切罗基人居住区发现了金矿，数千名白人蜂拥而至，毁坏印第安人的财产，打桩划界，声称自己对土地拥有所有权。杰克逊在命令联邦军队驱走白人的同时，又下令印第安人必须同白人一样，停止采矿。当他将军队撤走后，白人又返回了该地。这时杰克逊却表示他不能干涉佐治亚州的权限。白人侵略者掠夺土地和牲畜，强迫印第安人签写租约，殴打抗议者，卖给印第安人酒精，以削弱他们的抵抗力，杀死印第安人赖以为生的猎物。

对印第安人的种族歧视，是伴随着西进运动和天赋使命论发展起来的，美国白人自诩为“上帝的选民”和文明推广者。种族优越感在他们心中一直在不断地滋生蔓延，西进运动的过程，也就是美国白人不断强化这种优越感的过程。美国白人一向鄙视黑人和印第安人，人人生而平等中的“人人”绝不会包含黑人和印第安人。在美国南北战争爆发前，人种之间不平等是科学的结论，整个西进运动都充斥着“白人至上”的观点。美国向西、向南、向北三个方向猛烈推进时，不仅排挤了阻止它前进的国家，而且残暴地粉碎了这些土地上原来的主人——印第安人的反抗。

美国白人通过高压和欺骗手段而订立的条约，将克里克族、乔克托族、奇卡索族部落土地划分为一块一块，每一个印第安人都成了合同商、投机者和政客们的猎物。克里克人、乔克托人虽然保留了私人的小块土地，但绝大部分土地被土地公司侵占。照佐治亚州银行董事长、一家土地公司股东的说法就是：“偷窃是时下风行的原则。”

西进运动也是农业的扩张，美国白人在向西扩张的过程中开垦了大片荒地，建立了无数的农场。19世纪中期，农业占了美国国民收入的绝大部分。农场多了，对农业劳动力的需求也加大了，就在一批批印第安人被赶出家园、被屠杀的同时，越来越多的黑人被沦为奴隶。在白人眼里，黑人和印第安人都是劣等种族。白人是自愿迁徙到美洲大陆的，这是自由的象征，黑人是被白人当奴隶买来的，印第安人在白人眼里则如同生长在北美的植物一样，不碍事，就任其自生自灭，碍事了就要将其砍伐。

著名演说家、肖尼人的首领特库姆塞，试图联合印第安人反抗白人入侵。他说："土地属于大家，为每一人所用……"当他的印第安同伴被美国政府说服而割让一大片土地时，特库姆塞极为愤怒。1811年，特库姆塞组织500名印第安人在亚拉巴马州的塔拉普萨河岸集会。特库姆塞对大家说："让白种人见鬼去吧!他们掠夺你们的土地，强占你们的妇女。他们蹂躏你们，直至你们变为灰烬，他们仍不罢休!他们从哪里来，我们就把他们赶回哪里去。我们要战斗到底，直到流尽最后一滴血。他们一定会被我们驱走。"

克里克族印第安人居住在乔治亚州、亚拉巴马州、马萨诸塞州的大部分地区。1813年，一些克里克勇士在米姆斯要塞杀死250人，于是杰克逊的军队烧毁了一座克里克族村庄，屠杀村里的男人、妇女、儿童。杰克逊想方设法鼓励士兵勇猛作战，许诺以土地和战利品作为奖赏。

土地被侵占、缺衣少食的克里克人拒绝向西迁移。饥饿的克里克人开始袭击白人的农场，而乔治亚州民兵和殖民者则攻击印第安人的定居点。于是爆发了第二次克里克战争。亚拉巴马州一家同情印第安人的报纸报道说："对克里克人的战争是一场彻头彻尾的欺骗行为。它是别有用心的人所策划的一场卑鄙而残忍的阴谋，目的在于阻止一个无知的种族维护其正当的权利，剥夺他们手中仅剩的一点点生活资源。"

一百多岁的克里克老人斯佩克雷德·斯纳克，对安德鲁·杰克逊的移民政策作出了反应：

兄弟们！关于我们伟大的白人先驱的故事我们已经听得太多了。当他越过广阔的海洋第一次来到这里时，他还只是一个小人物……微不足道。他的腿因长时间坐在船上而痉挛，他乞求一小块土地点火宿营……但是，当这个白人在印第安人的火堆前暖和了身子、享受了印第安人提供的玉米片后，他变得态度强硬，言谈粗俗。他一步就可以跨过高山，他的脚印足以覆盖草原溪谷，双手可以抓住东边和西边的海洋，头可以枕着月亮。于是，他就成了我们的国父。他多喜爱他的红种子民啊，经常说："走远些，免得我踩着你。"

迁移对于印第安人来说意味着什么？戴尔·范·埃夫里在《天赋人权被剥夺：美国印第安人》一书中概括道：

印第安人对于周围每一件事物的自然特性都有着不同寻常的感受能力。他在野外生活，熟悉那些只有猎人才会知道的东西：山林中的每一片沼泽空地、每一座山峰、每一块岩石、每一条山泉小溪。他从来没有彻底地领悟到正在确立的土地个人私有制原则比自由自在地拥有天空更为合理。但是他比其他业主更加深情地热爱这片土地。他感觉到自己如同山石林木、飞禽走兽，几乎就是这片土地的一部分。大地就是他的家乡，是先祖遗骨的安放之地，是天生的宗教圣地，圣洁无比。

19世纪20年代，也就是在1812年战争和克里克战争的喧嚣过去之后、杰克逊当选总统之前的这一段时期，南部的印第安人和白人就已定居下来，他们关系密切，和睦相处，自然环境为生活在这里的所有人提供充足的资源。白人可以去探望印第安人社区，印第安人经常到白人家中做客。戴维·克罗克特和塞姆·休斯顿这样的边民就是在这种背景下涌现出来的，他们（与杰克逊截然不同）成了印第安人的终生朋友。

强迫印第安人迁移的力量不是来自于印第安人比邻而居的贫穷的白人拓荒者，其真正的根源在于工业化和贸易的发展，人口、铁路、城市的增长，土地价格的上涨，商人的贪欲。结果呢，印第安人沦落到死亡或被流放的境地，可是土地投机商却发财了，政客们也掌握了更大的权力。至于贫穷的白人拓荒者，作为棋盘上的兵卒，首当其冲地被推入暴力冲突之中，不久就变得无足轻重了。

第三节　墨西哥战争

西进运动取得了显著成效，美国的地盘急剧扩大，印第安人的数量急剧减少，越来越多的美国人相信，共和主义既是优越的政府形式，更是绝对必要的政治制度。但也正因为对共和主义的推崇，美国人最终止住脚步，没有将扩张推进到北美之外，理由是吸纳大量外国人口有可能从内部对美国的制度构成冲击。有人嫌墨西哥“人种不纯”，认为兼并墨西哥会破坏美国的自由风气；有人认为扩张会导致奴隶制的扩展，由于从建国开始，美国政界对奴隶制的争议就一直没有停止，奴隶制问题的扩大化很可能引发国家分裂；

有人认为总统波尔克的权力太大了，越来越像一个专制者，必须予以限制……

西进运动发展到后来，也衍生了许多国内问题，让美国人不得不重新审视他们的扩张。如果美国人的民族自信心要通过扩张来维系，如果美国的国内矛盾要仰仗扩张来解决，那么，一旦扩张遇到困难，美国的民族凝聚力就将受到冲击。

美国1776年独立后，乘欧洲列强在非洲、亚洲争夺殖民地之机，在北美大陆大肆扩张。1823年，总统詹姆斯·门罗提出“美洲是美洲人的美洲”的口号，确立了扩张领土、称霸美洲的基本国策。很快，美国政府的侵略目光便落到了近邻大国墨西哥身上。1835年，墨西哥得克萨斯和加利福尼亚的美国移民奴隶主发动武装叛乱，墨西哥政府出兵镇压，美国竟直接出兵干涉，并支持得克萨斯于次年宣布独立。1845年7月，以疯狂扩张著称的美国总统詹姆斯·波尔克正式宣布把得克萨斯并入美国的版图。几乎与此同时，波尔克又命令扎卡里·泰勒将军率领一支部队悄悄进驻得克萨斯与墨西哥交界的努埃塞斯河畔，伺机发动侵略战争。当年11月，波尔克以墨西哥应归还美国300万美元债务为要挟，要求墨西哥承认以格兰德河为两国边界，美国以1500万～4000万美元“购买”新墨西哥和加利福尼亚地区，遭到了墨西哥政府的断然拒绝。

1846年5月13日，美国政府向墨西哥宣战，美墨战争正式爆发了。宣战不过是蒙蔽世人的把戏，美军的军事行动在此之前早已进行了4个多月。

为尽快实现由北向南进攻，分割墨西哥领土，占领其首都的目的，战争第一阶段，美军决定兵分三路入侵墨西哥：一路由斯蒂芬·卡尼上校指挥，负责远征新墨西哥和加利福尼亚；一路由约翰·斯洛特舰队司令指挥，负责从海路封锁太平洋和墨西哥湾沿岸及港口；另一路由总司令泰勒率领，直取墨西哥首都墨西哥城。

5月18日，泰勒率部队越过格兰德河并占领了马塔莫罗斯城。6月，泰勒的部队由5000人扩至1.45万人。7月14日，其先头部队到达位于墨西哥城以北1000英里的查马尔戈，并在这里建立了进攻蒙特雷的基地。期间，墨西哥政府曾经试图同美国谈判，但谈判无疾而终，墨西哥总统帕斯多也因此下台。

从9月中旬开始，美军多次发动对战略要地蒙特雷的进攻，但是在墨西哥军民的顽强抵抗下，屡遭失败。骄横的泰勒不得不改变强攻策略，与沃尔思率领的另外一支美军从蒙特雷城东西两侧齐头并进，迂回攻击。经过激烈厮杀，9月24日，美军终于攻破蒙特雷城，25日，墨西哥守军投降。

在西部地区，居住在萨克拉门托河谷的一批美国移民6月14日占领了圣诺明，并宣布成立“加利福尼亚共和国”。7月9日，美军兵不血刃地占领了旧金山和圣诺明。不到一个月时间，美军先后占领了圣巴巴拉和洛杉矶。8月17日，美军宣布加利福尼亚正式成为美国领土。

在此期间，卡尼率领的远征军于1846年6—7月间到达位于阿肯色河与圣菲小道的交汇处本特堡。8月15日到达拉斯维加斯，宣布新墨西哥成为美国的一部分。9月底，卡尼率领骑兵部队越过科罗拉多进入南加利福尼亚。1847年1月13日，在圣费尔南多，墨西哥残余武装力量向美军投降。至此，美国已经侵占了墨西哥大片领土。有人尖锐地评论说：“美军犹如一头闯进墨西哥玉米地的黑熊，只不过并不稀罕美味的玉米，而是把土地作为唯一的目标。”

从1847年2月开始，美国再次向作战前线大量增派兵力，战争进入第二阶段。3月9日，美军司令斯科特调集军队1.3万人，配备了50门大炮，在海军部队的支援下，对墨西哥东海岸的最大港口韦拉克鲁斯实施两栖登陆作战。驻守该港的4000名墨西哥士兵士气低落，无心恋战，也没有海军支援，美军无一伤亡就成功登陆。随后，美军便开始围攻韦拉克鲁斯城。从3月22日开始，美国72艘军舰和陆军的大炮对韦拉克鲁斯城进行了连续几天的野蛮炮击。但这次美军遭到了墨西哥守军的顽强抵抗，有82名美军伤亡。恼羞成怒的斯科特下令：墨西哥人不投降，便不许任何活人离开这座城市。在美军猛烈的炮火下，韦拉克鲁斯城血流成河。7天之后，美军攻占了该城。

攻陷韦拉克鲁斯城后，美军就扫清了进攻墨西哥城的最大障碍，于是加快了行军速度。墨西哥总统圣安纳仓促集中1.3万人在塞罗戈多与美军会战。4月18日，美军穿过山谷密林，突袭墨军左翼，俘虏3000多人，圣安纳只好下令撤退。5月15日，美军推进到离墨西哥城80英里的普埃布拉，因为城里上层人士卖国投降，美军轻松地攻占了这座墨西哥第三大城。8月6日，美军兵临墨西哥城城下，已经没有退路的墨西哥军民在郊区外围与美军展开了激战。但终因寡不敌众，墨军节节败退。为夺取墨西哥首都，斯科特亲自率7000人发动总攻，而此时墨西哥城内已经聚集了1.5万名官兵，美军一时无法得逞。情急之下，9月12日，斯科特派人偷袭高达200英尺（约61米）的查普尔特佩克小山工事，企图居高临下控制墨西哥城。

面对美军潮水般的进攻，驻守此地的墨西哥军事学院的学生们浴血奋战，美军死伤遍地。9月13日黄昏，墨西哥总统圣安纳率政府成员慌忙撤退，城内一片混乱。9月14日拂晓，美军趁机攻入城内。为显示威风，斯科特下令美军官兵身穿崭新制服举行盛大的入城仪式，却突然遭到了墨军的猛烈射击，死伤惨重。入城后，美军与墨军展开了整整一天的激烈巷战，直至9月15日，在伤亡860多人后才完全控制了墨西哥城。

墨西哥城沦陷后，英勇不屈的墨西哥人民与占领者展开了大规模的游击战。无奈之下，美军调集2万人专门同游击队作战，残酷镇压墨西哥人民的反抗。墨西哥政府本来可以抓住机会组织反攻，转败为胜，但墨西哥统治者一味妥协，还解除了圣安纳的总统职务，成立了以培尼亚为临时总统的新政府。培尼亚上台后，立即呼吁美国举行和谈。1848年2月2日，美墨双方签订了《瓜达卢佩—伊达尔戈条约》。美国攫取了墨西哥近一半的领土，合计约230万平方公里。这就是今天美国的加利福尼亚州、内华达州、犹他州、亚利桑那州和新墨西哥州的大部分，以及科罗拉多州和怀俄明州的一部分。美国仅仅付给了墨西哥1500万美元作为“补偿”。

美墨战争是美国以“显然天命”为口号的大陆扩张主义的胜利，通过美墨战争，美国一跃成为地跨大西洋和太平洋的大国，而且从此成为美洲的主宰。就连亲自参与了战争的美国名将格兰特也不得不承认：“这场战争乃是强大民族对弱小民族所进行的最不正义的战争之一。”

第四节 南北战争

19世纪上半叶，美国领土逐渐由大西洋沿岸扩张到太平洋沿岸。经济发生了显著变化，北部、南部经济沿着不同方向发展，北部发展海上贸易，扩大航运业，进行了大量的资本原始积累。早在1790年美国就在罗得岛建立了第一座棉纺厂。此后，陆续出现了其他工厂。从19世纪初期起，美国将大量资金投放于工商业，工业生产得到了发展。在引进西欧科学技术的同时，还大力鼓励创造和发明。19世纪50年代，美国工业化进程迅速推进。1860年，美国工业生产居世界第4位。2／3的制造品由东北部生产。西欧移民大批涌入，并向西迁移，为发展经济提供了自由雇佣劳动力。但在南部，以奴隶劳动为基础的棉花种植园经济不断扩大，由大西洋沿岸各州扩展到得克萨斯境内。在西部新开辟的地区，是推广自由劳动制还是奴隶制，南部和北部的代言人争执不休，成为全国政治斗争的焦点。1820年，北部对南部作出让步，达成《密苏里妥协案》，双方的争执暂时得以平息下来。

《密苏里妥协案》虽然划定了密西西比河以西的南北分界线，暂时缓解了南北就奴隶制度存废问题所产生的对立冲突，但不可能根本解决两种制度的矛盾，暂时妥协让步的背后酝酿着更激烈的冲突。

美国每四年都要举行一次总统大选，1860年的美国总统大选是美国历史上最具有鲜明地域色彩的选举，代表北方资产阶级的共和党反对向各领地扩张奴隶制；而代表南方种植园奴隶主阶级的民主党则坚持维护奴隶制，甚至不惜以南部各州退出联邦相威胁。

1860年，奴隶制度的反对派共和党候选人林肯当选为美国总统。对受奴隶主影响很大的民主党来说，这意味着将要失去全国的政权。奴隶主对林肯当选的回答是：宣布南部各奴隶制州退出联邦，准备内战维护政权。1861年2月，“南部同盟”成立，美国34个州中有11个州参加。1861年4月，南部同盟不宣而战，占领萨姆特炮台，南北战争爆发。

1861年4月，“南部同盟”军发动叛乱，占领南部许多要塞和储有大量武器、弹药的军械库。只有南卡罗来纳州的萨姆特堡要塞对叛军进行了两天的抵抗，但亦于4月14日投降。林肯总统于3月4日就职，4月15日正式宣布南部诸州为叛乱地区。美国南北内战由此爆发。南部叛乱分子为维护奴隶制的社会制度而进行这场战争。北部在战争初期就认为重建联邦和防止奴隶制向外扩展是自己的主要任务。当时北部各州的军事和经济实力远比南部各州优越。北部23个州的人口为2200万，南部11个州的人口仅900万，其中400万是黑奴。美国全部工矿企业的86%，军工业生产的97%，国家银行资本的80%以上，均集中在北部。全长5万公里的铁路线，有3.5万公里在北部各州。

战争期间，北部有270万人应征入伍，而南部为110万人。北军舰队的舰只由1861年的90艘增至1865年的700艘。双方军队的编制体制大致相同，步兵师辖3个旅，每旅2个团，每团10个连，每连80~100人。2~3个师合编为一个军，几个军（通常2个军）合编为一个集团军。

南部诸州对战争早有准备，因此在初期具有军事优势。1861年年初，早在林肯就任总统之前，在前总统布坎南政府的赞助下，南部各州就建立了大量的武器储备。南军拥有经验丰富的指挥骨干，因为美国军队的指挥人员传统上多由南部各州的代表人物充任。美国正规军的许多军官，包括后来任南军总司令职务的罗伯特·李将军，战争初期就加入了“南部同盟”。南军的军事素质远远高于北军。但是，南部奴隶主的优势是暂时的。他们的战争计划是冒险性的，靠突然袭击和英法两国的援助来取胜。他们企图迅速攻占密苏里、田纳西、弗吉尼亚3州，而后直捣华盛顿，从而胜利结束战争。北军的计划最初具有消极防御的性质，在军队完成组建和做好进攻准备之前，只进行一些防御作战和局部突击。

战争第一阶段（1861—1862）。这一阶段的特点是林肯政府作战优柔寡断。这是北部对南部奴隶主持摇摆态度的结果，表现了企图用妥协方法解决冲突而不用革命方式进行战争的倾向。1861年，主要战斗行动在华盛顿、里士满方向展开。7月中旬，麦克道尔将军率北军（3.5万人）进入弗吉尼亚州抵达布尔兰河。与此同时，博雷加德将军率南军（3.1万人）亦逼近该地。7月21日，南北两军在布尔兰河畔的马纳萨斯首次展开了大规模交战，北军战败，秩序混乱，向华盛顿溃退。但是，南军没有利用既得战果，停止了对麦克道尔军队的追击。马纳萨斯的失败迫使林肯政府采取下列紧急措施：扩编和巩固军队，动员北方经济资源，清洗在军队和政府机构暗藏的叛军同情分子，构筑防御工事；制订新的战略计划，使用陆、海军在南部诸州建立包围圈，然后逐渐紧缩直至彻底平息南部叛乱为止。该计划是以陈旧过时的警戒线战略为基础制定的，曾遭到尖锐的批评。

1862年，北军在次要方向（西线与南线）取得了一些胜利。4月，在海军（海军上将法拉格特的分舰队）支援下，巴特勒将军的集团军在密西西比河口登陆，攻占了新奥尔良。格兰特将军的集团军从北向南沿密西西比河顺利地展开进攻。北军海军封锁了“南部同盟”军控制的海岸线和一些大港口，切断了同盟与提供军援的英法的联系。但是，在主要方向东线的南军却连战皆捷。平庸无能的麦克莱伦将军亲率10万北军，企图全歼南军，攻占里士满，结果未能奏效。6月26日—7月2日，北军在奇卡霍米尼河畔（里士满东）同8万南军的一次交战中战败，撤向华盛顿。1862年9月，南军李将军企图攻占华盛顿，但在取得初步胜利后，未能在安蒂特姆附近的战役（9月16—17日）中取胜，被迫撤到波托马克河对岸。12月11—13日，北军胡克将军的波托马克河集团军在弗雷德里克斯堡附近战败，因此，北军再次进攻里士满的试图亦未奏效。

1862年6—11月，南军杰克逊和斯图尔特的骑兵几次从后方袭击敌人，亦未取得成功。前线的失利和华盛顿面临陷落的威胁使北部社会舆论发生了深刻变化。人民群众要求林肯宣布对奴隶主进行全民战争，无情地惩治卖国贼和叛徒。国会迫于人民的压力，于1862年通过了一系列措施，以便采用革命方式进行战争，颁布了没收叛乱分子财产的法案，清洗军队，委派拥护林肯的坚定分子到关键的指挥岗位任职。1862年5月20日通过的《宅地法》（宅地法案）规定每个美国公民有权获得一块土地，以及解放南部叛乱诸州黑奴的林肯宣言（1863年1月1日），都具有特殊的意义。奴隶解放不付赎金，但也没有获得土地。

战争第二阶段（1863—1865）。这一阶段的特点是国内政治生活和联邦军队的战略战术发生了重大变化。北部各州人民群众的政治热情高涨，军队得到新编部队的补充，约有19万黑人（其中72%来自南部各州）入伍，25万黑人在后方勤务部队中服役。政府已建立并在战斗中使用了黑人部队。南部后方人民爆发了多次起义，黑奴在起义中发挥了积极作用。北军中有许多侨居美国的欧洲革命者（如魏德迈、克吕瑟雷、雅各比等人）和国际部队：意大利“加里波第近卫军”、“波兰军团”、爱尔兰“凤凰”团队，以及以图尔恰尼诺夫将军为首的俄罗斯志愿军也支持北军参战。美国北部人民反对南部奴隶主的斗争，得到了欧洲劳动人民和所有进步人士的支持。英国工人阶级积极反对英法统治集团向“南部同盟”各州提供武装援助的计划。俄国的立场对实行上述计划也起了相当重要的阻挠作用。俄国关心当时的世界形势，为了保持国际舞台上各种势力的分布状况不容破坏，维护美国的统一，竭力反对外国干涉南北战争。1863年，俄国海军两支分舰队到达纽约和旧金山，受到当局和居民的热烈欢迎。这两支分舰队访问美国，提高了北部的国际地位。

1863年上半年，南军仍握有战争主动权。5月2—4日，南军在钱塞勒斯维尔（华盛顿西南80公里）附近的交战中击败北军。但不久形势发生了转折。南军1863年6月在弗吉尼亚州发动的攻势至7月1—3日以失败而告终，李将军指挥的7.5万人的军队在葛底斯堡附近与米德将军指挥的8.5万北军遭遇，南军大败。这次战役可以说是美国内战之顶点。7月4日，格兰特将军指挥的北军攻占了密西西比河流域的维克斯堡要塞。北军控制了密西西比河整条河流，把“南部同盟”的领土分成东西两半。1864年4月，北军在新任总司令格兰特统一领导下，制定了新的战略计划。新计划规定实施3次主要突击：

米德将军率领波托马克集团军（12.2万人）由北向南发起进攻，任务为击溃李将军集团军的主力，攻占里士满；谢尔曼将军指挥的集团军（10万人）的任务是由西向东发起进攻，从南方迂回阿勒格尼山，夺取南部佐治亚州的主要经济区，直抵大西洋海岸，而后向北对约翰斯顿将军指挥的集团军主力实施突击；巴特勒将军指挥的集团军3.6万人则由东向西直接进攻里士满。

1864年5月上旬，联邦军队发起进攻。谢尔曼集团军“向海洋进军”具有特别重要的意义。谢尔曼集团军挫败南军的抵抗，于9月2日攻占亚特兰大，12月21日占领萨凡纳，抵达大西洋海岸。而后，谢尔曼挥师北上，攻占哥伦比亚（1865年2月18日），插入李将军集团军主力的后方，致使李将军集团军陷于绝境。1865年春季，联邦军队在格兰特指挥下恢复了进攻，并于4月3日攻占里士满。南军向东南溃退，但被格兰特追上并遭合围。4月9日，李将军集团军在阿波马托克斯附近投降。至6月2日，南军其他军队也停止了抵抗。持续4年之久的南北战争以联邦胜利宣告结束，内战最终以奴隶主的彻底失败而告终。

战争给美国人民带来了巨大的损失，双方参战的总人数约为360万人，其中联邦军队死亡36万多人，南部联盟军队死亡约26万人，这比以后第二次世界大战中美军的死亡人数要多得多。

1865年4月14日，林肯遇刺，副总统约翰逊继任总统。约翰逊对南部种植园主推行妥协政策。11月，密西西比州首先颁布《黑人法典》，对黑人进行残酷迫害。恐怖组织“三K党”于1866年成立，对刚获得自由的黑人施以私刑。在这种混乱局面下，共和党激进派占优势的国会提出弹劾总统案（以少1票未通过），并分别于1865

年、1868年和1870年通过了宪法第13条修正案（宣布在美国奴隶制不复存在）、第14条修正案（黑人被承认为美国公民）、第15条修正案（给黑人以选举权）。1867年3月，国会通过重新建设南部法案，对南部实行军管。1867—1877年，南部进行了民主重建，各州成立了黑人和白人联合执政的政权，制定了民主的进步法令，14名黑人当选为众议员，两名黑人当选为参议员。海斯就任总统后，标志着民主重建过程的结束。

第五节　彪炳史册的伟人林肯

2008年，由美国65名历史学家评选的“美国总统排名”报告出炉，在42名“优秀总统”候选人中，亚伯拉罕·林肯当选为最优秀的美国总统，林肯在所有的10个领域排名中都排在前三名。在评比中排名前五名的总统依次为：林肯、华盛顿、老罗斯福、小罗斯福和杜鲁门。

亚伯拉罕·林肯（1809年2月12日—1865年4月15日）是美国第16任总统，是世界历史中最伟大的人物之一，领导了拯救联邦和结束奴隶制度的伟大斗争。人们怀念他的正直、仁慈和坚强的个性，他一直是美国历史上最受人景仰的总统之一。尽管他仅在边疆受过一点儿初级教育，担任公职的经验也很少，然而，他那敏锐的洞察力和深厚的人道主义意识，使他成了美国历史上最伟大的总统之一。

林肯于1809年2月12日黎明出生在肯塔基州哈定县霍尔以南3英

里（约4.8公里）的一个清贫的农民家庭，父母是英国移民的后裔。用他自己的话说，他的童年是“一部贫穷的简明编年史”。小时候，他帮助家里搬柴、提水、干农活等。9岁的时候，母亲去世，这对林肯来说是一个残酷的打击。幸而继母对他很好，常常督促他读书、学习，他和继母的关系很融洽。后来，长大的林肯开始独立谋生，他当过农场雇工、石匠、船夫等。

在青年时代，林肯通读了莎士比亚的全部著作，并阅读了《美国历史》，还读了许多历史和文学书籍。他通过自学使自己成为一个博学而充满智慧的人。1830年，林肯一家迁居伊利诺伊州定居，在一场政治集会上他第一次发表了政治演说。由于抨击黑奴制，提出了一些有利于公众事业的建议，林肯在公众中有了影响，加上他具有杰出的人品，1834年他被选为州议员。两年后，林肯通过自学成为一名律师，不久又成为州议会辉格党领袖。1846年，他当选为美国众议员。

首次入选议会后，林肯连任四届并成为州议会辉格党领袖。在此期间，林肯刻苦攻读法律。拿到律师执照后，他迁居斯普林菲尔德，成为一位专职的律师和政治家。

但是，林肯在经商方面却非常不顺利，1833年，林肯经商失败，欠下一笔巨债。第二年，热恋女友安娜得急症去世，更让林肯的生活雪上加霜。在1839年，林肯邂逅了玛丽·托德小姐，并很快坠入爱河，在经历了三年的风风雨雨之后，1842年11月两人举行了婚礼。玛丽·托德是上流社会的贵族小姐，家里是名门望族，受过严格的教育和浓厚的家族熏陶，他们两人的结合对林肯在政治上的表现有很大的影响。

1854年，北方各州主张废奴和限制奴隶制的资产阶级人士成立了共和党，林肯很快成为这个新党的领导者。1858年6月16日，他发表了著名演说《家庭纠纷》，要求限制黑人奴隶的发展，实现祖国统一。他说："'分裂之家不能持久'（出自《圣经·新约·马太福音》）。我相信我们的政府不能永远忍受一半奴役一半自由的状况。我不期望联邦解散，我不期望房子崩溃，但我的确期望它停止分裂。它或者将全部变成一种东西，或者全部变成另一种东西。"演说表达了北方资产阶级的愿望，也反映了全国人民的意愿，因而为林肯赢得了巨大声望。1860年，林肯作为共和党候选人，当选为美国第16任总统。

林肯的当选，对南方种植园主的利益构成了严重威胁，他们当然不愿意一个主张废除奴隶制的人当总统。为了重新夺回他们长期控制的国家领导权，他们在林肯就职之前就发动了叛乱。1860年12月，南方的南卡罗来纳州首先宣布脱离联邦而独立，接着密西西比、佛罗里达等蓄奴州也相继脱离联邦。1861年2月，他们宣布成立一个"美利坚邦联"，推举大种植园主杰弗逊·戴维斯为总统，还制定了"宪法"，宣布黑人奴隶制是南方联盟的立国基础："黑人不能和白人平等，黑人奴隶劳动是自然的、正常的状态。"1861年4月12日，南方联盟不宣而战，迅速攻占了联邦政府军驻守的萨姆特要塞。林肯不得不宣布对南方作战。

1862年5月，林肯签署了《宅地法》，规定每个美国公民只交纳10美元登记费，便能在西部得到160英亩土地，连续耕种5年之后就能成为这块土地的合法主人。这一措施从根本上消除了南方奴隶主夺取西部土地的可能性，同时也满足了广大农民的迫切要求，大大激发了农民奋勇参战的积极性。1862年9月，林肯又亲自起草了《解放黑人奴隶宣言》草案。1863年1月1日正式颁布《解放黑人奴隶宣言》，宣布即日起废除叛乱各州的奴隶制，解放的黑奴可以应召参加联邦军队。宣布黑奴获得自由，从根本上瓦解了叛军的战斗力，也使北军得到雄厚的兵源。对于《解放黑人奴隶宣言》，林肯自豪地说："如果我的名字将载入史册，那就是为了这一宣言。我整个身心都投入到这项事业中去了。"

内战期间，直接参战的黑人达到18.6万人，他们作战非常勇敢，平均每3个黑人中就有1人为解放事业献出了生命。1863年，林肯提出"民有，民治，民享"的纲领性口号，从而使战争成为群众性的革命斗争。这两个法令的颁布是南北战争的转折点，战场上的形势变得对北方越来越有利了。

紧接着，北方军队以秋风扫落叶之势，迅猛追击叛军，1863年4月3日攻占了叛军首都里士满。4月9日，叛军总司令罗伯特·李率残部2.8万人在阿波马托克斯小村向格兰特投降。历时4年的南北战争以北方的胜利而告终。南北战争被称为继独立战争之后的美国第二次资产阶级革命。林肯领导美国人民维护了国家统一，废除了奴隶制，为资本主义的发展扫除了障碍，促进了美国历史的发展进步。林肯成为黑人解放的象征。但奴隶主阶级却对他万分仇恨。

由于林肯的卓越功绩，1864年11月8日他再次当选为美国总统。然而，还没等林肯把他的战后政策付诸实施，悲剧发生了。1865年4月14日晚10时15分，就在南方军队投降后的第5天，林肯在华盛顿福特剧院遇刺。刺杀林肯的凶手约翰·布斯是美国戏剧界名门之后，他高超的演技一直是女性戏迷追逐的对象。但是布斯人在戏界，心忧国家，他在政见上毫不含糊，是一个坚定的南部联盟的极力支持者。

布斯于4月14日晚上10点平静地进入了总统的包厢。本来包厢是有个锁的，但这锁在几天前就坏了，也没有人报告此事。由于布斯本来是个演员，所以总统的警卫没有为难他。当布斯进入包厢后，他平静地把枪瞄准了林肯的左耳和背脊之间……共开枪8次，林肯被击中6次，其中5次击中要害。然而1675名观众中，只有很少人听见了枪声，甚至坐在旁边的林肯夫人和几个陪同看戏的人都没有对枪声太震惊。因为布斯选择了在戏剧的高潮处开枪，演员的大笑和枪声混杂在一起是很难听清的。接下来包厢里一片混乱，布斯从包厢里跳到舞台上，转身向观众喊了句："一切暴君都是这个下场。"全场观众都惊呆了，竟然没有一个人追上去。几分钟后，布斯就骑马逃走了。

1865年4月15日，亚伯拉罕·林肯去世，时年56岁。林肯去世后，他的遗体在14个城市供群众凭吊了两个多星期，后被安葬在斯普林菲尔德。林肯的不幸逝世引起了国内外的巨大震动，美国人民深切哀悼他，有700多万人停立在道路两旁向出殡的行列致哀，有150万人瞻仰了林肯的遗容。林肯是一位杰出的政治家，为推动美国社会向前发展作出了巨大贡献，受到了美国人民的爱戴，在美国人的心目中，他的威望甚至超过了华盛顿。

林肯是美国伟大的民主主义政治家。100多年来，他一直受到美国以及全世界人民的尊敬。由于林肯在美国历史上所起的进步作用，人们称赞他为"新时代国家统治者的楷模"。马克思曾这样评价林肯："他是一位达到了伟大境界而仍然保持自己优良品质的罕有的人物。这位出类拔萃和道德高尚的人竟是那样谦虚，以致只有在他成为殉道者倒下去之后，全世界才发现他是一位英雄。”

美国人民不会忘记林肯伟大的功绩和人格魅力，在首都为他建造了一座精美的纪念堂，供人们瞻仰。在上面刻着这样的一句话：“在这个圣殿中，也在人民的心中，他为人民拯救了联邦，亚伯拉罕·林肯永垂不朽。”

专题：美国的总统大选

每4年一届的美国总统的选举不仅是美国人的大事，而且也吸引了全世界的目光。美国总统选举的过程漫长而复杂，主要包括预选、总统候选人提名、竞选运动、全国选举、选举团投票表决以及当选总统就职仪式。

预选阶段通常于大选年2月份的第3个星期二在新罕布什尔州拉开帷幕，到6月份结束。此后，美国民主、共和两大政党将分别在全国大多数州选出参加本党全国代表大会的代表。在少数不举行预选的州，则由两党的州委员会或代表大会选拔代表。因新罕布什尔州率先进行预选，其选举结果对其他各州影响很大。

美国两大政党的全国代表大会通常在7月和8月分别举行。届时，参加代表大会的各州代表将投票选出本党总统候选人，然后通过由总统候选人提名的副总统候选人，并正式提出竞选纲领。大会往往长达数天，投票上百次。代表大会结束后，选出的总统候选人即开始在全国展开历时数月的争取选票的竞选运动，其中包括到各州作竞选旅行、广泛会见选民、发表电视演说、进行电视辩论等。总统候选人为竞选而耗费巨资，使尽各种招数。

美国法律规定：在全国选举时，选民要在大选年的11月第二个星期二到指定地点投票，在两个总统候选人之间作出选择。全国选举还要通过选举团的投票表决。由于在一个州中获得选票最多的总统候选人便赢得该州全部选举人票，因此一般情况下选举只是例行公事。

在美国政治中，副总统不担任实际工作。他的公务是担任国会参议院主席，但这主要是礼仪性的，因为他只有在参议院表决时赞成票和反对票相等的情况下才投票。副总统的日常工作通常根据总统的要求而定，如代表总统参加外国领导人的葬礼活动等。根据美国宪法，如果总统去世或失去工作能力，副总统接任总统职位。

美国副总统不是由美国公众直接选出的，而是由民主党和共和党的总统候选人挑选并经两党全国代表大会选举产生。总统候选人在选择副总统人选时首先要考虑此人的政治资历和条件，但主要看他在党内代表哪部分势力以便取得平衡，尽可能争取最大多数选民的支持。但大选结果不取决于总统候选人对副总统的选择，而是取决于总统候选人。1988年美国大选期间，许多美国人认为共和党总统候选人布什的竞选伙伴奎尔太年轻、不老练、不值得考虑，而认为民主党总统候选人杜卡基斯的竞选伙伴本特森经验丰富、众望所归。但大选结果，布什获胜当上了总统，奎尔自然也成为副总统。

副总统人选通常是国会议员，但参议员被挑选为副总统候选人的机会较大。原因是参议员一旦当选副总统，就担任参议院主席，这可加强总统与参议院的联系。

预选即初选，是美国总统选举的第一阶段。通常从2月到6月为预选阶段。在这一阶段里主要是选举出参加各党的全国代表大会的代表，各党的总统候选人最后在各党的全国代表大会上产生。

目前，美国大多数州实行直接预选的方式，通过选民投票的方式直接选出参加该党全国代表大会的代表，选民也可以直接对总统竞选人表态。由于全国代表大会的代表明确表示支持哪位总统竞选人，所以投票结果就能清楚地知道各位总统竞选人的支持率。在新罕布什尔州举行的就是这种预选。

另一种预选形式叫“干部会议”（或称“基层会议”），由两党在一个州的各个选举点分别举行各党的基层会议，由支持本党的选民当场表态支持谁当本党总统候选人，并选出出席县一级代表会议的代表。然后，县代表会议选出州代表会议的代表，州代表会议选出全国代表大会代表，最终由全国代表大会决定本党的总统候选人。在艾奥瓦州举行的就是这种预选。

第四章
美帝国的崛起和军事扩张

霸权主义，是说一个拥有超强军力的国家，有干涉主义和扩张主义的倾向，就叫作霸权主义。在当代社会，如果还存在这样的国家，那么就只有美国了。美国从19世纪的孤立主义向20世纪全球扩张转变后，走上了海外扩张的道路。

第一节 孤立主义

美国是世界历史上一个后起的西方资本主义大国。独立战争（1775—1783）胜利后，美国资本主义发展迅速，到1860年，美国的工业总产值已居世界第4位。经过1861—1865年的南北战争，北方的资本主义制度战胜了南方的奴隶制度，美国的独立和统一从此得到了有力的保障。

从18世纪末到19世纪中期，美国的外交通常带有孤立主义的特点，这种孤立主义主要表现为对欧洲事务持中立态度。与此同时，美国在美洲大陆却奉行扩张主义政策。诸如1803年，美国利用法国的困难处境，从法国手中取得了路易斯安那州；1810—1818年，美国从西班牙手中夺取了佛罗里达州；等等。

在北方，1846年，美国以战争相威胁，迫使英国放弃了北纬49

度以南的俄勒冈地区。后来，在1867年，美国又以720万美元的价格从沙俄手里购得阿拉斯加和阿留申群岛。总之，到19世纪中叶，美国的领土已经从大西洋沿岸扩张到太平洋沿岸。内战爆发前，美国的领土已经达到777万平方公里，而1783年美国独立时领土只有205万平方公里。18世纪末，美国开始进行工业革命，到19世纪中期，美国的工业发展水平已经仅次于英国、法国和德意志。

1823年，美国总统门罗在年度国情咨文中还提出了《门罗宣言》，即主张美洲是美洲人的美洲，欧洲列强不得干预美洲独立国家的事务。《门罗宣言》的发表，虽然对于维护拉丁美洲新独立国家的独立具有一定的进步意义，但是，它也表露了美国企图独占拉丁美洲，把拉丁美洲变成其势力范围的野心。

本杰明·富兰克林（1706—1790），美国资产阶级民主主义者，杰出的政治家，著名的科学家。富兰克林的一生是充满坎坷，不断奋斗与超越的一生。他对美国的独立战争和科学事业都作出过重要贡献。

1706年1月17日，本杰明·富兰克林出生在北美洲的波士顿。他的父亲原是英国漆匠，当时以制造蜡烛和肥皂为业，生有10个孩子，富兰克林排行第八。富兰克林8岁入学读书，虽然学习成绩优异，但由于他家中孩子太多，父亲的收入无法负担他读书的费用。所以，他到10岁时就离开了学校，回家帮父亲做蜡烛。富兰克林一生只在学校读了这两年书。12岁时，他到哥哥詹姆士经营的小印刷所当学徒，自此他当了近10年的印刷工人，但他的学习从未间断过，他从伙食费中省下钱来买书。同时，利用工作之便，他结识了几家书店的学徒，将书店的书在晚间偷偷地借来，通宵达旦地阅读，第二天清晨便归还。他阅读的范围很广，从自然科学、技术方面的通俗读物到著名科学家的论文以及名作家的作品，他都广泛阅读。

就是在当学徒的这段时期里，富兰克林把在学校曾两度考试不及格的算术学了一遍，又读了赛勒和舍尔梅的关于航海的书，从这些航海的书里，他接触到了几何学知识。他还读了洛克的《人类的悟性》和波尔洛亚尔派的作者们写的《思维的艺术》。富兰克林的学习日渐深入。

1723年富兰克林离开了波士顿，到费城的基未尔印刷所和英国伦敦的帕尔未和瓦茨印刷厂当工人。1726年秋，富兰克林回到费城，这时他已掌握了精湛的印刷技术，开始独立经营印刷所，印刷和发行《宾夕法尼亚报》，并出版了《可怜的李查历书》，这本书当时被译成12种文字，销行于欧美各国。1727年秋，在费城他和几个青年创办了“共读社”，开办了小型图书馆，帮助工人、手工业者和小职员进行自学，每星期五晚上，讨论有关哲学、政治和自然科学等问题。这时富兰克林还不到30岁，通过刻苦自修，他已经成为一个学识渊博的学者和启蒙思想家，在北美的声誉日益提高。在富兰克林的领导下，“共读社”几乎存在了40年之久，后来发展为美国哲学会，成为美国科学思想的中心。

生活于资本主义上升时期的富兰克林始终以极大的兴趣和精力关注自然科学。1745年后，他对电的现象进行了不懈探索，1747年，他得出结论：电不是摩擦产生的，而是通过摩擦集中起来。他还得出了有关电的其他结论。富兰克林对电的性质、概念的解释是他对电学理论方面的一大贡献，为了更深一步对电进行研究，他于

1752年6月的一天做了世界闻名的费城雷电风筝试验，得出了云中充满电的结论。在对闪电充分研究的基础上，富兰克林发明了世界上第一个避雷针。

富兰克林在投身科学研究的同时，对社会政治活动也寄予了自己更大的热情，在美国的独立战争中做出了卓越功绩。富兰克林将他后半生的主要精力放在了国家的外交活动上。

1757年，51岁的富兰克林赴英为美国人民请愿，但所有活动均告失败。1775年4月，他离开英国，回到美国，投入到已进行的独立战争中，回国后，富兰克林担任宾州治安委员会的委员。1775年5月，他出席了在费城召开的第二次大陆会议。1776年6月，富兰克林参加了《独立宣言》的起草工作，1776年7月4日，美利坚合众国成立。

1776年的秋天，富兰克林被派往法国，以特使身份促使法国助战，正式开始了他的外交活动生涯。在法期间，富兰克林充分展示了他高超的外交手段。他利用英法之间的矛盾，开展活动，成功地使美国和法国结成同盟。这对于美国独立战争的胜利意义重大。由于富兰克林的外交活动使法国态度发生转变，欧洲主要大国的态度都发生了有利于美国的变化，经过美国人民的斗争，1783年，美国终于获得了独立，1785年，富兰克林从法国回到美国。

回国后的富兰克林，被选任为宾夕法尼亚州州长。1787年5月，他带病参加了美国宪法的制定工作，他为建立美国的资产阶级民主制度作了最后的努力。1790年4月17日，富兰克林在费城与世长辞。

富兰克林生命的最后一个冬天是在亲人守护中度过的。1790年4月17日，夜里11点，富兰克林溘然逝去。那时，他的孙子谭波尔和本杰明正陪在他的身边。4月21日，费城人民为他举行了葬礼，两万人参加了出殡队伍，为富兰克林的逝世服丧一个月以示哀悼。本杰明·富兰克林就这样走完了他人生路上的84个春秋，静静地躺在教堂院子里的墓穴中，他的墓碑上只刻着："印刷工富兰克林"。

富兰克林作为美国历史上第一位政治家和杰出的外交家，他在为美国独立奋斗的生涯中，利用高超的外交技巧，审时度势，为美国的独立作出了不朽的功绩。从富兰克林登上政治斗争的舞台到他去世，他的思想以维护美国人民利益为根本，并随着对现实的不断认识和思考而逐步提升和完善。他的外交思想也是这样，浓厚的扩张主义色彩是其外交思想的重要组成部分。在一切为美国人民根本利益的思想的极端发展下，众多的政治家形成了扩张主义的思想。富兰克林把英国思想家洛克的自然权利学说加以继承和发展，断言国内的繁荣与社会的安定需要美国积极地向外扩张，他主张建立一个包括加拿大、佛罗里达、西印度群岛甚至爱尔兰在内的美利坚帝国。1751年，他曾预言殖民地人民的数量每20年就会翻一番，在一个世纪内将挤满大西洋沿岸，因此，需要不断地获取新的土地来开辟生存空间。1760年，他再一次作出类似预言。富兰克林的思想影响了殖民地整整一代思想家，同时也是那个时期美国政治家思想的集中体现。

富兰克林的外交思想是他整个政治思想的组成部分，在其整个的外交思想中始终贯穿着为维护和争取美国人民利益而斗争的核心。无论是具有积极意义的还是其消极的扩张主义思想，其指导思想都是这样的。其实，纵观美利坚合众国的诞生过程，我们发现在每一件重大事件上，都留下了富兰克林奔波的足迹，洒下过他辛勤的汗水，这个国家中没有谁比他为促进诸州的联合所作出的贡献更多，他是联邦最早的倡议者，并为之不间断地工作，富兰克林对美利坚合众国的杰出贡献，使他成为“美国拱门上的冠石”。

亚历山大·汉密尔顿（1755—1804），美国建国初期的著名政治思想家和国务活动家，1787年宪法的主要起草人之一，联邦党人（即后来的共和党）的创始人之一，著名的保守派领袖，权力政治的大师。现今美国钞票十元的正面肖像就是汉密尔顿，他是美国开国元勋之一。他出生于西印度群岛，早年父母双亡，过着艰辛孤独的生活。11岁起便开始在一个商人处当簿记员，由于他聪慧好学，在朋友的资助下，于1773年到北美大陆进了纽约的皇家学院（即后来的哥伦比亚大学），在那里他学习政治、法律和生物等，并结识了几位著名的人物，如威廉斯、利文思等。至北美独立战争开始时，汉密尔顿投笔从戎，果敢地参加了大陆军，在战争中英勇作战，曾率领一个炮兵连参加了1776—1777年的主要战斗，后晋升为海军陆战队中校，并有幸成为华盛顿的秘书与副官。

独立战争结束后，汉密尔顿继续研究法律，并开办了法律事务所。1786年安那波利大会上，他以纽约州的代表的身份，竭力提倡召开全美的制宪会议，并为制定联邦的宪法而四处奔波。在华盛顿、约翰·杰伊及麦迪逊和他的努力下，制宪会议于1787年召开，他在会议上舌战群代表，同华盛顿等人克服重重困难，为联邦宪法的诞生与最后签署殚精竭虑，作出了不朽的贡献。在新宪法公布和等待各州批准的过程中，在美国展开了对这一宪法的激烈论战。为了促使各州批准这一法律，汉密尔顿、杰伊与麦迪逊三人联合以“普布利乌斯”（Publius）为笔名发表了一系列的论文，这些文章出版后被称为《联邦党人文集》，他们也自称为联邦党人。1789—

1795年，汉密尔顿任华盛顿内阁的财政部长。他是华盛顿最亲密的顾问，在职期间，他提出了一系列的财政方案，为美国财政的稳固发展作出了巨大的贡献。他促进了国家银行的建立，并通过税收来收回国债，从而使新生的共和国有了可靠的财政基础。他又颁布关税条例，对外国货物征收5%的进口税，以增加联邦的收入，保护国内的幼稚产业。但由于汉密尔顿是英国制度的热烈推崇者，并且因其强烈的联邦主义的政见，使他与杰弗逊等人发生了矛盾，从而形成了以汉密尔顿为首的联邦党人和以杰弗逊为首的民主党人的尖锐对立，为后来美国两党制的形成奠定了基础。

汉密尔顿作为财政部长的业绩被他形形色色的生活经历所掩盖：账房伙计、大学生、青年诗人、评论家、炮兵上尉、华盛顿的战时副官、战场英雄、议员、废奴主义者、纽约银行创造人、宪法委员会成员、演说家、律师、教育家、对外政策理论家和军队高级将领，等等。切尔诺夫的结论极具说服力："如果说杰斐逊提供了美国政治论文的必要华丽诗篇，那么汉密尔顿就撰写了美国的治国散文。没有哪位开国元勋像汉密尔顿那样对美国未来的政治、军事和经济实力有如此的先见之明，也没有哪个人像他那样制定了如此恰如其分的体制使全国上下团结一心。"

汉密尔顿于1795年辞去政府的职务，重操律师旧业。1804年，共和党人伯尔因汉密尔顿在总统选举中支持他当总统，因此借故与汉密尔顿决斗，按照决斗的规则，汉密尔顿先开枪，奇怪的是，他射出的子弹离伯尔甚远。而伯尔毫不手软，一枪命中汉密尔顿的右胸。在整理汉密尔顿的遗作时，人们发现他决斗前一天晚上写的日记。汉密尔顿在日记中说，自己明天不会开枪。为什么汉密尔顿有此打算，而第二天他又开了于事无补的一枪，并造成自己悲剧性的死亡，艾里斯留下了开放性的结尾，没有作出定论。

代表汉密尔顿的观点的主要著作是《联邦党人文集》，共85篇论文，其中50篇是汉密尔顿撰写的，一般情况下都将这部著作视为他的代表作。

作为联邦宪法的主要辩护者之一的汉密尔顿，其职务虽是第一任财政部长，但他对于政府的外交决策有相当的影响，甚至在某种程度上可以和杰弗逊相媲美。

汉密尔顿是著名的联邦党人，他崇尚腓特烈大帝和威廉·罗伯逊，持一种强权主义的国家政治观。他认为“对强权的热衷或对显赫与统治的欲望”是支配各国对外政策的基本因素。“中立的权力只有在有足够的力量进行保卫时才会受到尊重，一个衰弱而卑下的国家，连中立的权利也会丧失殆尽。”建立稳定强大的联邦是外交政治的必要因素。他主张在美国建立一个强有力的中央集权政府。他认为只有建立统一的联邦政府，才能抵御外来侵犯，捍卫国家主权，巩固国家独立，才能保证社会秩序和人民的利益。独立战争结束后，年轻的美国面临着严峻的国际环境。汉密尔顿一针见血地指出，“有种种的考虑要求我们不要有过于安全之感”，当时美国所面临的严重威胁，是欧洲列强“从缅因到佐治亚把整个联邦包围起来了，威胁尽管程度不同，然而共同的，防御威胁的方法同样也应该是共同商讨的对象”。面对这种威胁，“联邦要达到的主要目的是其成员的共同防务；维持治安，既要对付国内动乱，又要抵御外国的进攻”。

他认为如果拒绝联邦，美国在“不联合的情况下将会招致外国武力和诡计的种种威胁”。“如果我们四分五裂，而各个组成部分或者保持分裂状态，或者结成两三个联邦——这是可能的，那么，我们在很短的时间内就会处于欧洲大陆列强的围困之中”，而且根本无法抵御。并且他还认为，如果各州各自为政就存在着不同的州或小联邦与不同的外国结成互不相容的联盟的可能性，美国就会“逐渐被卷入欧洲的政治和战争的一切纠纷中去……可能会成为各部分国家的阴谋诡计的牺牲品”。联邦应有广泛的权力尤其是应首先建立一支军队，特别是一支强大的海军，这样才可以承担共同防务的任务。另外汉密尔顿认为，建立联邦的必要性还在于“它是防御外来危险的堡垒，是我们的和平的保卫者”。这种联邦的维持本身就具有强大的威慑力，“美国就可以长期享受和一个岛国情况相同的利益”，“在这种情况下，就不需要庞大的军事机构来保障我们的安全了”。

华盛顿的“告别辞”主要是由汉密尔顿撰写的，其中一个重要思想就是美国要远离欧洲大陆的邪恶政治，保持其超然的地位以更有利于自己经济的发展。汉密尔顿从美国的国家利益出发认为，美国不应为法国火中取栗，为了一个已经过时的同盟条约，而去招惹和本国利益攸关的英国。汉密尔顿憎恶法国革命，他认为美国的和平与发展高于一切，欧洲黑暗的战争旋涡又可能吞噬掉美国的远大前途。他希望宣布美法同盟条约（1778年2月）因法国王室的倒台而失效。在他的协助下，1793年华盛顿颁布了“中立宣言”，“对交战双方采取友好和不偏不倚”的态度。这个宣言遭到了极大的非议，反对派们指出这是一项英国皇家法令和敌视民主法国的行为。汉密尔顿在一系列的文章里为“中立宣言”辩护，他认为总统是有权与外国签订法律的。并且当有人提到中立“不道德”的时候，他说，“保存自己是一个民族的首要任务”，应以国家的利益来看待道德问题。

汉密尔顿是崇尚实力的国务活动家，他认为国家之间的永恒和平是自相矛盾的，美国对任何国家不管政治制度和意识形态如何，都必须用强权政治的法则来对待。众所周知，汉密尔顿是亲英派，但他其实不是为了反法而亲英的。汉密尔顿坚持亲英政策的根本原因是美国对于英国的贸易的依存度及英国对美国安全的威胁。当时美国的进口货物中，英国商品占90%，并且其中半数以上的货物是由英国的船只运输的，在这个层面上讲，如与英国翻脸，则财政收入锐减，求贷无门，联邦政府会失去财政后盾。另外，英国在北美大陆的军事存在也是美国安全考虑的重大问题。为了共和国的长远利益，必须保持英美的至少是暂时的和平。这样1793年2月的欧战中，汉密尔顿主张在弄清法国革命的情况以前，暂不履行盟约义务，以免无谓地卷入这场遥远的战争。在他的影响下，华盛顿宣布了美国中立，后来又有《杰伊条约》的签订。

汉密尔顿的特殊身份决定了他是一个颇有争议的人物。他以财务部长的身份参与政府活动，但他的影响远远超过经济范围，甚至包括外交事务、司法事务和社会长期规划事务。汉密尔顿是个务实派，是一位雄心勃勃、目标明确、不避艰辛的实干家，是美国最初的伟大的爱国者之一。他的经济、政治、军事与外交纲领都有一个明确的目标，即建立强大的美利坚合众国。他的外交政策是有原则的，着眼于国家的长期利益是汉密尔顿外交思想的基本出发点。所以多数人对于汉密尔顿的外交思想是赞同的。但是伴随着《杰伊条约》的签订，从表面上看，该条约使美国承受了巨大的代价，所以当时多数美国人不了解，汉密尔顿也因此遭到了唾骂。但是该条约从当时的客观情况看，是美国从英国那里所能争取的最大的让步，确保了美国的海外贸易和财政收入，更重要的是“在一个危机时刻拯救了美国”。汉密尔顿当时忍辱负重，表现出战略家的高瞻远瞩和伟大的爱国者的宽广胸怀。

有些学者认为汉密尔顿说过“人民是大野兽”，就断定他是反人民的，是仇恨人民、蔑视人民的保守的贵族代表。这个结论无疑是很武断的。汉密尔顿虽然认为只有富人和出自名门的人才能代表各阶级的利益——这是典型的精英思想，但是当谈到人民的时候，他总是用积极的语言来肯定人民。如汉密尔顿说过，“一切事情必须由人民的智慧和坚定来决定”。谈到怎样控制政府的弊病时，他说：“毫无疑问，依靠人民是对政府的最好控制。”“应该直接依靠人民，对人民有亲切的同情。”

詹姆斯·门罗（1758—1853），美国资产阶级民主派，美国第5任总统，美国对拉美政策的主要奠基人，即门罗主义的制定人。1758年4月28日，门罗出生于弗吉尼亚的韦斯特木兰郡的门罗滨。门罗的父亲是一个种植园主。门罗小时候在家乡读书，16岁进入弗吉尼亚威廉斯堡的威廉玛丽学院附中读书。

在美国众多的开国元勋中，门罗是唯一一位在独立战争中受过伤的人。在跟随华盛顿参加的第一次战斗——哈里姆战役中，他受了轻伤，但坚持不下火线。在同年末爆发的特伦顿战役中，他冒着猛烈的炮火率部猛冲，因重伤而被抬下战场，这次负伤使一颗子弹永远留在了他的体内。后来有人认为：正是这颗子弹使门罗最终登上了总统的宝座。

1783—1786年，门罗当选为美国邦联国会议员，先后参加第四、第五和第六次大陆会议，向大会提出促进美国经济发展的重要提案，成为当时政坛上一个活跃人物。在1786—1790年当选为参议院议员的5年间，他在弗吉尼亚州弗雷德里克堡当律师。就在这时他成为杰弗逊的主要副手。法国大革命后，法美关系一度紧张，华盛顿为改善两国关系派门罗为驻法大使。门罗赴法后，受到法国国民公会的热情接待，但却引起国内联邦派的不满。1797年，他被调回国内。门罗与联邦派就美国对外政策进行辩论，取得胜利，从此声名大震。1799年，他当选为弗吉尼亚州州长。在1800年的总统竞选中，门罗为杰弗逊的当选立下了汗马功劳。杰弗逊当选为美国总统后，门罗被任命为特使，前往法国协助驻法公使办理向法国购买路易斯安那。随后，门罗又被任命为驻英公使。

1810年，他再次当选为弗吉尼亚州州长。不久，他又被麦迪逊总统任命为国务卿。1812年英美爆发了战争，史称第二次独立战争。1814年，门罗被任命为陆军部长，负责对英作战。在门罗的努力下，美国有效地抵御了英军的侵犯。门罗的政治声望大为提高，1816年，他当选为美国总统。1821年，他再次当选为总统。卸任后，门罗回到家乡。1826年，他与杰弗逊和麦迪逊被选为弗吉尼亚大学的校董。1831年7月4日，他病死于纽约。

詹姆斯·门罗当政时的美国和平稳定、繁荣昌盛、版图扩大，因而赢得了“和谐时代”的美名。同时，詹姆斯·门罗也是一位卓越的外交家，对美利坚合众国的外交事业主要体现于他的《就职演说辞》和《门罗宣言》中。作为杰弗逊的门徒，他承继和发展前任者们主要是杰弗逊的外交思想，形成了美国外交史上著名的“门罗主义”。詹姆斯·门罗的外交思想内容主要有以下几个方面：

（1）孤立主义的外交思想。美国自独立战争以来实行的是孤立主义外交。它的核心思想是不卷入欧洲的政治纷争。詹姆斯·门罗继承了这一外交准则，“我国与他国之间保持中立，是政府采取的最严谨公正明智的选择。我们未向一方提供援助，更不会让一方享有特权而对另一方有不平等的待遇。并且我们也尽政府的权力，执行各项法律，禁止以非法武装对付另一敌对国家。”“由于双方都有这一平等权利，我们一律接纳双方的船只使用我们的港口。他们享有同等权利购入或输入武器、军火和其他补给品，并都有权出口战争爆发前制定的法律所允许的所有物品；我国公民也与双方进行平等的贸易，彼此的贸易同样受到我们政府的保护。”

由此可见，孤立主义不是画地为牢，自缚其身，它不反对实行经济扩张，进行商业贸易，建立资本主义商业帝国。在政治和外交上也不是与世隔绝，而是力求与欧洲保持一种不即不离的关系，既不陷于纠缠，又不超尘绝世。孤立主义不卷入一切欧洲事务，不同任何国家结盟，这是从美国的国家利益出发作出的明智选择，是从美国的国家利益考虑而制定的外交策略。

因此，孤立主义是与美国的国家实力和国家利益结合在一起的，具有很大的伸缩性。美国以后之所以从一个大西洋的滨海共和国发展成为一个横贯大陆的“西洋国家”，之所以通过对墨西哥的战争获取得克萨斯等土地，都正是根据美国“安全的需要”所作出的“相应的改变”。

（2）关于“美洲大陆”的外交思想。发表于1823年的《门罗宣言》在表明“对于现存的任何欧洲国家的殖民地或属地我们未曾干涉过而且将来也不干涉”的同时，也庄严宣告，“在已经获得并维持自由独立情况下的美洲大陆各国，今后不得被任何欧洲列强当作将来的殖民对象”；“任何欧洲列强凡以压迫它们或以任何方式控制它们的命运而进行的干涉，我国只能认为是对合众国不友好态度的表现”。这里可以看出门罗主义一方面保持了孤立主义的“基本内核”，即维持“孤立”，不卷入欧洲事务，另一方面也确立了“美洲是美洲人的美洲”的美洲大陆的外交思想。《门罗宣言》继承了不卷入欧洲事务的孤立主义，并进一步要求把欧洲势力排斥出美洲大陆。

门罗奉行的孤立主义外交思想既使美国避免了卷入欧洲各国的军事政治纠纷，同时又使美国不失时机地发展了本国的经济军事实力。尤其是《门罗宣言》中体现的“两个世界”思想，更是把孤立主义向前推进了一步：在地域方面，它把整个美洲大陆作为独立于欧洲之外的对象而不只限于美国；在思想制度方面，把“将君主制度扩大到美洲看作是对美国的和平与安全的威胁”，也就是说，既不允许欧洲列强在美洲扩大领地，也不允许欧洲列强在美洲扩大制度。再者，从态势上来说，孤立主义是美国避免被动地卷入欧洲的战争与政治，而门罗主义则是美国主动地反对欧洲列强对美洲的干涉与渗透。当然，《门罗宣言》在反对欧洲干涉美洲事务时，并没有否定更没有限制美国自身对美洲大陆领土的要求和对美洲大陆事务的干预。

《门罗宣言》中体现的领土扩张思想使越来越多的人相信北美大陆注定是美国的领土，美利坚应在从大西洋到太平洋的大陆领地上建立起一个统一的民族国家。这一思想迅速发展成“天定命运”

的扩张主义口号，更加速了美国对美洲大陆的领土的扩张。《门罗宣言》的宣布表现了上升时期美国资产阶级的大无畏精神。当时，以俄国为首的神圣同盟可以说是个庞然大物、不可一世的刽子手，它到处镇压革命和民族解放运动，成为反革命的堡垒。英国是一个经济强国，具有强大的海军力量，它在全世界到处伸手扩大自己的势力范围，也是老虎屁股摸不得。但年轻的美利坚合众国敢于置这些威胁于不顾，敢于去碰神圣同盟这个庞然大物，敢于摸老虎的屁股，这充分表现出上升时期资产阶级的进取性。当然，门罗主义的实质在于以“维护美洲的共和制度”为借口，实现美国自身扩张领土的目的，美国对墨西哥领土的吞并，即充分暴露了它的本质。正是门罗主义的这种扩张本质，把美洲引向了初级霸权主义——“西半球主义”。

第二节　海上霸权

早在19世纪末，美国的扩张主义呼声就越来越高了。美国的“现代海军之父”马汉，就以社会达尔文主义作为理论基础，认为生命竞争不仅是生物发展的法则，而且也是社会发展的规律。他在《海上权力对历史的影响》一书中，大肆鼓吹建立海上霸权的重要性，提出所谓的“海上实力论”，为美国制定了一幅依靠海上力量夺取制海权，重新瓜分殖民地，争夺世界霸权的蓝图。

马汉的海权论认为，以贸易（指商品输出）立国的国家，必须控制海洋。夺取并保持制海权，特别是与国家利益和海外贸易有关的主要交通线上的制海权，是国家强盛和繁荣的主要因素。要夺取和保持制海权，必须具有占优势的海上实力，即强大的舰队和商船队以及发达的基地网。他从战略角度分析了一国的地理位置、自然环境、领土范围、人口数量、民族性格和政府政策（包括发展海上实力的政策）等因素对海权的影响，提出海军战略就是在平时和战时建立并加强海上实力，以实现国家的战略目标。他认为，夺取制海权的方法是舰队决战和海上封锁，而要完全夺得制海权，只有通过舰队决战。他强调集中兵力，把集中兵力视为基本的作战原则和贯彻海军战略的主要手段。他主张美国应建立强大的远洋舰队，首先控制加勒比海地区和中美洲地峡，而后进一步控制其他海洋。还主张美国在太平洋同其他列强实行“合作”，以获取利益，并争夺中国市场。

为了争夺海上霸权，实现其称霸世界的全球战略计划，美国积极扩充军备，发展海军。到19世纪90年代初，美国已经由世界第12位海军国家上升到第5海军强国，从此，美国就把其矛头指向了亚洲、太平洋地区和拉丁美洲。

1875年，美国强迫太平洋岛国夏威夷签订商约；1893年在夏威夷策动政变，成立亲美“临时政府”；1898年，正式吞并夏威夷，并把它变为自己的海军基地。

为了争夺西班牙殖民地菲律宾和古巴，1898年美国发动了对西班牙的战争，迫使西班牙承认古巴在美国保护下“独立”，并把菲律宾、波多黎各、关岛割让给美国。

20世纪初，美国又以“大棒政策”和“金元外交”作为外交手段，加紧对拉丁美洲的侵略。美国总统西奥多·罗斯福（1901年9月—1909年3月）就曾经公开宣称："应付国际关系的正当办法在于嘴里说话要温和，手里要提根大棒。""大棒政策"由此得名，并成为美国公开干涉拉丁美洲各国内政的通用名词。"大棒政策"最典型的表现，就是夺取巴拿马运河地区。

在巴拿马地峡开凿运河，本来是拉丁美洲的夙愿，而美国则乘机扩张。巴拿马运河早在19世纪80年代就由法国公司破土开工，美国利用该公司破产和巴拿马运河舞弊案被揭露的机会，买了全部股票，排挤了法国的势力。接着，在1903年策划叛乱，宣布成立脱离哥伦比亚的巴拿马共和国，同时派军舰进入巴拿马海域，迫使巴拿马共和国签订不平等的《美巴条约》。美国取得了巴拿马运河的开凿权和穿过巴拿马地峡沿运河地带的永久租让权，这样，巴拿马运河区从此成为美国统治下的国中之国。

1914年巴拿马运河凿通以后，美国从大西洋到太平洋的航程缩短了1万多公里，大西洋和太平洋海军舰队从此可以随时调动，互相增援，这就大大便利了美国对拉丁美洲，特别是对亚洲和太平洋地区的扩张。

继老罗斯福总统的"大棒政策"之后，美国总统塔夫脱在1912年的国情咨文中声称，美国对外政策的特点是"用美元代替枪弹"，即所谓的"金元外交"。威尔逊任总统时（1913年3月—1921年3月），两次直接出兵干涉墨西哥革命，直到第一次世界大战前，整个拉丁美洲几乎都被美国所控制了。

第三节 从中立到参战

1914年8月，第一次世界大战爆发，这次战争使得各老牌帝国主义国家元气大伤，一下子从债权国变成了债务国，而当欧洲国家正忙于战争时，世界上经济最强大的国家美国却奉行了中立政策，对欧洲采取冷眼观望的态度。历史上形成的孤立主义传统指导了第一次世界大战时期美国的国家对外政策。尽管威尔逊总统不甘心美国偏居于地球的一角，但战争爆发伊始他也不敢违背先辈立下的规矩和大多数民众的意愿。当战争爆发后，威尔逊总统随即宣布美国中立，要求美国人民“在思想上和行动上做到不偏不倚”。

早在1914年8月，德国就已在北海和爱尔兰海布雷了，1915年2月4日，德国宣布，大不列颠岛周围的水域属于作战区，警告中立国船只不要进入，以免遭到意外攻击。美国人担心潜艇战会破坏美国与协约国的贸易，极力反对潜艇战，威尔逊在1915年2月10日复照柏林警告说，如果美国船只遭到生命伤害或财产损失，德国将负全部责任。德国在美国的压力之下，作出许诺：只要英国允许原料和食品进入德国，德国就会放弃潜艇战。英国人自然不会答应此事，德国放弃潜艇战就成了一句空话。这样，潜艇战就引发了美德危机，并最终把美国推向了战争。

1917年2月中旬，第一艘美国商船在不列颠群岛附近没受到任何警告就被击沉了，随后的一个星期，又有六艘美国船只在潜艇袭击中沉没，其中四艘是在印度洋被击沉，总共有140名美国人丧生。

随着战争的发展和美德关系的逐渐恶化，美国卷入战争的可能性越来越大了。在威尔逊看来，美国迟早要从孤立主义中走出来，发挥其影响力，拯救受苦受难的欧洲人民。只是这个时机一直没有出现，威尔逊不得不继续等待着。此时，美国国内要求加强战备的呼声也很高。要求进行战前准备的示威、游行等活动越来越多。在许多要求参战的人中，马汉和西奥多·罗斯福颇具代表性。

德国在1917年1月31日通知美国政府，从第二天开始，德国潜艇将恢复潜艇战，对大不列颠岛周围的军事区域和地中海上所有的商船，不论其是否武装，一经发现立即予以击沉。

此事一经公布，立即在美国引起了强烈反响。美国政府立即与德国断交。但威尔逊认为参战的时机仍然没到，不想在这个时候与德国进行战争，拒绝了商人们关于武装保护商船的请求。然而，不久美国政府就收到了英国截获破译的一封德国电报，这封电报是由德国外交大臣齐墨尔曼发给德国驻墨西哥大使的，电报中说，如果德、美间发生战争，提议德国与墨西哥结成军事同盟，德国向墨西哥提供财政援助，支持墨西哥收回19世纪时在与美国的战争中失去的土地。同时建议由墨西哥出面邀请日本加入反美联盟。

威尔逊虽然在23日断绝了同德国的外交关系，但他仍犹豫不决。他在给国会的咨文中声称，他相信德国人将不会把消灭美国人、摧毁美国船只的威胁付诸现实。如果事实证明他错了，他将回到国会去争取立法权力，以保护美国人在公海上的权利。

随着德国潜艇在海上对美国人展开“杀戮”，美国民众对德国人的态度从不满转变成愤怒甚至是仇恨。而美国人的这种愤怒与仇恨，正是协约国所期盼的，因为德国在西线和海上取得的胜利，让协约国陷于非常被动而不利的局面。因此，他们希望美国参战的愿望也就更加迫切。

威尔逊意识到美国参战的时机来临了，这封电报很快在美国各大报纸杂志上登出来了。美国舆论一片哗然，掀起了反德浪潮，一致呼吁对德开战。4月初威尔逊召开国会，轻而易举地通过了战争决议方案。

威尔逊之所以选择这个时候参战，是因为以理想主义者著称的威尔逊要为美国参战找出道义上的理由，德国无限制的潜艇战和齐墨尔曼电报事件给了威尔逊充分的道义理由。威尔逊表示，“合众国加入这场战争，不是因为我们的国家利益直接受到威胁，而是因为一个大国使国际正义受到破坏”，“我们是作为无私的正义捍卫者而加入这场战争的”。因此，美国为了人类权利，“不得不”出马参战，所以，威尔逊把美国的目标说成是“维护世界生活中的和平与正义原则，反对自私与独裁的权力，在世界真正自由和自治的民族中建立此后保证这些原则得以履行的目的与行动的协作”。如此说来，美国的对德战争就不是利己，而是利他。世界各国人民，尤其是美国人民将会深刻地感到美国正在从事一场反对专制独裁的“圣战”，这将在国内激发广大人民踊跃参军，在国外制造美国才能救世界出水火的印象，为美国最终成为世界和平代言人扫除障碍。

美国宣布参战后，政府和国会立刻开展了高效率的工作，使国家迅速走上战争轨道。国会经过激烈讨论，通过了《选征兵役法》，要求所有21—23岁的男子一律登记应征。几个月内，登记者达950多万人，与以往不同，征兵过程中没有发生官员普遍担心的暴动、骚乱或有组织的抵抗，全国人民表现出了惊人的团结一致。仅仅18个月内，美国便建立了一只庞大的高效率的陆军，其中200万人被运送到法国，130万人被布置在了交火线上。

无论是协约国还是同盟国，都没想到美国会对战争具有决定性的影响。协约国所倚重的是美国巨大的工业能力和战争潜力。法国甚至估计，美国到欧洲的军队不会超过50万。但是从美国第一支部队1917年6月抵达法国时起至“一战”结束，美国共派出了197万士兵到欧洲战场，在与协约国协同作战打败盟国的部队中起到了重要作用。

美国海军在战争结束时共有2000多艘舰只和53.3万名在役官兵，规模和战斗力空前强大。由于实行护航制和将驱逐舰投入反潜艇战斗，扭转了第一次世界大战中协约国反潜艇作战的不利形势。而且，由于运送了将近半数的远征军和几乎全部军用品到法国，美国海军使协约国领导人原来制定的在1920年打败德国的计划，提前到1918年实现了。

德国最高统帅部越来越清楚地看到，取得胜利的唯一希望是在1918年发动一场速战速决的陆战，彻底打败英法，要不然美国人参战，胜利的天平自然会倒向协约国一方。在德国人即将发动强大攻势之前，美国士兵就开始陆续抵达欧洲，与英法两国身经百战但却士气低落的士兵们不一样，美国的这些士兵们大多没有参加过战争，但是他们却怀抱着“拯救欧洲”的理想来到战场上。

美军统帅潘兴决定建立一支士气高昂、具有非凡战斗力的现代化美军。为此，潘兴打破常规，进行了大胆的、合理的创新和改革。在编制体制上，潘兴确定一个美国师必须拥有979名军官和2.7万名士兵，加上保障部队，总兵力约为4万人。而当时英、法、德等国每个师的正式编制是1.2万人，欧洲军官们普遍认为1.2万名战斗人员是一名将军及其参谋人员所能指挥的最大兵力。而潘兴对此不屑一顾，他坚信：为了使一个美国师具备进行持续作战的能力，确保他们不至于像英、法的师那样经常踌躇不前、无功而返，因此必须扩大编制。后来证明，潘兴的这个决定是很有远见的。

经过一番整顿，美国远征军的编制更加合理，指挥人员更加精干，其战斗力明显有了提高。为此，潘兴不无自豪地宣称："事实是我们的官兵肯定要比那些疲惫不堪的欧洲人优秀得多。"

1918年2月，鲁登道夫倾全德国之力，在西线集中了178个师，共计123万名步兵、2.4万名骑兵、5500门重型野战炮和8800门轻型野战炮来对付协约国一方的173个师，共计148万步兵。

3月份，德国参谋部发起了代号"米夏埃尔行动"的进攻，把攻击矛头对准了英军。在第一天的进攻中，渗透战术发挥了作用，德军突破了英军的第一道防线，迫使英军退到索姆河一线。同时，德军另派出一个师，直指法国首都巴黎，但由于缺乏足够的后备力量不得不中途而返。

这次代号为"米夏埃尔行动"的战役，共进行了8天，德国突破了协约国防御阵地，在英国远征军的防线上嵌入了一块长约64公里、宽约97公里的突出部，英军伤亡1.6万人，被俘7万人，被缴获野战炮1100门，甚至英国阵地上没有来得及运走的200万瓶威士忌酒，也成了德国人的战利品。法国军队的损失也高达7.7万人。

德国人决定乘胜追击，不给协约国军队任何可喘息的机会。5月27日，德军在佛兰德发动了攻势。为了减弱协约国部队正面的防御力量，德军同时在谢曼德达姆采取佯攻。协约国吸取上次失败的教训，制定出对付德国人渗透战术的弹性防御战术，即改变过去那种把主要兵力放在防御阵地前沿的做法，而只把一小部分兵力放在防御阵地前沿，另外大部分兵力放在防御纵深地带，这样一来可以防止被德军更多地杀伤，二来可以有利于向被德军渗透的地方实施快速机动作战。

开始的几天，德军依然占据着主动，势如破竹的德军又推进到几年前他们败走麦城的地方——离巴黎只有60公里的马恩河畔。法军的败退，使巴黎又一次暴露在德军的大炮射程之内，这时，潘兴将军率领的两个美国师火速赶到，与德军展开了激烈的正面作战，试图阻止德军的继续前进。这是美军的第一次独立作战，初生牛犊不怕虎，久经沙场的德国军队竟然被初出茅庐的美国远征军击退了。

这是美军“一战”时最大规模的行动。60万名美军和4000门大炮从97公里以外的地方调往前线。战线之后储备了4万吨弹药和同等数量的其他补给品。

9月26日，美军第一集团军发动了美国远征军最艰苦、最持久的一场进攻。在3个小时密集的炮弹射击之后，步兵一波又一波地冲向第一批指定目标。美军的这次攻势一直持续到11月11日停战协定签订才停下来。然而这次攻势并不是一帆风顺的。突击部队中仅有4个师进行了激烈战斗，还有4个师根本没有与炮兵密切合作。虽然右翼军完成了大部分任务，但中路军和左翼军很快就被困在密林和深谷之中，或者在开阔的丘陵地带受到机关枪和密集炮火的猛烈阻击。经过两天的艰苦进攻，美军未能攻到德军防御的主阵地。双方在原地又苦战了两天，形势仍未改观。与此同时，德军将6个增援师紧急调到格朗普埃—罗马格涅—库内尔防线。

10月份，美军又发动了一系列新的进攻。潘兴把最有战斗经验的部队调集过来，对付德国的增援部队。德军的增援部队也同样是身经百战的劲旅。两军短兵相接，奋力拼杀。由于美军拥有占压倒优势的炮兵的支援，德军阵地一个个被攻破，德军的主要堡垒崩溃了。

美国第一集团军从11月1日起直到停战前的一系列进攻中，这支部队连战连捷，势如破竹。11月6日，美国第一集团军抵达了色当附近俯视默兹河的高地，对德国的铁路线进行了炮击。第一集团军的几个师在色当东面强渡了默兹河。与此同时，第二集团军在11月10日—11月11日也取得了进展。在部署于美军第一、第二集团军阵地之间的几个法国师的配合下，潘兴的集团军群攻破了色当和梅斯之间的整个德军阵地。

同时，英国远征军给了北路德国集团军群以沉重打击，迫使德军退向莱茵河。在同一时间里，轴心国在意大利、巴尔干和巴勒斯坦的薄弱防线也都土崩瓦解了。德国政府面对全球范围的惨败和奥地利、土耳其的无条件投降，不得不接受了停战条件。

11月9日，兴登堡正式会见德皇威廉二世，劝告德皇退位，前往荷兰避难。德皇威廉接受了劝告，在48小时内宣布了退位。

正在赢得战争的协约国除在东线向德军发起总攻外，还在巴尔干战线发动了反攻。在协约国的强大攻势下，同盟国成员保加利亚和土耳其的军队节节败退。捷克斯洛伐克、匈牙利、南斯拉夫等国相继成立，摆脱了哈布斯堡王朝的控制，奥匈帝国已经土崩瓦解，被迫于11月3日签订停战协定，无条件投降。

在西线，协约国军队继续向前推进，德军节节败退。到签订停战协定时，德军已被赶出比利时西部，法国只有极少数领土仍在德国人手里，协约国军队正在准备发动新的攻势。同盟国的瓦解和军事失利加速了德国的政治危机和崩溃，10月3日德国组成了以马克斯·巴登亲王为首的新内阁，巴登亲王向威尔逊提交了一份停火建议，请求在“十四点计划”的基础上，签订停战协定并开始谈判。协约国内部在对待德国的停战建议上存在着不同意见，有人主张直捣莱茵河，彻底击垮德国，而威尔逊主张只要德国是真正的投降，协约国就应该结束战争。在美国的压力之下，英、法等国接受了德国在“十四点计划”上的停战要求。11日凌晨5时，德国的两名代表终于在巴黎东北方贡比涅森林的火车厢里与协约国签订停战协定。11月11日上午11时，西线停火生效，第一次世界大战至此结束。

第一次世界大战使各国人民蒙受了空前的灾难。战争期间，协约国总计动员军队4218万人，损失2210万人，其中死亡515万人。同盟国总计动员军队2285万人，损失1540万余人，其中死亡380万人。交战双方直接战费约为1863亿美元。

第一次世界大战，使帝国主义各国的力量对比发生了变化。德国战败，割地赔款；奥匈帝国彻底瓦解；英法虽取得了胜利，但在战争中元气大伤，受到削弱；美国在战争中牟取暴利，一跃成为经济强国。战后帝国主义奴役掠夺战败国和宰割弱小国家的《凡尔赛和约》等分赃条约，虽暂时调整了帝国主义战胜国之间的关系，但没有消除它们之间的根本矛盾，为第二次世界大战的爆发埋下了祸根。

专题：发明大王爱迪生

托马斯·阿尔瓦·爱迪生（1847—1931）是举世闻名的美国电学家、发明家、企业家，以创办工厂实验室、开辟使技术开发与科学研究紧密结合的途径而名垂史册。他除了在留声机、电灯、电话、电报、电影等方面的发明和贡献以外，在矿业、建筑业、化工等领域也有不少著名的创造和真知灼见。爱迪生一生共有约2000项创造发明，为人类的文明和进步作出了巨大的贡献，被誉为“发明大王”。

爱迪生于1847年2月11日诞生于美国中西部的俄亥俄州的米兰小市镇。父亲是荷兰人的后裔，母亲曾当过小学教师，是苏格兰人的后裔。爱迪生7岁时，父亲经营屋瓦生意亏本，将全家搬到密歇根州休伦北郊的格拉蒂奥特堡定居下来。搬到这里不久，爱迪生就患了猩红热，病了很长时间，人们认为这种疾病是造成他耳聋的原因。爱迪生8岁上学，但仅仅读了三个月的书，就被老师斥为“低能儿”而撵出校门。从此以后，他的母亲是他的“家庭教师”。由于母亲良好的教育方法，使得他对读书产生了浓厚的兴趣。“他不仅博览群书，而且一目十行，过目成诵。”8岁时，他读了莎士比亚、狄更斯的著作和许多重要的历史书籍，到9岁时，他能迅速读懂难度较大的书，如帕克的《自然与实验哲学》。

爱迪生10岁时酷爱化学。11岁那年，他实验了他的第一份电报。为了赚钱购买化学药品和设备，他开始了工作。12岁的时候，他获得了在列车上售报的工作，辗转于休伦港和密歇根州的底特律之间。他一边卖报，一边兼做水果、蔬菜生意，只要有空他就到图书馆看书。他买了一架旧印刷机，开始出版自己的周刊——《先驱报》，第一期周刊就是在列车上印刷的。他用挣来的钱在行李车上建立了一个化学实验室。不幸有一次化学药品着火，他连同他的设备全被扔出车外。另外有一次，当爱迪生正力图登上一列货运列车时，一个列车员抓住他的两只耳朵助他上车。这一行为导致了爱迪生终身失聪。

因受法拉第的影响，爱迪生一生从事电学实验研究和发明。1868年他发明了一台选票记录仪想推销给国会，但没有被采用。第一项发明没有找到市场使他更注意发明的实用性。1869年，爱迪生由波士顿移居纽约。他改进了金指示器电报公司的电报机，得到公司经理的赏识，受聘月薪为300美元（这在当时是很高的月薪）。1870年，他移居新泽西州，开始了他的高效发明时期。1874年改进了打字机。1876年，给贝尔发明的电话加装了炭粒话筒，提高了电话的声响。

1876年，爱迪生创办了他著名的实验室。在这个实验室里，他打破了以往科学家个人独自从事研究的传统，组织一批专门人才（包括特斯拉等人），由他出题目并分派任务，共同致力于一项发明，从而开创了现代科学研究的正确途径。1877年，留声机的发明，使他名扬四海。1878年，他开始了白炽灯的研究，在十几个月中经过多次失败后，终于于1879年10月21日成功地点亮了白炽炭丝灯，稳定地点亮了两整天。1882年，他在纽约珍珠街创办了世界第二座公用火电厂，建立起纽约市区电灯照明系统，成为现代电力系统的雏形。电照明的实现，不仅大大改善了人们生产劳动的条件，也预示着日常生活电气化时代即将到来。1883年，爱迪生在试验真空灯泡时，意外地发现冷、热电极间有电流通过。这种现象后来被称为爱迪生效应，成为电子管和电子工业的基础。1887年，他移居西奥兰治，并于同年在该市创建规模更大、装备也更新的实验室，即著名的爱迪生实验室（后人称之为发明工厂）。在这里，他根据伊斯曼的发明，制作了自己的照相机。1914年，他用留声机和照相机制成了最早的有声电影系统。

晚年，他的发明和革新包括蓄电池、水泥搅拌机、录音电话、双工式和多工式电报系统、铁路用制动器等。第一次世界大战期间，他任海军技术顾问委员会主席，指导鱼雷和反潜设备研究，发明了几十种武器。为此，美国政府于1920年授予他卓越服务奖章，法国政府授予他军团荣誉勋位。1928年，美国国会授予他荣誉奖章。终其一生，爱迪生和他的实验室共获得1093项发明专利权。

1929年10月21日，在电灯发明50周年的时候，人们为爱迪生举行了盛大的庆祝会，爱因斯坦和居里夫人等著名科学家纷纷向他祝贺。不幸的是，就在这次庆祝大会上，当爱迪生致答谢辞的时候，由于过分激动，他突然昏厥过去。从此，他的身体健康每况愈下。1931年10月18日，这位为人类作过伟大贡献的科学家因病逝世，终年84岁。10月21日，全美国熄灯以对这位伟大的传奇英雄表示哀悼。

爱迪生的文化程度极低，对人类的贡献却这么巨大，这里的“秘诀”是什么呢？他除了有一颗好奇的心，一种亲自试验的本能外，还有就是他具有超乎常人的艰苦工作的无穷精力和果敢精神。他的“发明工厂”把许多不同专业的人组织起来，里面有科学家、工程师、技术人员、工人共100多人，爱迪生的许多重大发明就是靠这个集体的力量才获得成功的。他的成就主要归功于他的勤奋和创造性才能以及集体的力量，此外，他的妻子也曾起了相当重要的作用。

爱迪生一生发明众多，但他毕竟缺乏系统的科学知识，因而对现代技术的发展不能作出正确判断。19世纪末，交流输电系统已经出现，但他仍坚持直流输电，并在与威斯汀豪斯发生的激烈竞争中丧失了承建尼亚加拉水电站的合同；他的实验室盲目试制磁力选矿设备，耗尽了发明电灯所得的资金，最后不得不放弃。但是，爱迪生在电力开发、电器制造和推广电能应用等方面所作的贡献，使他成为人类历史上最伟大的发明家之一。

第五章
第二次世界大战前后的美国

英国一位著名的诗人言道："任何一方都不能赢得战争，只有战争本身会赢，并且继续保持胜利的姿态。"但美国却是个特例，在战争中美国大发战争财，坐收渔利，摇身一变成了举足轻重的世界强国。第二次世界大战后，美国的实力远在西方列强之上，可以按照自己的意志和价值观念来推行对外政策，因而主宰世界的野心极大地膨胀，开始全面推行其霸权主义政策。综观"二战"后美国的对外战略，虽然随着国际形势和美国实力的变化，美国各届政府的对外战略常有变化，但是无论什么时期，其称霸世界的战略却始终未变。

第一节　罗斯福新政

第一次世界大战结束后，美国经历了1920年年中至1921年年末短暂的经济危机，之后经济开始复苏并逐渐趋于繁荣。这一繁荣造就了一个资本主义发展的黄金时期，却又潜伏着深刻的矛盾。

从表面看，战后的经济繁荣似乎有着很坚实的基础。汽车、化工、电气是这一轮技术革命的主导力量。美国的汽车产量从1919年的150多万辆增加了3倍，达到平均每6人一辆汽车的水平，其产值占到全国总产值的8%。发电量增长一倍以上，各种电机及电器日益普及，电冰箱、洗衣机已成为日常用品。汽车轮胎的需要推动了橡胶工业的发展。人造丝、化肥等新兴产业也迅速崛起。但是，农业长期萧条。一方面欧洲各国保护本国农业，建立保护关税，另一方面靠廉价劳动力的阿根廷、加拿大的粮食大量投入国际市场，使美国农产品出口不断下降，农产品价格不断下跌。1929年美国小麦出口价值仅为1919年的1／3，肉类仅为1／9（1919年小麦出口值为10亿美元，肉类出口值为7亿美元）。然而，农业萧条却有力地推动了美国农场的现代化，依靠手工劳动的中小农场大量被兼并，农场主人数减少了50万，农场规模迅速扩大。

这个时期，整个美国社会的价值观念都在发生变化。随着经济的发展，享乐主义和投机活动盛行，政治极端腐败。1920年，民主党总统威尔逊离任。继威尔逊之后的三届共和党总统哈定、柯立芝和胡佛先后执政，这段时间是美国历史上贪污腐败最严重的时期。哈定执政时期，政府内部贪污腐败成风。柯立芝的财政部长梅隆自己就陷入投机行为中。美国著名历史学家小阿瑟·施莱辛格后来曾说，美国20世纪20年代的实利主义使人最容易产生这样的感觉："资本主义已经走到尽头了。"

在美国乃至世界经济发展史上，1929—1933年的经济危机和罗斯福总统实施的"新政"给人们留下了极其深刻的印象，以至于要了解现代美国经济，不可回避地要研究这段历史。

富兰克林·罗斯福（1882—1945），1882年1月30日出生于美国纽约。1900年至1904年就读于哈佛大学，1905年转入哥伦比亚大学法学院，参加了纽约律师考试合格后即辍学。1910年任纽约市参议员，1912年连任。1913年任海军副部长。

1929年10月24日，在美国历史上被称为"黑色的星期四"。在此之前的1929年夏天，美国还是一片歌舞升平，夏季的三个月中，美国通用汽车公司股票由268上升到391，美国钢铁公司的股票从165上升到258，人们见面时不谈别的，只谈股票，直至9月份，美国财政部长还信誓旦旦地向公众保证："这一繁荣的景象还将继续下去。"但是，10月24日这一天，美国金融界崩溃了，股票一夜之间从顶巅跌入深渊，价格下跌之快，连股票行情自动显示器都跟不上趟，股票市场的大崩溃导致了持续四年的经济大萧条，从此，美国经济陷入了经济危机的泥淖，以往蒸蒸日上的美国社会逐步被存货山积、工人失业、商店关门的凄凉景象所代替。8.6万家企业破产，5500家银行倒闭，全国金融界陷入窒息状态，千百万美国人多年的辛苦积蓄付诸东流，GNP由危机爆发时的1044亿美元急降至1933年的742亿美元，失业人数由不足150万人猛升到1700万人以上，占整个劳动大军的1／4还多，整体经济水平倒退至1913年。

富兰克林·罗斯福就是在这种情况下取代了焦头烂额的胡佛，当选为美国第32届总统的。他针对当时的实际，顺应广大民众的意志，大刀阔斧地实施了一系列旨在克服危机的政策措施，历史上称之为"新政"，新政的主要内容可以用"三R"来概括，即复兴（Recover）、救济（Relief）、改革（Reform）。由于大萧条是由疯狂投机活动引起的金融危机而触发的，罗斯福总统的新政也先从整顿金融入手。在被称为"百日新政"（1933年3月9日—1933年6月16日）期间制定的15项重要立法中，有关金融的法律占1／3。罗斯福于1933年3月4日宣誓就任总统时，全国几乎没有一家银行营业，支票在华盛顿已无法兑现。在罗斯福的要求下，3月9日，国会通过《紧急银行法》，决定对银行采取个别审查颁发许可证制度，对有偿付能力的银行，允许尽快复业。3月13日—3月15日，已有14 771家银行领到执照重新开业，与1929年危机爆发前的25 568家相比，淘汰了10 797家。罗斯福采取的整顿金融的非常措施，对收拾残局、稳定人心起了巨大的作用。公众舆论评价，这个行动犹如“黑沉沉的天空出现的一道闪电”。罗斯福在整顿银行的同时，还采取了加强美国对外经济地位的行动。从1933年3月10日宣布停止黄金出口开始，采取一个接一个的重大措施：4月5日，宣布禁止私人储存黄金和黄金证券，美钞停止兑换黄金：4月19日，禁止黄金出口，放弃金本位；6月5日，公私债务废除以黄金偿付；1934年1月10日，宣布发行以国家有价证券为担保的30亿美元纸币，并使美元贬值40.94%。美元贬值，加强了美国商品对外的竞争能力。这些措施对稳定局势，疏导经济生活的血液循环，产生了重要的作用。

在“百日新政”期间，罗斯福在解决银行问题的同时，还竭力促使议会先后通过了《农业调整法》和《全国工业复兴法》，这两个法律成了整个新政的左膀右臂。罗斯福要求资本家们遵守“公平竞争”的规则，定出各企业生产的规模、价格、销售范围；给工人定出最低工资和最高工时的规定，从而限制了垄断，减少和缓和了紧张的阶级矛盾。在得到大企业的勉强支持后，罗斯福随之又尽力争取中小企业主的支持。他说大企业接受工业复兴法固然重要，而产生丰硕成果的领域还在于小雇主们，他们的贡献将是为1—10人提供新的就业机会。这些小雇主实际上是国家骨干中极其重要的部分，而我们的计划的成败在很大程度上取决于他们。中小企业的发展，为美国社会的稳定、经济的复苏发挥了积极的作用。

新政的另一项重要内容是救济工作。1933年5月，国会通过《联邦紧急救济法》，成立联邦紧急救济署，将各种救济款物迅速拨往各州，第二年又把单纯救济改为“以工代赈”，给失业者提供从事公共事业的机会，维护了失业者的自力更生精神和自尊心。罗斯福执政初期，全国1700多万失业人员及其亲属维持生计全靠州政府、市政府及私人慈善事业的帮助和施舍。但这部分财源相对于如此庞大的失业大军，无异于杯水车薪。解决这一复杂的社会问题，只有联邦政府才能办到。罗斯福新政的第一项措施，就是促请国会通过民间资源保护队计划。该计划专门吸收年龄在18—25岁，身强力壮而失业率偏高的青年人，从事植树护林、防治水患、水土保持、道路建筑、开辟森林防火线和设置森林望塔。第一批招募了25万人，在遍及各州的1500个营地劳动。到“二战”美国参战前，先后有200多万青年在这个机构中工作过，他们开辟了740多万英亩（1英亩=0.405公顷）国有林区和大量国有公园。平均每人每期干9个月，月工资中拿出绝大部分作为赡家费，这样在整个社会扩大了救济面和相应的购买力。对于千千万万依赖州、市养活的人们，罗斯福还敦促国会通过《联邦紧急救济法》，成立联邦救济机构，合理划分联邦政府和各州之间的使用比例，制定优惠政策鼓励地方政府直接救济贫民和失业者。

从1935年开始的第二期“新政”，在第一阶段的基础上，着重通过社会保险法案、全国劳工关系法案、公用事业法案等法规，以立法的形式巩固新政成果。罗斯福认为，一个政府“如果对老者和病人不能照顾，不能为壮者提供工作，不能把年轻人注入工业体系之中，听任无保障的阴影笼罩每个家庭，那就不是一个能够存在下去，或是应该存在下去的政府”，社会保险应该负责“从摇篮到坟墓”的整个一生。为此，他制定了《社会保险法》，法律规定，凡年满65岁退休的劳动者，根据不同的工资水平，每月可得10—85美元的养老金。关于失业保险，罗斯福解释说：“它不仅有助于个人避免在今后被解雇时去依靠救济，而且通过维持购买力还将缓解一下经济困难的冲击。”保险金的来源，一半是由在职工人和雇主各交付相当工人工资1%的保险费，另一半则由联邦政府拨付。这个社会保险法，反映了广大劳动人民的强烈愿望，受到美国绝大多数人的欢迎和赞许。

1937年5月24日，罗斯福向国会提交了受到广泛关注的关于最低工资、最高工时立法的咨文。咨文承认“我国人口的三分之一，其中绝大多数从事农业或工业，吃不好，穿不好，住不好”。“我们必须铭记我们的目标是要改善而不是降低那些现在营养不良、穿得不好、住得很糟的那些人的生活水平。我们知道，当我们工人的一大部分还没有就业的时候，超时工作和低水平的工资是不能提高国民收入的。”由于国会没有对法案采取行动，1937年10月12日，罗斯福再次提出该法案，直到1938年6月14日通过，这就是《公平劳动标准法》（又称《工资工时法》）。它的主要条款包括每周40小时工时，每小时40分最低工资；禁止使用16岁以下童工，在危险性工业中禁止使用18岁以下工人。关于最低工资的规定，随着经济的发展，日后陆续有所调整。这些社会立法，虽属社会改良的范畴，但对广大人民特别是工资劳动者甚有好处。为了解决社会保险制度的联邦经费来源问题，罗斯福破天荒地实行了一种按收入和资产的多寡而征收的累进税：对5万美元纯收入和4万美元遗产征税31%，500万美元以上的遗产可征税75%；公司税过去一律是13.75%，根据

1935年的税法，公司收入在5万美元以下的税率降为12.5%，5万美元以上者增加为15%。

到1939年，罗斯福总统实施的新政取得了巨大的成功。新政几乎涉及美国社会经济生活的各个方面，其中多数措施是针对美国摆脱危机、最大限度减轻危机后果的具体考虑，还有一些则是从资本主义长远发展目标出发的远景规划，它的直接效果是使美国避免了经济大崩溃，有助于美国走出危机。从1935年开始，美国几乎所有的经济指标都稳步回升，国民生产总值从1933年的742亿美元又增至1939年的2049亿美元，失业人数从1700万人下降至800万人，由此恢复了国民对国家制度的信心，摆脱了法西斯主义对民主制度的威胁，使危机中的美国避免出现激烈的社会动荡，为后来美国参加反法西斯战争创造了有利的环境和条件，并在很大程度上决定了“二战”以后美国社会经济的发展方向。

诚然，罗斯福的“新政”措施，最终目的是加强国家对经济的调控力度，以克服经济危机，巩固市场经济制度。“新政”是他医治社会疾病在常规疗法不能奏效的情况下试用的一种试验性的疗法。事实上，“新政”的某些措施也有不足之处，这也每每成为他的政敌发难的理由。“新政”实施过程中利益受损的阶层也曾对新政予以抵制和诽谤，甚至作为新政初期重要内容的《工业复兴法》及另外两项法案也在时隔两年后被最高法院裁定为违宪。但是，不难看出，“新政”号准了美国经济和社会生活的脉搏，“使人们能够重返工作，使我们的企业重新活跃起来”的口号，符合广大劳动人民的利益，充分唤起了他们的积极性。罗斯福把保持国民经济的正常运行和保证公民就业作为政府的责任，尤其是通过“以工代赈”的形式修建的一大批工程项目，不仅大大缓解了失业问题，刺激了经济的早日复苏，而且许多基础设施建设也使美国经济受益无穷。新政留下了大量防止再次发生大萧条的措施和政策，为美国投入第二次世界大战及战后的快速崛起奠定了坚实的基础，罗斯福也因此成为自林肯以来最受美国和世界公众欢迎的总统而永载史册。

第二节 中立法与租借法

“一战”之后，美国的民众普遍存在着厌战情绪，他们崇尚和平主义，不希望政府卷入美国以外的国际事务中去。1935年8月，美国国会通过了中立法，禁止将美国武器运往交战国，也禁止美国的船只为其运送武器。西班牙内战爆发后，罗斯福又宣布中立法也适用于发生内战的国家。1937年5月，国会又通过了新的中立法，授权总统在发生国际战争或内战时，立即禁止向有关国家输出武器。

但是，德、意、日三国无休止的扩张，使任何一位清醒的政治家都足以认识到这次战争的久远和残酷——不把旧有的分割世界的秩序砸个稀巴烂，谋得全新的有利于自己的国际格局，这些新崛起的国家是不会放手的。那就意味着它们会无限制地扩张，扩张，征服，征服，把原来属于老牌国家的势力范围统统夺过来，这也意味着更多的杀戮与流血。同时这必将与美国的利益发生冲突。1939年9月3日——英法对德宣战的日子，罗斯福总统在晚间炉边谈话中这样告诉美国民众：“我们这个国家将继续保持中立，但是，我无法要求每一个美国人在思想上也同样地保持中立。即使是一个中立者，他也有正视事实的权利。我也无法要求一个中立者去思索或抹杀良心。”罗斯福本人非常清楚，美国必须考虑甚至是面临的现实是，如果希特勒征服了英国，控制了整个欧洲和大西洋，那么下一步会不会就是美洲？即使德国不会进攻美国本土，其在欧洲建立一个霸权会对美国有利吗？9月8日，罗斯福宣布国家处于有限紧急状态，11月4日，他又要求国会召开特别会议，废除1937年中立法有关武器禁运的规定，允许在交战国支付现款并使用自己的船只运输武器的情况下，对其出售军火，实际上这是为向在海军和海运方面占有优势的英法提供军火打开了方便之门。

1940年5月，被美国视为根本利益的安全线——莱茵河边界已被德国突破；6月，法国沦陷，英国告急。罗斯福清醒地意识到，“随着英国和它海军的覆灭，我们关于大西洋安全的一切传统观念——门罗主义，海上航行自由原则，西半球的团结——都将成为明日黄花，美国人民也将生活在纳粹大炮的经常威胁之下”。残酷的现实迫使他再也不顾孤立主义传统引发的舆论反对，决意加快从物质上援助英法同盟的步伐。

6月20日，50万支来复枪、8万挺机关枪、800门75毫米口径大炮、900门大炮和100万发子弹开始陆续运往英国；9月初，美国用50艘超龄驱逐舰交换了英国在加勒比海8个岛屿的军事基地。这些出售、交换虽远未满足苦守英国的丘吉尔的全部要求，但美国已跨出了直接向盟国提供援助的重要一步。同时，美国自身也进入了备战状态。这一年5月，罗斯福就要求国会拨款13亿美元发展国防力量，还成立了国防咨询委员会，负责国防生产，要求每年制造5万架飞机。在11月大选争取连任的过程中及任后，罗斯福一方面安慰同胞，“我先前曾经说过这样的话，但我还要一而再、再而三地这样说：你们的孩子们将不会被派遣去参加任何外国战争”，另一方面提出有条件的许诺，“如果我们现在竭尽全力支持那些保卫自己反击侵略的国家，那么美国参战的可能性将大为减小”。这是罗斯福为美国摆上的一杯苦丁茶：美国可以不参加战争，却必须放弃孤立主义的传统以支持盟国；否则，即使美国不想介入战争，也会被拖进这个泥潭，欧洲的现实就是明证。虽然极端孤立主义者们仍然反对美国对欧洲战事进行任何干预，但到1940年，美国大多数民众已由孤立主义转向对大洋彼岸的不列颠的深深同情，80%的人表示赞成向英国提供援助，包括出售飞机。

这样，公众情绪已经基本倒向了罗斯福，碍事的只是那些坚持孤立主义、死守传统不放的议员和幕后财团了。短浅的目光使他们无法像罗斯福那样做出有利于国家长远利益的判断，而嗜金如命的本性又让他们面对战争失去了最起码的同情心与爱心；尽管他们打出的是“反战争、反独裁、反破产”的旗号，但在不介入战争的情况下，靠军火及战争带动的工业生产赚得的利润，将是他们最醉心的东西，“反破产”才是“反战争”“反独裁”的最终落脚点。可是这些鼠目寸光带来的短期利益，只会造成美利坚合众国的沦陷危机，罗斯福再也不能容忍了。在12月29日的炉边谈话中，他首次公开谴责了纳粹德国，并对合众国国内的亲德分子和极端孤立主义者进行了抨击。1941年1月，他派霍普金斯赴英执行使命。1月27日—3月29日，美英在华盛顿举行秘密会谈，制订了“ABC-1”计划，拟定两国将来在军事上先打击德国，再打击日本。接着，国会和总统又通过立法和发布命令，加速援助盟国。

由于英国的战事吃紧，1940年年底，丘吉尔就向罗斯福发出了“致命的危险”求救信，表示英国正在迅速沦落到不能为它所需要的大量美国武器交付现款的地步。为此，罗斯福提出了一个设想，即根据战后归还原物或提供替代品的谅解出借武器等军需品。3月，国会通过了《租借法》，授权总统“向总统认为其防务对保卫合众国至关重要的任何国家的政府出售、转让、交换、出租、借与”任何防务器材；拨款70亿美元，专为生产与租借物资。英美结盟事实上已经开始。该法案通过后不到两三个星期，美国便没收了所有停泊在美国港口的轴心国船只。4月，美国对格陵兰实行保护，并宣布美国海军将对国防区内的海上通道进行巡逻。接着，在一艘美国货船被德国潜艇击沉后，罗斯福宣布国家由“有限紧急状态”上升到了“无限期全国紧急状态”。6月，美国冻结了轴心国在美国的全部资产，封闭了所有轴心国领事馆。

这还仅仅是开始，6月22日，德军入侵苏联，德苏战争爆发。苏联，这个一直轻蔑地嘲笑“帝国主义”战争的红色国度终于被卷入战争——可是，开始一直企盼这一局面的英、美却笑不起来了。不错，苏联将转移德军大部分注意力，在东线牵制住德军，但丘吉尔明白，德国人入侵苏联不是为了放过英国，恰恰相反，这“不过是企图入侵不列颠岛的前奏”；苏联一旦崩溃，将使德国巩固东方，建立大日耳曼帝国，然后全力进攻大陆这边的孤岛不列颠。而作为美国大西洋屏障的英国一旦失守，美国就将完全暴露在纳粹德国的武力之下。一切正如丘吉尔所说：“苏联人的危难就是我们的危难，也是美国的危难，正像任何苏联人为他的家庭而战的目的，也就是世界各地的自由战士和自由人民的目的那样。”因此，从前多年的反共精神“正在我们眼前展现的情景的对照之下，却已黯然失色了”，同病相怜的悲戚、唇亡齿寒的恐惧，使英、美对苏态度发生了180度大转弯，他们现在必须摒弃前嫌，他们只能并肩作战——如果他们不想灭亡的话。

22日，丘吉尔顶住国内反苏势力的压力，毅然向苏联保证，英国将在力所能及的范围内对苏联提供一切援助。23日，美国政府发表声明，支持苏联对德作战。24日，罗斯福宣布《租借法》也适用于苏联，决定贷款4000万美元给苏联。7月底，总统特使霍普金斯向斯大林报告，美国将提供大量战争物资以助苏联一臂之力。

1941年秋，在总统特使霍普金斯的联络下，丘吉尔乘坐“威尔斯王子”号军舰驶抵纽芬兰附近的阿真舍海域，罗斯福所乘的“奥古斯塔”号巡洋舰也在大西洋的浓雾中出现了。两位元首在美舰上会晤。双方虽然在关税、殖民地等问题上存在利益分歧，但大敌当前，两国最终求同存异，达成了谅解，于8月14日发表了联合声明，史称《大西洋宪章》。这一文件提出尊重各国的领土和主权完整，各民族都有权选择自己的政府形式，要求恢复被剥夺主权和自治权的民族应有的权利，倡导自由、和平，反对侵略。这一宪章体现了罗斯福“四大自由”的思想（言论自由、信仰自由、不虞匮乏的自由、免除恐惧的自由），同时，在这一文件身上，也不难看出当年威尔逊十四点和平纲领的影子。

1941年9月29日至10月1日，苏、美、英三国代表会议在莫斯科召开。会议明确解决了美、英向苏联提供物质援助的问题，签订了《对苏供应第一号议定书》。据此协议，从会议结束当天起至1942

年6月30日，美、英每月将向苏联提供400架飞机、500辆坦克和其他各种原料、武器以及军用物资；作为回报，苏联将为美、英提供军工生产的原料。这次会议加强了苏、美、英三国的军事政治合作，为后来世界反法西斯同盟的形成打下了坚实的基础。

第三节　珍珠港事件

1931年，日本发动侵华战争，迅速占领了整个东北，当时的美国胡佛政府的国务卿亨利·史汀生阐明了美国的观点：“不承认主义”，罗斯福入主白宫后，继承了前任的对日政策。1934年4月17日，日本政府发表声明，警告美国不得干预和损害日本在华利益；1936年，日本又再次发表声明，称日本不受华盛顿会议规定的美、英、日主力舰吨位比例的约束，企图排斥美英的在华势力，打破太平洋均势，确立日本在太平洋上的优势地位。

1938年6月11日，罗斯福宣布对日本实行飞机和制造飞机的重要原料的“道义禁运”，增加对中国的财政援助。1939年，第二次世界大战在欧洲爆发，日、美处于僵持状态。在罗斯福的要求下，1940年7月国会授权总统统管战略物资出口，罗斯福开始并扩大了战略物资的禁运范围。

1941年7月，美国、英国和荷兰政府对日本宣布禁止向日本运输战略物资，尤其是钢铁和石油。这一步对日本的经济和军事都有威胁，其目的是迫使日本限制它在东南亚的活动，回到谈判桌边。罗斯福下令让舰队驻扎在珍珠港（由于它离日本比美国西海岸要近得多，因此它对日本是一个直接威胁）也是这个目的。罗斯福认为这个决定是如此重要，以至于当理查逊上将对这个决定提出抗议时，他将理查逊解职。但美国和其他国家的反应似乎只是加强了日本军方的决心，要占领和利用这个地区。日本的石油产量很小，而提炼的石油的储量更少，因此禁运对日本是一个非常严重的问题。日本政府决定占据亚洲尤其是东南亚的资源作为对禁运的回答。他们不能假设，假如他们开始行动了，美国会在一旁袖手旁观。这是山本五十六考虑事前消灭美国在太平洋的军事力量的原因。

1941年11月26日，一支由六艘航空母舰为主力的舰队在日本海军中将南云中一的指挥下离开日本开往珍珠港。途中舰队保持彻底的电波静默。除这六艘航空母舰外，日本舰队还包括两艘战列舰、三艘巡洋舰、九艘驱逐舰和三艘潜艇。此外还有八艘油轮和两艘驱逐舰只开到北太平洋等候。

为了掩盖偷袭珍珠港的军事行动，日本采取“声东击西”的策略。1941年12月6日，日本舰队摆开南下的架势，同日，罗斯福以个人的名义写信给天皇，督促他运用其权威来维护和平，但是已经毫无意义。

12月7日早晨，美国太平洋舰队在珍珠港的兵力为各种舰船99艘（含8艘战列舰），飞机350架。

当日清晨7时许，由183架飞机组成的首批攻击机群猛烈攻击港内的美国舰队。1小时后，日军出动191架飞机编队，实施第二轮攻击，结果共击沉美战列舰5艘，伤3艘，毁伤其他舰艇10余艘；击毁飞机188架，伤291架；美军官兵死2408人，伤2000余人，仅亚利桑那号战列舰（Arizona）爆炸沉没时就有1177人死亡。美军太平洋舰队遭受重创。而日军仅仅付出了5艘微型潜艇，29架飞机，战死不到百人的代价。

这次战斗的第一炮和第一个牺牲者是美国一条驱逐舰对日本的一艘微型潜艇的攻击，那艘微型潜艇被击沉。日本一共出动了5艘微型潜艇，它们打算在空袭开始后对美国船只施放鱼雷，5艘微型潜艇后来都被炸沉，其中只有4艘后来被找到了。这五艘船上的10名水手中只有一人幸存，并被美军俘虏，他叫酒卷和男，是美国在“二战”中的第一个俘虏。

日本参加这次袭击的航空母舰是赤城号（旗舰）、加贺号、苍龙号、飞龙号、翔鹤号和瑞鹤号。这六艘航空母舰一共可以装载441架飞机，其中包括战斗机、鱼雷轰炸机、俯冲轰炸机和水平轰炸机，其中55架被毁。这些飞机分两波攻击，南云中将决定放弃第三波攻击而将主力撤回。

日本计划的一部分是在袭击前中止与美国的协商。到12月7日为止，日本驻华盛顿大使中的外交官一直在与美国外交部进行很广泛的讨论，包括美国对日本在1941年夏入侵东南亚的反应。袭击前日本大使从日本外交部获得了一封很长的电报，并受令在袭击前（华盛顿时间下午一时）将它递交给美国国务卿科德尔·赫尔。但大使馆人员未能及时解码和打印这篇很长的宣战书。最后这篇宣战书在袭击后才递交给美国。这个延迟增加了美国对这次袭击的愤怒，赫尔在看完文件后凝视着日本大使，几乎是一字一顿地说道：“在我整个50年的公职中，从未见过如此充满了无耻的虚伪和委曲的文件。我至今做梦也想不出，这个星球上竟然还有撒出如此弥天大谎和牵强附会的国家！”

12月8日，美国总统罗斯福在致国会的咨文中写道：“昨天，1941年12月7日，这是一个令人永远不能忘怀的可耻的日子，美利坚合众国遭到日本海军和空军突如其来但蓄谋已久的袭击。”山本五十六似乎同意这个观点。在日美合拍的电影《虎！虎！虎！》中他的饰演者说：“恐怕我们将一个沉睡的巨人唤醒了，现在他充满了愤怒。”这句话山本本人可能从未说过，但当时的他可能的确如此感觉。

当天晚上，罗斯福总统在白宫召开内阁会议，他的书房里铺满了地图，罗斯福总统宣读了向日本宣战的声明。第二天，国会通过了宣战声明，美国正式参与第二次世界大战。

此后，美、英两国首脑在华盛顿会晤，罗斯福毫不犹豫地倡议由所有对轴心国作战的国家组成联盟，签署共同的宣言，以对付共同的敌人——法西斯。1942年1月1日，包括美、英、苏、中在内的26个国家在《联合国家宣言》上签字，重新肯定了《大西洋宪章》的宗旨和原则，保证盟国彼此间将鼎力合作，以全部的军事和经济资源，团结一致，彻底打败法西斯轴心国及其追随者。实力强劲的世界反法西斯集团的形成，标志着法西斯集团的末日已经不远了。

第四节　太平洋战争

美国参战后，罗斯福总统签署了《选征兵役法》，新法规定18

岁到64岁的男子必须进行登记，现役军人都要在战争期间服役，并且规定延长服役期半年。此后，美国军队在太平洋地区、北非战场和欧洲战场投入了战斗。

在太平洋战场上，美国与日本在太平洋海域与岛屿的海、陆、空力量展开了殊死的搏斗，美国凭借着超强的军事实力和先进的科技力量慢慢掌握了主动权，把战火一步一步烧到了日本的国土上。

在偷袭完珍珠港之后，日本南方军40余万人，分兵数路进攻英占香港、马来西亚、印度尼西亚和缅甸，驻守这些地方的军队节节败退，损兵折将。日军继而占领了太平洋中部的一些岛屿，然后猛攻美国控制的菲律宾群岛。

接着，2万美军和10余万菲律宾士兵在美国道格拉斯·麦克阿瑟将军的指挥下，进行了阻止日军登陆的战斗。由于日军装备精良，美菲联军难以抵御，被迫撤退。4月9日，日军攻占巴丹。第二天，被俘的美菲军人被胁迫在6天内步行85英里（约137公里），由于酷热和饥饿，数千人在这次“死亡行军”中丧失了生命。

为了防范美军对日本本土的进攻，歼灭美军在海上的有生力量，日本海军大将山本五十六策划了针对中途岛的进攻作战计划。可是他们万万没有想到，美军的间谍人员破译了日军的密码，使得这次行动的作战计划全盘泄露。

1942年6月3日，中途岛海战打响，日本海军进攻“阿留申群岛”以期吸引美国舰队，但美军不为所动，日军进攻编队被美军侦察机发现，中途岛上的美军立即起飞了岛上的全部战机并做好了迎战准备。随后日军起飞了侦察机，但是侦察距离过小（仅105海里[约194公里]），没有发现远在120海里（约222公里）以外的美军航母编队，而美军侦察机发现了一艘日本航母和准备攻击中途岛的日本飞机——此时，正是对航空母舰进行攻击的好时机。日军攻击了中途岛上地面建筑包括油库、机场，并且击落了保卫中途岛的15架美国战机。美军的舰载歼击机攻击距离超出了最大航程，可是美军决心已下，不惜代价，回不到航母上的战机被迫降到海里。日本此时沉浸在对中途岛的攻击中，没有发现自己已经成了美军特混舰队的猎物，因为此时美国舰队尚处于日军侦察机的侦察范围之外，仅有一架日本飞机从美军特混舰队右侧飞过却没有发现，日军祸不远矣。

此时，日军舰队正在准备对中途岛发动第二波进攻，南云上校犯了军事主官致命的一个错误——临阵犹豫不决，接连下了几道错误的命令由此造成日军航空母舰甲板上一片混乱。此时美军第一波攻击已经临头，攻击没有奏效，大部分攻击机被击落。正当日本军舰上的官兵欢呼胜利的时候，美军隐藏在云层中的第二波攻击机开始进攻，击中了加贺号，另有3架击中了赤城号并引爆了油库和弹药，南云的旗舰被毁。紧接着，苍龙号又遭到了毁灭性的打击，5分钟后沉没。只有飞龙号侥幸脱逃，并且随即起飞了舰上的17架飞机攻击了美军的约克郡号航母，第一颗炸弹击中了飞行甲板、第二颗穿进烟囱、第三颗穿进机库，由此可见日军当时单兵作战的技术不可小觑，在这种情况下约克郡号仍然通过良好的损管系统继续坚持了1小时40分钟的战斗，直到日军战机又接连对约克郡号进行第二波攻击才将其击沉，同时日军也暴露了飞龙号的位置，约40架美国攻击机如狼似虎地扑向飞龙号并且成功地击沉了它。

至此，日军进攻中途岛的所有4艘重型航母被全部击沉，1艘巡洋舰和253架飞机被毁，3500名士兵葬身于太平洋冰冷的海水中。

南云舰队彻底失去了战斗力，而山本五十六依然妄图凭借残余力量寻机与美国海军决一死战，美军机智地躲开了。山本进退两难不得已下达了总撤退的命令，随即又被追踪而至的美国飞机击沉了两艘战舰。

中途岛一战彻底地击碎了日本在太平洋上空称霸的梦想，美军充分地发挥了美国航母速度高、航程远、打击距离大的优势，以牺牲1艘航母、1艘巡洋舰、147架飞机和307名士兵的代价取得了中途岛战役的胜利。

中途岛海战后，美国开始进入战略反攻，1942年8月7日清晨，一支由89艘舰船组成的美国海军陆战队的第一师庞大舰队借助恶劣天气的掩护，轻松地攻下了日本的军事基地瓜岛，占领了岛上的机场。

在此后的一年里，以美国为首的盟军在太平洋上跟日军展开了激烈的决战，开始了著名的越岛作战方案。

在1943年到1945年4月期间，盟军攻下了南太平洋上最大的兵站——新不列颠岛、塞班岛、硫磺岛。随后盟军开始进攻掩护日本本土的最后一道障碍——冲绳岛，日军以满载炸弹的神风飞机对美国军舰进行疯狂的自杀式攻击，经过三个月的激战，日军伤亡12万人，被俘9000多人，损毁飞机400多架，美军损失飞机760架，伤亡7.5万人，最后在6月21日占领冲绳岛，彻底摧毁了日本本土的外围防线。

此时的美国，军事实力急剧膨胀。1939年，美国武装部队总人数只有33.5万人，国防预算不过10亿美元，到1945年战争结束时，这两个数字分别上升到1212万人和800亿美元以上。美国拥有以航空母舰为核心的1200多艘战舰和5万多艘供应、登陆船只，它的海军舰艇吨位达380万吨，大大超过英国的150万吨，一跃而成为世界上最大的海军强国。美国拥有当时世界上最强大的空军。它的1.5万架远程飞机几乎垄断了整个洲际空中运输。战后初期，美国在56个国家驻有军队，在国外建立了484个军事基地，还拥有大量原子武器。美国已一跃成为全球性军事强国，它的军事力量不仅在西方世界，而且和苏联相比也处于明显的优势地位。

在军事科技方面，美国也处于世界领先地位。第二次世界大战期间，出于战争的需要，美国政府集中大量人力物力从事科学研究，1941—1945年，受雇从事研究工作的科学家从8.7万人增加到19.9万人。同时，以爱因斯坦为代表的大批世界一流科学家流亡美国，从而使美国拥有了空前的智力优势。代号为“曼哈顿计划”的原子弹研制工程就是来自各国的科学家通力合作的产物。1945年7月16日，美国第一颗原子弹试验成功，标志着人类大规模利用原子能时代的开始。

1945年7月25日，杜鲁门作出了他在总统任期内最重大的一项决定，如果日本拒绝接受《波兹坦公告》，不肯无条件投降，就要对日本国土投掷原子弹。7月26日，杜鲁门总统下令美国军事情报局把《波兹坦公告》公开向日本本土广播，该公告马上引起了日本的关注，但是在经过日本内阁激烈的争论后，军方坚持要求对《波兹坦公告》采取拒绝的态度，不予答复，置之不理。

1945年8月6日，下午8时15分17秒，美军一架B－29轰炸机飞临日本广岛市区上空，投下一颗代号为“小男孩”的原子弹。在巨大冲击波的作用下，广岛市的建筑全部倒塌，全市24.5万人口中有

7.815万人当日死亡，死伤总人数达20余万。

8月9日，美军又出动B-29轰炸机将代号为“胖子”的原子弹投到日本长崎市。长崎市约60%的建筑物被毁，伤亡8.6万人，约占全市总人口的37%。8月15日，日本宣布无条件投降，9月2日签署投降书。第二次世界大战至此结束。

1945年年底，美国制成了世界上第一台电子计算机，标志着世界应用电子计算机的开端。战争期间科学技术的发展奠定了战后美国作为世界科技中心的地位，也使美国成为世界上率先兴起第三次科技革命的国家。

经济、军事实力的增强客观上把美国推上了世界中心的位置，确立了它作为世界超级大国的地位。它凭借比其他国家强大得多的经济、军事实力，自然奠定了其世界霸主地位。1945年12月29日，美国总统杜鲁门在致国会的咨文中说：“胜利已使美国人民有经常而迫切的必要来领导世界了。”

第六章
冷战期间的美国

“二战”后，美国成为参战国中唯一一个本土没有受到战火波及的国家，经济飞速发展，科技日益进步，成为世界上的超级大国。此时的美国已经拥有了世界上最庞大的空军，海军也首屈一指。大战期间，苏美两国成了同盟关系，但是随着共同敌人的消失，战时同盟的政治基础开始动摇。两国在国际问题上的分歧和矛盾日益扩大。

第一节　杜鲁门主义

1946年3月5日，英国首相丘吉尔在应邀访问美国期间在密苏里州富尔敦城的威斯敏斯特学院发表了题为《和平砥柱》的演讲。在演讲中，丘吉尔对苏联大加攻击。他说：“从波罗的海边的什切青到亚得里亚海边的的里雅斯特，已经拉下了横贯欧洲大陆的铁幕。这张铁幕后面坐落着所有中欧、东欧古老国家的首都——华沙、柏林、布拉格、维也纳、布达佩斯、贝尔格莱德、布加勒斯特和索非亚。这些著名的都市和周围的人口全都位于苏联势力范围之内，全都以这种或那种方式，不仅落入苏联影响之下，而且越来越强烈地为莫斯科所控制。”“几乎在每一处都是警察政府占了上风。到目前为止，除了捷克斯洛伐克以外，根本没有真正的民主。”丘吉尔还指出，在铁幕外面，共产党的“第五纵队”遍布各国，“到处构成对基督教文明的日益严重的挑衅和危险”。丘吉尔呼吁英美联合起来，建立“特殊关系”，推动西方民主国家“团结一致”。

丘吉尔的富尔敦演说是当时美国总统杜鲁门精心安排的杰作。杜氏意在利用丘吉尔这位著名的“反共斗士”投石问路。丘吉尔在演说中不仅充分表达了英国的意愿，同时也道出了美国想说而不便公开说的主张，适应了杜鲁门政府的需要。经过舆论界的一番争吵之后，美国当权集团尽管感到同苏联公开决裂的时机尚未成熟，民众还没有足够的思想准备，即使政界领导人也有意见分歧，但是，散布苏联扩张和威胁的论调开始在美国舆论界占据了上风。

1947年3月12日下午，美国总统杜鲁门向国会两院联席会议发表了讲话。他宣称，今天世界面临的严重局势关系到美国的“对外政策和国家安全”。他在这篇总统咨文中讲到了“希腊、土耳其危机”和美国的“伟大责任”，反复强调“美国必须提供援助”，美国“是有能力提供这种援助的唯一国家”。杜鲁门大谈援助希腊、土耳其的“广泛意义”，影射攻击苏联和各国共产党人试图通过“直接或间接侵犯”，把“极权政体”强加给各国人民。他要求国会授权政府在1948年6月30日前，向希腊、土耳其提供4亿美元的援助，选派文职和军事人员监督美援使用情况，训练希腊、土耳其两国的有关人员。

杜鲁门的总统咨文发表以后，旋即被称为杜鲁门主义，不仅在美国，而且在全世界引起了强烈反响。杜鲁门主义的提出标志着美国对外政策的重大转变，从此，美国走出孤立主义，以世界宪兵的身份出现在世界舞台上。借用杜鲁门自己的话来说，“这是美国外交政策的转折点，我现在宣布，不论什么地方，不论直接侵略或间接侵略威胁了和平，都与美国的安全有关”，美国都有权进行干涉。杜鲁门在其总统咨文中尽管没有点苏联的名，但明眼人一看便知，他声称的使全世界陷入“灾难”的祸首无疑是苏联。

第二次世界大战虽然在1945年结束了，但世界许多地方并没有平静，冲突和内战仍然折磨着不少国家。而各大国尤其是美国和苏联却为扩张它们的势力范围正在不遗余力地展开争夺。土耳其和希腊就是美苏在战后争夺的两个目标。1946年，苏联和土耳其发生了有关领土和控制海峡的纠纷。与此同时，希腊则是内战正酣，1947年初，希腊共产党已控制了大片山区和农村。向希腊和土耳其提供“保护”的英国此时已是今非昔比，自顾不暇了。因而，1947年2月21日，英国照会美国，声称因国内经济困难严重，英国无力继续向希腊、土耳其提供援助。鉴于希腊、土耳其两国面临落于共产主义苏联控制的危险以及两国重要的战略地位，当时沦为二流强国的英国要求美国立即向两国提供援助。杜鲁门主义的提出就是美国取代英国，在希腊、土耳其两国“填补真空”的重要步骤。

咨文初步阐述了多米诺骨牌理论，杜鲁门认为，如果丧失希腊，就会立刻危及土耳其和整个中东，其影响将不仅是东方，还将殃及西方的民主制度。因此，他要求国会立刻采取行动，向希腊和土耳其提供4亿美元的军事援助。1947年5月22日，杜鲁门正式签署《援助希土法案》。根据该法案，到1950年，美国共向希腊、土耳其援助6.59亿美元。

杜鲁门主义是美国对外政策的重大转折点。它与美国当时实行的马歇尔计划共同构成了美国对外政策的基础，标志着美苏在“二战”中的同盟关系的结束及冷战的开始，也标志着美国作为战后第一大国的世界霸主地位的确立。在此后长达30年的时间内，杜鲁门主义一直作为美国对外政策的基本原则并起着支配性作用。

半个月后，美国提出援助西欧的“马歇尔计划”，随后又加紧筹划建立联邦德国，并且在推动西欧五国缔结《布鲁塞尔条约》之后，建立了北大西洋公约组织。与此同时，美国继续大力资助蒋介石在中国扩大内战，逐步放宽对日占领政策，扶持日本成为在远东遏制“极权主义”的重要阵地。在杜鲁门主义的指导下，美国不仅控制了希腊、土耳其，而且以欧洲为战略重点，迅速在全球范围扩张势力，力图成为世界霸主。

第二节　马歇尔计划

欧洲是第二次世界大战的主战场，这场世界浩劫给整个欧洲带来了严重灾难，留下了一片满目疮痍的废墟。在战争结束六年后，大半个欧洲依然难以从数百万人的死伤中平复。战火遍及了欧洲大陆的大部分，所涉及的地域面积远大于第一次世界大战。持续的轰炸使绝大多数大城市遭到了严重破坏，特别是它们的工业生产。欧洲大陆上的许多著名城市，例如华沙和柏林，已成为一片废墟。而其他城市，如伦敦与鹿特丹，也遭到了严重的破坏。这些地区与经济生产相关的建筑大多化为一片瓦砾，数百万人无家可归。虽然外援使1944年的荷兰饥荒有所缓解，但战争对农业的破坏还是导致了欧洲大陆许多地方出现了大面积的饥荒，而1946—1947年欧洲西北部罕见的寒冬又使这一情况进一步恶化。所受破坏最为严重的是交通运输设施，战争中铁路、桥梁以及道路都成为对方空袭的目标，而用于运输的商船也常常被击沉。西欧的中小城镇和村庄所受的毁坏程度基本上较轻，但交通运输的破坏还是使这些地区的经济与外界的联系几近断绝。这些问题的解决都需要耗费大量财力，而此时大多数陷入战争的国家的国库已被消耗殆尽了。

1947年6月5日，美国国务卿马歇尔在哈佛大学的开学典礼上发表了演说，首次提出了欧洲复兴计划。他强调欧洲现在已经是一片废墟，整个经济结构已经土崩瓦解，这种局面要是不改善的话，就会对美国和整个“自由世界”带来灾难性的影响。马歇尔说：“事实的真相是，欧洲在今后的三四年内需要从外国，主要是从美国进口粮食和其他必需产品，其需要量比它目前所能偿还能力大得多，因为它必须获得大量的额外援助，不然就得面临性质非常严重的经济、社会与政治的恶化。”

马歇尔的演讲在欧洲引起非常强烈的反响，被政治、经济危机压得喘不上气来的西欧各国积极响应马歇尔计划。但是在东欧，苏联认为马歇尔计划违背了国际合作的原则，使欧洲分裂成两个集团，指出这个计划是美帝国主义侵略扩张的工具。接着，苏联和东欧各国签订了一系列贸易协定，东欧各国宣布退出了马歇尔计划。

“马歇尔计划”得到西欧的热烈欢迎后，美国即加紧将该计划的各项准备工作予以落实。首先成立了对外援助委员会，直属总统。该委员会负责制定具体的方针、政策。作为复兴欧洲的有机组成部分，美国曾分别于6月20日给予希腊3亿美元援助；7月12日援助土耳其；8月14日削减意大利战时所欠债务，停止对意大利在美财产的冻结；10月16日减少作为赔偿而拆迁的德国工厂的数目。

1947年12月19日杜鲁门向国会提出“美国支持欧洲复兴计划”。1948年4月2日美国国会通过《1948年对外援助法》，4月3日杜鲁门签署了这项法案。该法律规定为“马歇尔计划”拨款50亿美元，并规定各参加“马歇尔计划”的受援国须与美国就援助条件签订双边条约。美国为此特别成立了经济合作署，开始正式实施马歇尔计划。

1952年马歇尔计划执行完毕，美国实际共支援西欧131.5亿美元。在各受援国中，受援数额不一，占各国国民收入的比例亦不同。英国为3%，法国为4%，意大利为5%，瑞典、丹麦均为1%左右，西德为2.5%，希腊为13%。16个受援国获得了不同程度的发展。

马歇尔计划现在看上去并没有表明一个时代的开始，而是表明了一个时代的结束。它标志着美国政府使用经济策略作为主要手段来团结西方世界的最后一个阶段。该计划采用的是尼布尔所热切主张的那种更加和平也更加积极的路线，但这种路线很快就演变成了军事联盟。杜鲁门曾说杜鲁门主义和马歇尔计划是“同一个胡桃的两半”，这话被证明是对的。日后杜鲁门主义的军事方面变成更大的一半时，美国人都心甘情愿地默认了。

马歇尔计划实施期间，西欧国家的国民生产总值增长25%。马歇尔计划是战后美国对外经济技术援助最成功的计划，是美国垄断资本利用美援拉拢西欧盟国，抗衡苏联，抑制西欧人民革命运动，争夺西欧市场的重要手段。它为北大西洋公约组织和欧洲经济共同体的建立奠定了基础，对西欧的联合和经济的恢复起到了促进作用，同时，也缓和了美国国内即将发生的经济危机。

第三节 柏林危机

“二战”后，柏林被分裂成东西两个部分，东柏林成了德意志民主共和国的首都，西柏林则成为一个独立的政治实体，后者在外交上虽然由联邦德国代表，但它却不是联邦德国的一部分。

由英国、法国、美国共同控制的柏林位于苏占区中心，离西部占领区边界100英里（约161公里）。所以必须要有一条从西部占领区通往柏林西部的通道，但是在这一问题上，苏联的态度异常强横，1948年6月24日，苏联停止了所有占领区间的铁路客运交通和进入苏占区的公路交通，同时发表声明说德国西部占领区发行的货币不准在苏占区和柏林流通，柏林是苏占区的一部分，各占领区间的贸易今后按国际间贸易处理。苏联想凭借柏林完全在苏占区占据有利的地位，封锁柏林的交通，造成西方国家难以待在西柏林的条件，从而使它们在德国的问题上作出让步。

6月28日，美国作出了回应。除了几个内阁成员，杜鲁门没有和任何人商量这件事便做了决断，据福莱斯特尔的回忆，总统的原话是：“我们得挺住，完毕！”马歇尔国务卿把这项决定与斯大林的政策框架做了一个比较，发现有一种怪异的相似性：“我们面临着选择，要么在柏林问题上采取强硬政策，要么接受对欧洲的其他政策都失败的后果。”很明显，多米诺现象在铁幕的两边都是有的，而德国就是第一张骨牌。

苏联封锁西柏林给西柏林居民的生活带来很大困难，鉴于这种情况，美国开始了大规模的空运，向西柏林输送的补给量很快就达到每天1.3万吨，一共持续了324天。斯大林的赌注下得很大，但杜鲁门也是如此。7月份，杜鲁门调遣了专门执行投送原子弹任务的B-29轰炸机两个飞行大队去往英国。此举动显示，无论对核武器的垄断在多大程度上使得美国政府可以平衡预算以及削减常规武器，但是并没有减少其炫耀武力的能力和意愿。总统向福莱斯特尔和马歇尔明确表态，尽管他也祈祷不要走到非得使用原子弹不可的地步，但是“如果必要的话，大家也都不必想不开，我是一定会这样做的”。杜鲁门说出这番话之后的第二天晚上，各大报刊的首脑们召开了一个会议，他们一致认为如果在柏林爆发战争，美国公众将会认为扔下原子弹是必要的。五角大楼对这些话信以为真，于是要求对核武器的控制权由总统那里下放到军队手中，以便做好使用的准备。在这里，杜鲁门画下了底线：他不想“让一些彪悍的陆军中校来决定何时该投掷原子弹”。当洛维特传话到华盛顿，说美国驻柏林司令克莱将军的神经“现在像钢簧一样紧绷着时”，杜鲁门的这个决定就更显得意义重大了。

在运输高峰期，西柏林上空昼夜24小时飞机声轰鸣不断，平均每一分钟，就有一架飞机降落。一面是巨量的运输，一面是巨量的消耗，所以这样的空运奇观一直持续了11个月，直到次年，即1949年5月，苏联解除地面封锁以后为止。

下列这些统计数据已和这次空运一道，被载入了史册：平均每天飞往西柏林的运输机数量：599架；美、英，后来加上法国的这次空运的运输机总飞架次：278 000多架次；运输机每天的耗油总量：60万加仑（1加仑=3.78543升）；运抵西柏林的物资总量：232万6千多万吨；这些物资运输的耗资总量：224亿美元；美英两国空军在飞行运输中共有7架飞机失事，牺牲机组人员70名。

苏联对柏林的封锁没有取得预期的效果，随着时间的推移，形势渐渐不利于苏联。1949年1月31日，斯大林在会见美国国际新闻欧洲分社社长时就柏林问题建议：如果美、英、法三国同意把建立单独的西德国家推迟到研究整个德国问题的外长会议召开时，那么苏联可以取消对柏林的交通管制。

4月8日，美、英、法三国外长在华盛顿签署关于德国的协议，单独就西德的成立以及西德与三国的关系作出规定。经过苏联与美、英、法的谈判，5月5日达成协议，四国政府在莫斯科、华盛顿、伦敦和巴黎同时发表公报宣布：5月12日解除德国各占领区和柏林之间的交通限制；5月23日将在巴黎召开四国外长会议讨论德国问题。

5月8日，西德制宪议院委员会通过了《德意志联邦共和国基本法》（通称《波恩宪法》）。5月12日，美、英、法三国批准了该宪法。5月12日，柏林的“封锁”全面解除，至此柏林危机结束。5月23日，德意志联邦共和国宣告成立，首都为波恩。10月7日，德意志民主共和国宣告成立。

1953年6月17日，东柏林爆发了反对苏联控制民主德国的示威抗议事件，苏联派军队平息了这一事件，造成了数百人死亡，大批的民主德国民众开始逃往西方。

1958年11月27日，苏联照会美、英、法政府，建议取消对柏林的占领制度，使西柏林成为“独立的政治单位”，一个非军事化的“自由城市”。照会要求西方在6个月内达成协议，否则苏联就把西方在西柏林驻军人员通过民主德国的过境控制权移交给德意志民主共和国。西方予以拒绝。1961年6月3日，美苏两国首脑在维也纳会晤，赫鲁晓夫重提苏联1958年11月27日的建议，声称“必须在今年使欧洲的这个问题得到和平解决”。肯尼迪也持强硬态度，扬言要武力“保卫西柏林”。会谈仍无任何结果。8月华沙条约组织各国声明：如西方不愿签订对德和约，华约各国决定单方面与民主德国签订和约。8月13日，在华约的建议下，民主德国在沿东西柏林分界线修筑柏林墙，封锁东柏林、西柏林边界。18日，美国派遣1500名士兵通过民主德国检查站增援西柏林。接着，双方互相以核武器试验进行威胁。当危机达到高峰时，赫鲁晓夫态度软化。10月28日宣称如果西方国家准备解决德国问题，苏联将不再坚持要在12月31日前缔结和约，延迟了6个月的期限，从而结束了这次持续三年多的柏林危机。

第四节　古巴导弹危机

卡斯特罗估计是这个世界上命最硬的人了，据他的保镖估算，美国中情局曾对卡斯特罗进行过638次暗杀，其中暗杀的手段五花八门，包括雪茄炸弹、被真菌感染的潜水服、黑手党刺杀等。卡斯特罗曾经说过：“如果奥林匹克运动会有一个项目是躲避暗杀的话，那么金牌非我莫属。”

古巴在美西战争后获得了独立，以后一直受到美国的控制，由独裁政府统治，政局动荡不安。1959年 1 月卡斯特罗领导古巴人民推翻了美国长期扶植的巴蒂斯塔政府，建立了新的革命政权。从那之后，卡斯特罗就成为美国的头号敌人。美国政府担心距离美国海岸只有1000多公里的古巴将成为苏联人威胁美国的滩头堡，一直企图颠覆卡斯特罗领导的古巴新政权。从1960年起，美国中央情报局就开始在美国的佛罗里达州和多米尼加、危地马拉、洪都拉斯纠集古巴流亡分子，随时准备登陆古巴，推翻卡斯特罗的革命政权。1961年年初，训练完毕的美国雇佣军被编成代号为“2506”的突击旅，下辖4个步兵营、一个摩托化营、一个空降营、一个重炮营和几个装甲分队。为了支援雇佣军入侵古巴，美国派遣了8架C-54运输机、14架B-26轰炸机、10艘登陆舰艇。五角大楼还派了几艘潜水艇前往古巴沿海侦察地形，物色登陆地点。1961年4月4日，当选不久的肯尼迪总统在与五角大楼和中央情报局官员联席会议上，批准了代号为“冥王星”的战役计划。

1961年4月17日，这支由1200多人组成的美国雇佣军突袭古巴，他们在美国飞机和军舰的直接掩护下在古巴中部拉斯维利亚斯省南部登陆，占领了长滩和吉隆滩，并继续向北推进。古巴军队和民兵与入侵的美国雇佣军展开了殊死搏斗，当年只有34岁的卡斯特罗在吉隆滩附近一座制糖厂临时改成的指挥部坐镇指挥，他下令：“击沉所有船只！”他对亲密战友切·格瓦拉说：“现在我们真的在战斗了，胜利属于我们！”古巴军民经过72小时的战斗，粉碎了美国雇佣军的入侵，取得了胜利。这就是震惊世界的吉隆滩之战，美国称之为猪湾事件。

猪湾事件后，古巴与苏联接近靠拢。1962年7月，古巴副总理造访了苏联。9月15日，第一批中程弹道导弹运抵古巴。同年10月，美国的U-2侦察机发现了古巴境内的导弹基地，肯尼迪总统立即向苏联提出强烈抗议，要求马上拆除古巴境内的导弹发射设施，否则，美国将毫不犹豫地消灭这些直接威胁美国安全的导弹设施。苏联方面对此的答复是：这些导弹基地纯粹是防御性质的。但美国却不依不饶，一口咬定从该基地发射的导弹足以摧毁美国各大城市。

10月23日下午，美国总统肯尼迪签署了《关于禁止向古巴运送进攻性武器公告》，宣布美国的武装力量将于1962年10月24日格林尼治时间下午2时开始，禁止向古巴运送进攻性武器及其附属物资；美国的海陆空三军将在合理的距离和划定禁区，对任何驶向古巴的飞机和船只进行拦截和检查。

美国如此强硬的态度着实让赫鲁晓夫吃了一惊，于是他下令加快向古巴运送导弹及苏式轰炸机的速度。美国毫不退让，一支由90艘战舰组成的庞大舰队，在68个空军中队和8艘航空母舰的护卫下，在古巴领海周围设置了警戒线，并开始拦截所有驶入封锁区的船只。在靠近古巴的美国佛罗里达州及邻近各州，美国已集结了一支庞大的登陆部队。

苏联政府发表声明，如果苏联舰船遭拦截，苏联将进行最强烈的回击。肯尼迪见苏联态度如此强硬，便下令陆军第一装甲师进入临近古巴的地域，另外5个师进入紧急戒备状态，携带核武器的B-52型轰炸机振翼升空待命。

不过，身为总统的肯尼迪十分清楚，一旦对古巴境内的苏联基地开火，必将造成不可挽回的后果，为了争取和平解决问题，肯尼迪暂时放弃空袭古巴的计划，给赫鲁晓夫写了一封信，同意作出不入侵古巴的承诺，并要求苏联停建并撤除导弹基地。

接着，美苏两国代表进行了复杂而艰巨的谈判。直到11月20日苏联同意在30天内撤走轰炸机，美国才解除了对古巴的封锁。第二天，苏联对在危机中动员的军队下了“解除”的动员令，至此，古巴导弹危机结束。

第七章
新时代美国的全球霸权

苏联的衰落和解体，美国成为全球唯一的超级大国，其总体经济实力远远超过其他国家。美国的对外战略重心出现了向亚太地区倾斜的新动向。

但在相对较长的一个时期内，美国仍然把加强其在欧洲的地位看作是美国在世界上发挥主导作用的重要基础。特别是在拥有庞大核武器库的俄罗斯，政局动荡、西方国家矛盾突出的形势下，美国更加重视欧洲的战略地位。

第一节　海湾战争

20世纪80年代，中东爆发了两伊战争，美国给伊拉克10亿美元的技术援助。战争结束后，萨达姆把战争目标转向了军事实力薄弱，但是经济上富有的科威特。1990年8月2日，伊拉克出兵10万入侵科威特。8月8日科威特被宣布并入伊拉克，成为伊拉克的第19个省。

在海湾战争前，伊拉克曾号称中东第一强国，世界上第四军事大国，靠着天然的石油资源优势，创造出了一个个军事、经济奇迹，一度富甲一方。然而光鲜的外表下掩盖了萨达姆统治下的伊拉克各民族在经济和政治上严重的不平等，石油带来的经济繁荣并没有惠及所有人。美国人在海湾地区有着巨大的经济利益，历来对这一地区的形势极为关注，美国的侦察卫星时时刻刻盯着这里。

在伊拉克侵占科威特后，美国很快决定武力介入，先是制定了名为“沙漠盾牌”的军事集结行动。通过海运与空运送往海湾的装备超过300万吨，补给品60万吨，还有40多万名军人。从美国到沙特有1.2万公里的空运里程和1.5万公里的海运里程，这无疑是人类历史上距离最远、速度最快的战略军事运输行动。美军出色完成了“沙漠盾牌”行动，有效震慑了萨达姆进一步侵略的野心。

“沙漠盾牌”行动需要雄厚国力的支持，充分展示了美国的强国本色。相比之下，科威特近在咫尺，伊拉克却无法向战区部队提供有效增援与补给，尽管拥有百万军队，但伊拉克本质上还是一个伪强国。

接下来美军制定了以空中打击为主的“沙漠风暴”行动，为了保证“沙漠风暴”行动首战告捷，多国部队总司令施瓦茨科普夫吸取了以往战争的教训，将海军、陆军所属的作战飞机统统集中起来，交由驻海湾地区美空军司令霍纳中将全权负责指挥。

1991年1月15日，是联合国安理会第678号决议规定的伊拉克从科威特撤军的最后期限，但是萨达姆拒不撤军。1月16日上午10时半，布什总统签署了给驻海湾多国部队总司令施瓦茨科普夫的作战命令。放下笔之后，他对身旁的国防部长切尼说道：“现在，这个命令立即下达。如果在今天午夜之前，伊拉克宣布无条件撤军，它将由我本人宣布收回。除此之外，发生任何情况均不可能影响它的执行。”

以美国为首的多国部队，在作战的第一阶段制定了战略轰炸的作战方案。以每日约2000架飞机的频率，一周共出动飞机1.2万次，投弹6万吨。11天后，多国部队已完全掌握制空权。进入第三周后，空中行动的重点转入科威特战区。至2月23日，多国部队共出动飞机近10万架次，投弹9万吨，发射288枚战斧巡航导弹和35枚空射巡航导弹，并使用一系列最新式飞机和各种精确制导武器，对选定目标实施多方向、多波次、高强度的持续空袭，极大削弱了伊军的C3I（指挥、控制、通信和情报）能力、战争潜力和战略反击能力，使科威特战场伊军前沿部队损失近50%，后方部队损失约25%，为发起地面进攻创造了条件。

在此期间，伊军实施消极防御，以藏于地下、隐真示假、疏散国外等措施躲避空袭，保存实力；同时不断以飞毛腿导弹袭击以色列、沙特、巴林境内的目标，迫使多国部队延长空中战役时间并出动大量飞机寻歼伊军飞毛腿导弹。伊海、空军则对多国部队实施有限反击，多次以飞机和导弹艇出击，但均告失败，发射的飞毛腿导弹多数偏离预定目标或被美爱国者防空导弹击落。地面袭击包括1991年1月29日—2月2日对海夫吉镇的袭击，但未能改变多国部队继续空袭的决心。此外，伊军曾试图以向海湾倾泻石油、点燃科威特油井和威胁使用化学武器等手段阻滞和遏止多国部队的军事行动，但均未达目的。

2月24日凌晨，多国部队开始实施名为“沙漠军刀”的行动，向伊拉克发动了“二战”以来最大的海陆空立体式的地面进攻。地面战役首先由美第一陆战远征部队发起进攻，而后阿拉伯国家东线联合部队在波斯湾多国部队海军和两栖部队配合下发起进攻，吸引伊军注意力，为西部主攻部队展开进攻创造条件。美第七军于24日午后发起攻击。美第七军和美第十八空降军利用空中机动和装甲突击力强等优势，在海、空军支援下实施“左勾拳”计划，将伊拉克共和国卫队合围于巴士拉以南地区。伊军遭受38天空袭后，损失惨重，指挥中断，补给告罄，战场情况不明，对多国部队主攻方向判断失误，防御体系迅速瓦解。在此期间，伊军继续向沙特、以色列和巴林发射导弹，使美军伤亡百余人；在海湾布设水雷1167枚，炸伤美海军两艘军舰，但未能扭转败局。1991年2月26日，萨达姆宣布接受停火，伊军迅即崩溃。28日晨8时，多国部队宣布停止进攻，历时100小时的地面战役至此结束。

1991年3月10日，“告别沙漠行动”开始，美军从波斯湾撤离54万军队。4月4日，安理会宣布在海湾正式停火，海湾战争正式结束。

海湾战争是世界两极体系瓦解、冷战结束后的第一场大规模局部战争。它深刻地反映了世界在向新格局过渡时各种矛盾的变化，是这些矛盾局部激化的结果。它体现了人类社会生产力特别是科学技术的发展所引起的战争特征的革命性变化。

美国在海湾战争后国际地位空前提高，在战争期间美国在多国部队中发挥着盟主的角色，树立了其维护国际安全的领袖地位。此外，美国以微弱的伤亡而赢得了战争的全胜，大大提升了美国干预国际事务的能力和充当世界警察的底气。

第二节　“9·11”事件

海湾战争后，美国开始推动中东的和平进程，但中东地区宗教、种族、阶层等矛盾错综复杂，美国很快深陷其中不能自拔。在中东地区，大多数国家实行政教合一的制度，法令制度以伊斯兰教法为主，中东国家的民众对美国在阿以冲突中的偏袒非常不满，阿拉伯世界形成了强大的反美势力。

2001年9月11日，19名恐怖分子劫持了美国4架民航客机，并对美国的几个标志性建筑发动恐怖袭击，制造了震惊世界的“9·11”事件。

美国总统布什当天中午在路易斯安那州就上述一系列严重袭击事件发表电视讲话说，美国政府“已经采取了一切适当的安全防范措施来保护美国人民”，美国国内和海外驻军“正处于高度戒备状态”，美国还采取了必要的保安措施来确保美国政府的正常运转。当日，美国联邦航空局宣布美国有史以来首次关闭领空。

“9·11”一系列恐怖袭击事件造成3000多人死亡，死者多为平民。其中，4架客机上246名机组人员和乘客全部遇难，2600多人在针对世贸中心的袭击中丧生。由于曼哈顿下城是美国金融和商业中心，世贸中心、华尔街、纽约证券交易所均坐落在此，因此袭击造成的直接和间接经济损失高达数千亿美元，航空业和保险业损失尤为严重，曼哈顿下城的经济活动一度陷入停顿状态。

当天晚上8时30分，美国总统布什在白宫向全国发表电视讲话，宣布美国全国处于战争状态。他在演讲中说：“恐怖主义攻击可以动摇我们最大建筑物的根基，但无法触及美国的基础。这些恐怖行动摧毁了钢铁，但不能丝毫削弱美国钢铁般的坚强决心。”

不久，美国政府认定沙特阿拉伯的富商奥萨马·本·拉登是该事件的幕后主使，从此开始了美国军方和本·拉登的追捕与反追捕长跑，直到2011年5月1日，美国总统奥巴马宣布本·拉登被击毙，美国民众彻夜狂欢。

“9·11”事件在经济上产生了重大及实时的影响。大量设在世界贸易中心的大型投资公司丧失了大量财产、员工与数据。全球许多股票市场受到影响，一些交易所例如伦敦证券交易所还不得不进行疏散。纽约证券交易所直到“9·11”事件后的第一个星期一才重新开市。道琼斯工业平均指数开盘第一天下跌14.26%。其中跌幅最严重的要数旅游、保险与航空股。美国的汽油价格也大幅度下跌。当时美国经济已经放缓，“9·11”事件则加深了全球经济的萧条。

第三节 伊拉克战争

美国政府在“9·11”事件发生后宣布将会对发动袭击的恐怖分子以及保护他们的国家发动军事报复。第一个打击目标就是阿富汗塔利班政权，理由是他们拒绝交出头号嫌犯奥萨马·本·拉登。布什政府还通过利用“9·11”事件来挑起民意支持攻打伊拉克。

海湾战争后，萨达姆依靠自己的铁腕手段维持了独裁统治，强力镇压了国内什叶派与库尔德人的反抗。而以美国为首的西方国家一再向伊拉克政府施压，一方面推动安理会维持联合国对伊拉克包括石油禁运在内的经济制裁，一方面推动安理会于1991年4月3日通过687号决议，要求伊拉克销毁所有大规模杀伤性武器，包括化学、生物武器和射程在150公里以上的导弹，并成立联合国销毁伊拉克化学、生物和核武器特别委员会，负责监督该协议的执行。根据决议，只有在特委会认定伊拉克已经全面销毁核武器和化学武器后，才能考虑解除联合国对伊拉克实行的全面制裁。

从1991年到1998年，联合国先后派出了200多个武器核查小组到伊拉克进行了400多次调查，检查了2500多个地点，销毁了一系列化学武器、导弹以及导弹发射装置。

在对伊拉克进行武器核查的过程中，双方摩擦不断，矛盾持续恶化。1998年12月16日，联合国在伊拉克的武器核查小组全部撤离，第二天凌晨，美英开始单方面对伊拉克进行了自海湾战争以来规模最大的导弹袭击，这次行动的代号为“沙漠之狐”，“沙漠之狐”行动持续了四天。此后，伊拉克人开始拒绝联合国武器核查人员返回伊拉克，联合国特委会在伊拉克的武器核查工作就此中断。

2002年11月26日，迫于国际压力的伊拉克接受了联合国安理会通过关于伊拉克武器核查问题的第1441号决议，恢复了武器核查工作。

美国总统布什在2003年3月8日晚上发表电视讲话指出：“在伊拉克的帮助下，恐怖分子可以利用生化武器，甚至某一天可能获取核武器，并利用这种武器实施他们既定的袭击计划。”接着他给萨达姆发出最后通牒，要求他在48小时之内放弃统治并离开伊拉克，否则将面临着以美国为首的军事打击。最后他要求在伊拉克境内的联合国武器核查团立即撤离伊拉克，这样美国完全撇开联合国着手实施攻打伊拉克的计划。

2003年3月20日，以美国和英国为主的联合部队正式宣布对伊拉克开战。澳大利亚和波兰的军队也参与了此次联合军事行动。军事行动是在美国总统乔治·沃克·布什对伊拉克总统萨达姆·侯赛因所发出的要求他和他的儿子在48小时内离开伊拉克的最后通牒到期后开始的。

战争的第一阶段就是所谓的“斩首行动”，其目的是炸死萨达姆本人，美国的巡航导弹和高性能炸弹犹如暴风雨一般倾泻到被认为是萨达姆的作战指挥部，因情报不准，“斩首行动”失败。

接下来联合部队开始对伊拉克进行地面打击。联合部队是由12万人的美军部队、4.5万人的英军部队、3000多人的澳大利亚军队和200人的波兰军队所组成的，除此之外还有大约5万人的伊拉克反叛军。他们是通过驻扎在科威特的美军基地正式对伊发动军事打击的。

美国第三步兵师从科威特西北方向的沙漠向巴格达挺进，伴随他们作战的还有美国第101空中突击师和第82空降师的若干部队。在另一个方向，伊拉克东南部方向，美国海军陆战队第一远征部队和英国远征军（包含第四和第七装甲旅组成的第一装甲师以及若干海军陆战队）则发动了钳形攻势以打开伊拉克的海运通道。在战争进行了两周后，美军又在伊拉克北部山区投入了173空降旅以及特种部队，并和该地的库尔德反叛军结成同盟，美国预期中的准备在北方投入的第4步兵师则由于土耳其议会的反对而未能在该地参加战斗。

经过两个星期的激战，英军首先控制了伊拉克南部的石油重镇、伊拉克第二大城市巴士拉。在伊拉克全境都出现了断水和停电等人道主义危机。国际多个人道组织向伊拉克运送救援物资。这些援助物资大多都从联军所控制的乌姆盖茨尔港进入伊拉克，还有部分则从科威特进入伊拉克。

战争爆发大约三个星期之后，美军顺利进入巴格达市区，途中并没有遇到任何顽强抵抗。伊拉克官员则突然消失，去向不明，大批伊拉克军队向美军投降。之后巴格达和巴士拉等伊拉克城市纷纷陷入无政府状态，巴格达市内发生频繁的抢掠事件，巴格达博物馆遭到洗劫，上万件珍贵文物失踪。有伊拉克民众批评美军并没有努力维持巴格达的市内安全。

在伊拉克战争中，伊军伤亡人数估计在5000—20 000人之间，另有7000人被俘。与此相对的是，美英联军仅阵亡171人，损失战斗机3架、直升机13架，坦克和装甲车8辆。美英联军以极其微小的代价换取了伊拉克战争的全面胜利。

在随后的几个月里，美英联军在伊拉克展开清剿，先后俘获了伊拉克前政要领导人。2003年12月13日，萨达姆在提克里特的一个地窖被美军活捉，经过伊拉克法庭审判，于2006年11月5日被判绞刑，并于12月30日执行。

战后，伊拉克的经济一落千丈，城市满目疮痍，在美国及各国的帮助下，伊拉克的经济得到了恢复，但是由于各种原因发展缓慢，失业人口庞大，国内的民族与教派矛盾仍然十分尖锐，国内的极端分子针对美军的袭击案件时时发生，美国主导的伊拉克重建工作正在艰难地进行着。

第四节 美国的对外政策

美国在对外政策中，非常注重意识形态，他们把人权当作一个重要的外交要价。美国人在从事的外交活动中，习惯性地要求改善人权状况，甚至在最高层次的领导人会晤中也非常认真地提出人权问题。美国人又坚持世界上的国家都应该成为他们所谓的民主政体的国家，要求别的国家采取“民主”体制，并不惜投入大量的资源来促进世界的“民主化”。这也使得美国因为到处干涉别国内政而被称为“世界警察”。

美国的外交，追求的不仅是利益目标，而且还追求意识形态的所谓统一。美国的意识形态最大的特点表现在历届总统的就职演说上。美国总统的就职演说一般是美国意识形态的大展示，历史学家申科曼研究了历届美国总统的就职演说，发现它们有一个共性，就是所有美国总统在就职演说中必然会提到以下几点：美国人应该敬畏上帝；美国人应该推动全球自由民主与和平；美国是世界的“楷模”；美国人应该全民团结；总统对人民的智慧有信心；尊崇开国元勋等。

从“五月花号”的搭乘者们签订的契约，以及早期其他殖民地的文件中，我们都可以看到以后成为其意识形态的基本要素。美国的意识形态在其建国之初就已存在，可以说是美国生来具有的，以后的美国各个时代的重要人物的言论、各时代的主流思想，都表达出这种选民意识和使命感以及对自由民主的信奉，一直延续到美国的今天。

这种意识形态，决定了美国建国以后的对外政策的主调，它使得美国人自建国以来就在周围世界按自己的意志推销所谓的自由民主制度，然后随着美国的实力和影响的扩张，逐步开始在全世界充当民主自由和人权的“保护人”。以后，又加上了推行人权保障体系。

美国在赢得独立后，迅速开始了向西部的扩张。1803年，美国从拿破仑一世那里购得了与13州一样广阔的土地，将美国的国土扩张了将近一倍。1819年，美国从西班牙手里获得佛罗里达，并与英国划定了加拿大界线。1845年美国从墨西哥手中获得了得克萨斯，1846年，在经过与墨西哥的两年战争后，获得了加利福尼亚和新墨西哥，自此成为连接太平洋和大西洋的广袤的大国。

在获得得克萨斯之后，奥萨利班阐述了美国向外扩张的动机，他在《合众国杂志与民主评论》上撰文说："为了每年都增添的几百万人的自由，我们负有向新大陆不断扩张的明确的天命，这个大陆是上帝为我们预备的，谁也阻挡不了这个使命的完成。"

奥萨利班提出的"明确的天命"这个词，为以后的美国人所爱好使用，现在的新保守派们在向美国民众阐述对外的干涉主义外交时也经常使用这个词。"明确的天命"一词，可以说明白地反映了美国人的心态，反映了美国人的天命意识。这个"明确的天命"在殖民地开拓时代，表现为向西挺进，驱逐印第安人，赶走天主教徒，不断地获得领土。在这以后，表现为用武力或用胁迫或用宣传等方式向全世界输出美国式的价值观。

说美国对外政策，不能不提门罗主义。所谓门罗主义，是最初反映出美国要向海外扩张意向并且对后来产生巨大影响的政治纲领。门罗主义一般被认为是一个孤立主义的纲领，实际上，考察当时的国际环境，就会发现，这其实是一个美国的向外扩张的纲领。门罗主义的主要内容是，美国作为新兴国家，不干涉欧洲的事务，欧洲的国家则不允许干涉美洲的事务，包括拉丁美洲，任何染指美洲事务的行为，都会被认为是对美国的干涉。这个内容如果进行另一番解读，也就意味着，美洲和拉丁美洲是美国的扩张范围，欧洲不许染指。

以后，美国依照这个门罗主义开始从墨西哥夺取广阔领土，并干涉拉丁美洲的事务。美国成为连接两大洋的大国之后，门罗主义经过海权主义的创始人马汉的演绎，开始适用于太平洋，形成了太平洋门罗主义，也就是说，太平洋成为了美国扩张的目标。

马汉怎样演绎了太平洋的门罗主义呢？是用文明论，用一种基于美国意识形态的文明论。马汉说，环顾宇内，将来能与基督教文明抗衡并很可能对基督教世界产生冲击的，只有东洋文明，也就是黄种人的东亚文明。在马汉时代，代表东亚文明与基督教文明抗争的，被认为是日本帝国，中国那时被认为是在将来有可能对基督教文明造成威胁的“睡狮”。为防止这种“黄祸”的发生，马汉说，美国依据历史上强国的经验，应该建立强大的海军力量，建立起海上强权，并且要向太平洋挺进，让太平洋成为新的门罗主义适用范围，也就是美国的后院。尤其是要占领夏威夷，这是抵制“黄祸”的桥头堡，然后要占领菲律宾，这是影响中国的前沿和跳板。这样做的目的，不仅是要防止东洋的黄祸，而且是要“将包围着自己众多古老的异域文明——首先是中国、印度和日本的文明——纳入自己的胸怀，并融入自身的理念之中”。所谓“自己的胸怀，自身的理念”，就是指适用美国意识形态的世界。

专题：美国缘何成唯一超级大国

在岁月的长河中，一个国家的崛起不乏其例，但是只有美国自从建国以来国家实力长盛不衰，要是谈论到全球性和全方位的世界霸权，世界上只有两个国家才能做到，美国和英国，而美对英的替代既没有引发两国之间的激烈对抗和战争，也没有因严重挑战原有体系而付出代价。

美国霸权因何而立？由弱到强的战略根基，持续不断的力量源泉，美式霸权的新型特征以及“软”“硬”力量的良性平衡也许是最重要的几点。当然还有客观因素，简单地说就是美国人的运气很好，具有一些得天独厚的天然优势。

一、得天独厚的天然地缘位置优势。

19世纪德国“铁血宰相”俾斯麦在临终之前说了一句很有名的玩笑话：“上帝对傻瓜、醉汉和美国给予特别的保佑。”相对于俾斯麦的德国，美国的一个首要优势肯定是地缘位置，美国长期享有世界各国之中最充分的战略自由。

实际上美国并不是生来就有这样的好环境。可以说，在美国建国的头30年，北美大陆很有可能发展为另一个欧洲，可是美国人的运气相当不错。拿破仑因为欧洲战事吃紧，突然把路易斯安那卖给了美国，每英亩3美分。半个世纪后，俄国又由于同样的原因以更低廉的价格出让了阿拉斯加。在建国后约半个世纪的时间里，美国有点不可思议地迅速排除了所有陆地强邻，解除了地缘政治困境。这些富饶的国土也为其后来的经济发展奠定了强大的资源基础。

制度主义的学者还经常强调美国的另一种优势。美国的政治体制依据理想而构建，一开始就建立了相当彻底的现代民主制度；殖民地和西进运动的历史，形成了美国高度成熟和发达的市民社会；清教传统既保证了政教分离，又赋予了社会主流文化的同质性和凝聚力。

二、“孤立主义”是美国由弱到强的秘籍。

美国刚建立时处在一个相当复杂的周边环境之中。美国从第一任总统华盛顿开始，就定下了一个基本的对外战略，并在后来的各种挑战中持续坚持和不断改进。这项战略后来被称作“孤立主义”。

“孤立主义”的核心精神不是要断绝美国的外部交往，而是一切对外关系要严格地为美国利益服务。简单地说就是两点：任何外交政策必须促进美国利益；绝不承担不相干的国际责任，而只进行有限制的国际干预。孤立主义是美国100年内由弱到强的成功之道。

在美国成长的最初阶段，“孤立主义”居功至伟。美国在政治上尽量逃避不相干的纠纷和争斗，却反而因此成为了各方争相拉拢的对象，捞取到了许多实际的政治好处。另一方面，美国在经济上不但没有孤立自己，反而大肆对外追求经济利益，扩展贸易链条，促进经济发展。

这种政治理性最集中地体现在美国处理与当时的世界霸权——英国的关系上。在英国称霸的时代，美国从来没有真正建立过“美国人的美洲”。“门罗主义”在实践中只集中于两点：在经济上加深地区合作、在道义上发挥地区影响。

纵观历史，美国从未试图主动与英国全面争霸，反而逐渐跟英国结成了广泛的共同利益，得到英国的认同，融入了世界体系。美国1894年GDP总量已经达到世界第一，可直到50年以后的1945年，才从倒下的英国手里顺理成章地接过了世界霸主的大旗。

三、制度创新是美国经济增长的源泉。

成功的战略为美国的崛起营造了良好的外部环境。可是美国的真正崛起还依赖于国内经济长时间、全方位的腾飞。造成美国经济增长奇迹的因素很多，最具美国特色和至关重要的一点，应该是美国人强大的制度创新能力。

经济增长方式按其动力可以分为三个层次：资源投入、技术创新和制度创新。制度创新是最高层次的经济增长方式。良好的制度能够大大提高资源的使用效率，促进技术创新的热情和技术成果的运用。美国经济最突出的优势，正在于其高人一筹的制度创新能力。在200多年来世界多次的大危机、大变局中，美国依靠其源源不断的制度创新活力，在危机中开创新路，迅速适应挑战，并以新制度不断激发技术革命的活力，保持科技领先优势。更为重要的是，在现代经济条件下，制度本身也成了生产力，甚至可以赚取比技术优势更庞大的超额收益。美国麦当劳式的连锁制度、沃尔玛式的仓库零售制度和福特式的流水线制度，本身没有任何科技含量可言，却巨大地改变了现代经济的基本形态。所以，制度创新是美国经济保持独立性、增长性和稳定性的根本源泉。

四、制度“软手段”成就霸权新模式。

美国的霸权能够拥有超越前人的强大生命力，还依靠另外两项重要的特征。

第一项特征是其制度霸权的性质。美国的霸权来自于制度创新。但称美国的霸权是“制度霸权”，更主要的是指美国领导世界的方式，十分注重制度、规则和普遍原则，善于利用规则来谋取特殊利益，比起前面的那些帝国和霸主来，较少使用强迫性的武力。比如，通过世界银行、国际货币基金组织和世界贸易组织，美国在世界金融和贸易领域中建立起了合作收益的分配机制——参加合作的国家都会有收益，使得世界各国都自愿合作；而美国则获得了其中最大的一份霸权收益。实际上，美国用制度的“软手段”打开了以前英国靠枪炮才打开的市场，得到了英国靠枪炮都没能得到的合作和接纳。这大大减缓了国际矛盾的积累和激化，增强了美国霸权体系的稳定性。这是世界霸权前所未有的崭新模式。

第二项特征是美国软硬实力的平衡。制度霸权的统治方式就是一种典型的软实力。制度霸权的背后有一种深刻的精神内质，即美国社会的“气”。一个有前途的民族，一定是一个维护价值、重视理想，同时又是社会主流精神高度团结和具有强大凝聚力的民族。

美国的崛起和霸权确实有其独到的经验和特色。如果说美国现在出了一些问题，也是因为它背离了这些优良的传统原则，国内价值观也由此出现了一些分歧和危机。

第八章
美国的科学技术和经济体制

20世纪是人类历史上科学技术空前辉煌和科技革命充分发展的世纪。20世纪的科学成就及其所创造的物质财富，大大超过了以往数千年的总和。百年来的经验告诉我们，未来世界各国间经济实力的竞争，包括军事实力的竞争，实质上就是国家科技实力的竞争。美国强大的经济实力正源于其背后强大的科技实力。纵观20世纪科学技术发展所经历的三次重大变革，我们会看到以美国为首的发达国家一直领导着当代科技发展的潮流。

第一节 科教兴国战略

21世纪是一个科技高速发展的时代，在这样的一个时代里，科学技术日新月异，经济生产瞬息万变。计算机和互联网的发展促成了全球信息化、网络化、数字化、一体化，知识和科技的更新速度日益加快，科学技术迅速地转化为生产力，科技成果商品化、产业化的周期大大缩短，新技术竞相涌现，新产品层出不穷，越来越多的信息飞快地传向世界的每个角落，越来越新的科技发明时刻冲击着人们的工作和生活，从而不断地改变着我们人类社会的面貌。这一以知识和信息为主导的全球化的科技革命和经济革命，正在把我们人类的经济生活推向一个新阶段，带给我们人类社会走向更加富裕繁荣的新机遇。有人将这个时代称为信息时代，有人将这个时代称为数字时代，还有的人，尤其是经济学家和社会学家，将这个时代称为知识经济时代。在知识经济时代，科技和经济的发展速度、规模、广度和深度都是历史上任何一个阶段所无法比拟的。专家和学者们一致认为：知识经济是当今世界一种新类型、富有生命力的经济，是21世纪人类的希望。

知识经济概念的提出，可追溯到美国社会学家丹尼尔·贝尔于1973年出版的《后工业社会来临》一书。他提出，以知识和信息为基础的“产业”正超过传统的工业，成为美国经济的主要部门。1980年，美国著名未来学家托夫勒又将后工业社会理论通俗化，出版了《第三次浪潮》，该书出版后，立即成为最畅销的书。所谓“第一次浪潮”是指约在公元前4000年，人类进入了金属时代。“第二次浪潮”发生在17世纪到1830年，在英国发生了前所未有的科学革命、技术革命和产业革命。200多年来，蒸汽机、发电机、汽车、飞机和计算机的相继问世和应用，大大拓宽了产业领域和提高了劳动生产率，特别是科学技术对生产力的发展起着越来越大的作用，于是引发了“第三次浪潮”。尤其是进入20世纪90年代以来，以互联网等为代表的信息工业取得了重大的新突破。同时，旨在发挥人的积极性和能动性的“企业重建”运动方兴未艾，1996年，经济合作与发展组织出版的《以知识为基础的经济》系列报告提出，作为与农业经济、工业经济相并列的知识经济对什么是企业、什么是产权等重大制度问题的传统答案提出了挑战。

关于知识经济的定义是，知识经济是指建立在知识的生产、分配和使用（消费）之上的经济。世界银行副行长瑞斯查德在1997年世界银行年会上指出：当今世界经济中有两种力量在起作用——经济革命和技术革命。这两种力量的综合结果，正在把世界经济推向“新世界经济”的发展阶段。

进入知识经济时代，知识的作用将越来越大。与以往的经济形态最大的不同在于，知识经济的繁荣不是直接取决于资源、资本、硬件技术的数量、规模和增长，而是直接依赖于知识或有效信息的积累和利用。如自1993年以来，在美国工业增长中，约45%的是由以信息产业为主的高技术产业迅速发展带动的。在此后的3年中，高技术产业在美国GDP增长中的贡献率为27%。知识经济的兴起，正在改变西方发达国家的产业结构，对它们的经济发展起着巨大的推动作用。如美国的经济已持续8年增长，而通货膨胀率是40年来最低的。世界经贸组织在1996年度的报告中说：29个“经济合作组织”国家中，GNP的50%是通过知识经济实现的。

知识经济是以高科技产业为第一生产支柱，以智力资源为首要依托的新型经济。知识经济具有经济发展可持续化、资产投入无形化、世界经济一体化、经济决策科学化等特点。知识经济的形成，大体来说有如下几个方面的特征：（1）信息技术作为经济技术体系的基础，以信息技术为代表的高技术成为推动经济发展的根本动力。（2）以信息产业为主导的高科技产业成为经济构成中的支柱产业。（3）从事信息和知识产业的劳动者占全部劳动者的大多数，知识型劳动者在社会发展中起主要作用。（4）知识和智力成为最重要的经济资源，知识和信息资源所起的作用超过物质和能源这两种传统工业经济中的基础资源，知识资源成为支持经济增长的最重要力量。简言之，知识经济是具有更强竞争力和更强稳定性的经济；知识经济提供了更多的就业机会；知识经济的发展主要依靠以高科技为核心的知识，即人的智力，而不是自然资源；知识经济因消耗资源相对较小，从而为环境保护、资源保护和实现可持续发展开辟了新的途径和广阔的前景。

目前，发达国家之间的高新技术创新活动额占全世界高新技术创新活动总额的比重高达80%以上。

进入知识经济时代，美国经济一直保持稳步增长。1997年美国国内生产总值增长了3.9%。促使美国经济强劲增长的原因固然很多，但包括美国联邦储备委员会主席格林斯潘在内的许多经济界权威人士和经济学家一致认为，推动美国经济增长的一个重要因素是劳动生产率的提高。劳动生产率是指单位时间内劳动的生产效果或能力，它是衡量一个国家经济发展水平的一个重要指标。美国在1973年以后的20年里，非农业部门的劳动生产率每年平均增长1%。到1995年后，每年平均增长2%左右，1998年增长了2.2%。美国劳动生产率上升的主要推动力是高新技术的广泛应用，尤其是电脑在各个部门的使用，大大提高了各行各业的生产效率。到20世纪末，以信息产业为代表的高技术产业已成为美国经济的主导。正是以信息技术为代表的高新技术促进了产业升级，带动了美国经济成长，使美国的经济近年来一直处于领先地位。高技术在美国进出口贸易中所占的份额已从1980年的9%增加到1995年的18%。信息技术业不仅为近年来美国经济的繁荣作出了巨大的贡献，还起到了帮助降低整个社会通货膨胀率的积极作用。信息技术业已占美国国内生产总值的8%，并为1995—1998年美国经济的增长作出了35%的贡献。美国能够持续发展的原因，在于其信息产业所获得的成功。

20世纪是人类历史上科学技术空前辉煌和科技革命充分发展的世纪。20世纪的科学成就及其所创造的物质财富，大大超过了以往数千年的总和。100年来的经验告诉我们，未来世界各国间经济实力的竞争，包括军事实力的竞争，实质上就是国家科技实力的竞争。美国强大的经济实力正源于其背后的强大的科技实力。纵观20世纪科学技术发展所经历的三次重大变革，我们会看到以美国为首的发达国家一直领导着当代科技发展的潮流。

发生在20世纪的第一次科学技术的重大变革是大体结束于1930年的以物理学为核心的科学革命。这场革命最伟大的成就是相对论和量子理论的创立。这一期间，爱因斯坦创立了相对论，从而揭示了时间、空间、物质和运动之间的普遍性规律，并为高能物理、天体物理、放射物理等新兴基础科学以及航天技术、核能应用等一批高技术的诞生开辟了道路。普朗克、薛定谔、波尔等人创立的量子理论，是人类对微观世界物质运动及相互作用认识的一次历史性飞跃，它不仅成为结构化学、凝聚态物理、理论生物等学科的理论基础，而且也为微电子、光电子、激光、新材料、原子核等技术及其产业的问世打开了大门。

50年代半导体技术的突破和脱氧核糖核酸（DNA）双螺旋结构的发现，引发了世界科学技术的迅猛发展。随后，原子能技术、空间技术、微电子技术、通信技术、生物工程技术、新材料研究等都取得了重大进展，极大地提高了人类认识和改造自然世界的能力。这就是发生于“二战”后期到60年代的第二次科学技术的重大变革，此次科学技术的重大变革是在新的科学理论的基础上取得了一系列技术上的突破，从而带来了核工业、电子工业、航天工业、电子计算工业、生物工程等新兴高技术产业的发展，使世界经济格局和人类生活面貌焕然一新，因而人们又将这场科学技术的重大变革称为科技革命或产业革命。

20世纪第三次科学技术的重大变革，是我们正在经历的始于70—80年代的信息技术革命，它是以信息论和控制论为理论基础而兴起的新科技革命或新产业革命，如今这一新技术革命已经成为世界科技和经济发展的主流。信息技术主要是指围绕信息的获取、储存、传递和处理等组成的技术综合体。它包括微电子、通信、电子计算机与人工智能、自动化、光导和光电子等一系列技术。微电子技术作为新兴基础技术，将电子计算机和现代通信技术等有机地结合在一起，从而导致了现代信息技术的诞生。难怪有人说继发明语言、文字和印刷术之后，计算机革命带来了人类历史上第四次信息大爆炸。当今社会，人类获得所需的各种信息都是依靠现代通信技术为基础的通信设施来获取、处理、存储和传输的。当代科学技术的每一次重大变革都伴随着科学和技术知识的爆炸式增长，都导致了一场新的经济高增长，甚至是一场新的产业革命。而美国经济的迅猛增长也无不得益于其科学技术的飞速发展。

知识创新是指通过科学研究，包括基础研究和应用研究，获得新的基础科学和技术科学知识的过程。知识创新的目的是追求新发现，探索新规律，创立新学说，积累新知识。知识创新是技术创新的基础，是新技术和新发明的源泉，是促进科技进步和经济增长的革命性力量。

进入知识经济阶段，科技创新已成为发达国家经济持续增长的龙头。在美国，绝大多数的名牌企业，都十分重视不断开发新技术和新产品。它们认为只有抢占新技术和新产品的制高点，才能取得竞争优势。在美国扬名世界的贝尔试验室里聚集了5万名科学家，正是这些科学家为他们的公司创造了无数个“世界第一”。英特尔公司从成立的1968—1994年，其营业收入就增长了1000多倍。

据统计，在美国的硅谷里，集中了7000多家高新技术公司的总部，世界上最大的100家高新技术公司中，就有20家在这里安营扎寨，如电脑公司惠普、软件公司微软、芯片公司英特尔等。硅谷的辉煌不在于它生产了芯片、电脑、软件等，而在于这里聚集了一大批世界上最具有创新精神、创新观念和创造才能的人才，并由这些人建立了创新的制度、体制和管理方法，以及由此而形成的一派热气腾腾的创新社会环境。正因为有了这样特殊的环境，又不断地培育出了一批批创新力更强的人。创新成为这里永恒的主题。

授予专利的数目从另一角度反映了一个国家的科技创新水平，美国在保护知识产权方面一直处于世界先进水平，1991—1995年，授予国民专利的数目以年平均2.15%的速度增长。如1995年，美国国民在国外获得的专利项数为109 146项，比第二位的日本多28 241项，而中国只有213项。美国平均每10万居民中持有的有效专利项数为422项，而中国只有2项。

美国政府早就认识到新兴小企业是一支有力的科技创新生力军，为了增加小企业对科技创新和解决就业的贡献，1958年美国国会通过了小企业科技投资法案。1958—1969年，联邦政府对科技创新型中小企业的风险投资就有300亿美元之多。比同期的民间投资多3倍。今日美国的几家成名的大科技公司，如苹果计算机、康柏、英特尔等在初创期间都是靠政府创设的科技投资基金成长起来的。经过20年的实践，美国国会发现政府花在小企业上的研究与开发资金，效果比花在大企业、大学和国家实验室的要好得多，无论在创新程度、研究进度及商品化率等方面均收效显著，尤其是中小企业在国家国防技术向民用转移方面做得更为出色。在1982年后，国会又连续通过了三个与小企业创新研究与发展相关的法案，政府在这些法案框架中运作，先后设立了“中小企业创新研究计划（SBIR）”、“中小企业技术转移计划（STTR）”和“先进技术计划（ATP）”，使美国的中小高科技企业迅速发展。从20世纪80年代初IBM个人计算机诞生开始至现在，美国在计算机产业小企业的推动下，完成了从工业经济向知识经济的转变，从而支撑了美国经济近年来连续高速的增长。据报道，目前美国国民生产总值有37％来自中小型企业，中小型企业为全国劳工市场提供接近50％的工作机会，而且，新的工作机会亦有接近2／3是由小型企业创造的。更加令人惊奇的是，大部分的新产品和新主意都出自小型企业。

美国政府早就认识到高技术对经济发展的重要性，历年来投入了大量的财力和物力来发展高技术产业。1993年，克林顿提出“技术是经济发展的发电机，科学为发电机加油”的口号，制定了一系列促进科技发展的政策。1996年7月，美国国际科教委员会发表“利国的技术报告”，提出：“进入21世纪，我们把握技术领导地位的能力将在很大程度上决定着美国的富强、安全和全球影响力，并因此决定着美国人民的生活水平和生活质量。”

在高新技术创新活动中，政府的政策操作具有较强的导向功能和驱动功能。美国出版了一本轰动一时的书——《改革政府》，书中指出“多掌舵少划桨的政府”才是真正强大的政府。我们所要求的不是“多大的政府”，而是“怎样的政府”，即怎样使政府更能适应现时代社会经济高度和快速发展的要求，能够反应灵敏且指挥自如。克林顿总统很赞赏此书，他一再说：美国政府的政策是，小政府，大投资，强国家。1997年4月，美国总统技术政策办公室又发表了高技术发展战略报告“开创21世纪的科学技术”，这是美国政府发展高技术的纲领，它对开创21世纪科学技术的战略给予了高度的重视。该报告明确指出，只有保持技术的领先地位，才能保住美国超级大国的地位。

由于高新技术与美国国家的战略利益紧密相关，为了保住美国在某些高新技术领域的领先地位，政府会及时出面干预协调。例如20世纪80年代初，日本在半导体工业方面已开始领先于美国，这给美国政府很大的冲击。美国政府总结了半导体工业中因各自为政的分散局面所造成的不利后果及教训，由政府建立了协调机构，便于美国半导体行业实行技术、设备、产品的标准化，并由协调机构组织联合技术攻关，解决技术难题。由于美国政府强有力的参与，到了20世纪80年代末，美国在半导体领域又超过了日本。再如，为了保持住美国在信息领域的领先地位，白宫1997年又宣布了下一代因特网计划，将采用超高速的全光纤网络和宽带技术，传输速度要比现在快100—1000倍。为了保持美国在信息和通信领域的领先地位，以及由此给美国带来的巨大经济和社会效益，美国政府将会持续地投入大量的资金。

美国政府和各类科学技术机构均设有各种奖项，如各类美国总统奖和名目繁多的学会协会奖，用于表彰、鼓励为科学技术事业作出贡献的人。美国诺贝尔奖得主众多，也为美国注入了良好的科技氛围。1950—1997年，全球诺贝尔奖（限于物理、化学、生理及医学和经济学）得主共334人，其中美国人超过一半，共184人，远远超过处于第2位共47人的英国。

美国的经济之所以雄踞世界之首，不仅因为美国掌握着十分先进的科学技术，而且更源于在这背后的非常成功发达的教育。十年树木，百年树人。美国重视教育由来已久。建国后，美国领导者们就把教育当作立国之本，先后颁发了各种有关教育的法规，如开创公立学校的《学校法》，推行义务教育的《义务教育法》，鼓励培养农业技术和工程技术人才的《莫里尔赠地兴学法案》。20世纪早期通过了旨在扩大职业教育的《史密斯法案》，1958年通过了《国际教育法案》，1962年通过了《人力开发培养法案》，1963年颁布了《职业教育法案》，20世纪70年代颁布了《职业前途教育法案》。这些法律法规奠定了美国当今教育的主要格局，使美国教育水平对国民经济的增长起到了很大的推动作用。

在高等教育方面，美国虽采用地方分权制，但并不意味着高等教育无所作为。通过立法，政府对高校具有很强的宏观调控效力。从美国高等教育发展历史上考察，几次关键性的举措，都有相应的法案来推动，如《莫里尔赠地兴学法案》《军人权力法案》《国防教育法》等对美国高等教育的发展都起到了很好的调控作用。特别是《莫里尔赠地兴学法案》曾带来美国高等教育的繁荣发展。林肯总统执政时看出当时教育的问题，认识到教育对经济发展起着特别重要的作用。1864年莫里尔参议员提出了《莫里尔赠地兴学法案》，通过该法案的立法，由联邦政府出资、各州政府拨出土地发展农业高等教育，培养农业技术人才。到1887年，美国又开始提倡科学研究和实验，在全国到处兴建了许许多多农业实验站，大学与实验站紧密挂钩，因地制宜进行农业科学实验。1914年，《史密斯法案》进一步提出教学、科研和推广一条龙的主张。于是，农业技术推广站又应运而生，促进了农业科研成果的推广应用。今日美国的许多公立大学都是受益于《莫里尔赠地兴学法案》和《史密斯法案》而发展起来的，都经历了以农学院为基础发展成为综合性大学的过程。19世纪下半叶到20世纪初，《莫里尔赠地兴学法案》《史密斯法案》和威斯康星大学的社区服务思想等，把美国高等教育推向了教学、科研、社会服务的三点成面的广度；“二战”以后，美国高等教育与经济、社会发展的关系愈加紧密，产学研结合日益密切，走向了多功能、多形式、多样化和终身教育等立体发展的进程。

美国政府一直把教育当作立国之本。1992年，美国教育支出占政府支出的14.1%，即使在今天也是世界高水平。美国公共教育经费一直保持较高的水平，1999年，美国联邦政府预算又把用于主要教育培训计划的经费相比于1998年增加了32%。美国经济的发展无疑给教育和科技提供了世界上最有力的物质保障，如果说，先进发达的教育和科技是经济发展的坚实基础，那么，强大的经济实力就是教育和科技的坚强后盾。

美国不断加大对教育的资金投入，美国公共教育经费占国民生产总值（GNP）的比重在1985年为5.0%，1987年为5.1%，1988年为5.2%，1989年为5.3%，到1992年增加为5.5%。早在1990年美国全国的教育开支就超过了军费开支，达到创纪录的3530亿美元。1992年，美国全国的教育总经费约占国内生产总值（GDP）的7%，在国际上也处于领先水平。如果以人均公共教育支出来表示一国对教育的重视程度，那么，美国在世界上无疑处于领先地位。1994年，美国人均公共教育支出为2304.3美元，中国则只有45美元。

美国有60%的基础研究是由大学完成的，大学也是研究与开发的重要基地。1997年，美国高等学校研究与开发（R&D）经费达到240.31亿美元。另外，联邦政府在高等学校设立的研究开发中心（FFRDC）的研究与开发经费支出达到54.05亿美元。美国高等学校研究与开发经费主要来源于联邦政府。1997年，高等学校的研究与开发经费，大约60%是由联邦政府提供的。1999年，联邦政府预算给高等学校研究与开发的经费为145亿美元，比1998年增加了6%。

美国高校经费来源渠道较多，不过州政府和地方政府投入的比重最大，约占50%，中央联邦政府的投入只占10%左右，学生的学费一般在20%左右，其余的就是私人捐赠，学校自身收入以及其他收入。然而高等教育经费的投入除国家、政府获益以外，社会、企业和个人也是获益者。企业的人才是学校培养的，为企业带来了最大的经济效益。高等教育满足了个人的欲望，使之获得了知识的技能，培养了他们就业的能力，使之更能适应社会的需要，增加了他们的就业机会，从而让他们有获得更高报酬的可能性。因此，根据市场经济“谁受益谁付款”的基本原则，社会、企业和个人都应对高教投入经费。于是1984年美国一州立大学校长约翰斯顿提出了“高教成本分担”的观点，这看来无疑是合理的建议。

1991年，美国加利福尼亚大学教授卡斯特斯说，如果说知识信息是新的世纪信息经济中的电流，那么大学就是产生这种电流的发电机之一。正是在这个意义上，他把大学称为“Engine of Development”（发展引擎）。

美国著名的硅谷科学工业园区就是以美国斯坦福大学为主体发展起来的。在那里，围绕着斯坦福和伯克利两所主要的研究型大学，分布着3000多家高科技产业和许多研究开发机构，其中最大的是具有3500多人的斯坦福研究所。这种以科研力量雄厚的大学为中心，以高新技术产业群为基础形成的产学研“三位一体”的科技基地，既出人才，又出技术、产品，大大缩短了由高新技术发展的知识信息从创造加工到传播应用的周期，加速了知识经济的发展。早在20世纪90年代初，经济学家罗伯特·索罗根据生产涵数公式算出，美国教育对经济增长的贡献率已达19%。目前，世界各国都竞相借鉴美国的“斯坦福—硅谷”模式，建立科学工业园区，有力地促进了本国的高新技术经济发展。

今天，历史已发展到知识经济阶段，谁占有知识和人才，谁就在竞争中占有优势。随着教育事业的普及和发展，劳动者素质仍是决定生产率提高的主要因素。从工业经济向知识经济转变的关键仍取决于劳动者素质的提高，所以造就有艺术气质的高科技人才正是新世纪的需要。

培养高素质的人才需要高素质的教师。美国的教师队伍素质较高，早在20世纪30年代，美国就要求小学教师应具有大学学历，教师工资一律按其所受教育的程度（即学位）评定。

进入20世纪80年代以来，劳动力素质、国家教育质量等问题被高度重视，于是1986年，美国卡内基教育和经济论坛发表了“国家为21世纪的教师作准备”的专题报告，指出：“面向21世纪的美国人，必须认识到两点最基本的真理：第一美国的成功取决于更高的教育质量，第二取得成功的关键是建立一支与此任务相适应的教师队伍，即一支经过良好教育的师资队伍。”

美国各阶层对教育都非常支持，教育被美国全社会认为是生存的基础和生活质量的保证。美国科技教育水平的发展与整个国家的重视密不可分。一方面，从政府到整个社会，都能够意识到科技教育水平对国家及个人的重要性，尊师重教早已成为美国的社会风尚，个人、企业、团体都积极地接受教育，帮助教育，从事科技活动；另一方面，对于个人来说，没有一定的专业水平和受教育程度，也很难在社会中立足。科技教育推动了国民经济的发展，国民经济反过来也极大地推动了科技和教育事业。科技、教育与经济的发展形成了良性循环。

作为分权制的美国教育，近年来又进一步强调高等教育要与地方社区相结合，如卡内基教学促进基金会的波伊尔博士等提出的要“创建新型美国学院”的主张就体现了这种要求。1983年，美国的全国教育质量委员会发表了题为《国家处于危急中，迫切需要教育改革》的报告。1988年美国联邦教育部长又提出了“改革中的美国教育”的报告。1991年，布什总统签发了《美国2000年：教育战略》；1993年4月，克林顿总统公布了《2000年目标：美国教育法》，明确赋予国家教育目标委员会以法律地位，并规定设置教育，标准和教育改革审议会，等等。1996年，美国国家科学基金会又提出了一个题为“塑造未来”的报告，指出提高科学、数学、工程技术学科本科生的教学质量是塑造美国未来的中心任务。

美国的“2061计划”的卷首语写道：“在下一个人类历史发展

阶段，人类的生存环境和条件将发生迅速的变化。科学、数学和技术是变化的中心。它们引起变化，塑造变化，并对变化作出反应。所以，科学、数学和技术将成为教育今日儿童面对明日世界的基础。”目前，美国已经基本普及了初、中等教育，这一点可以从两项指标中看出。在美国，14岁以上成人文盲率为0.5%，初等教育适龄人口入学率为97.5%，而中国这两项指标分别为18.5%和55.5%。到1995年，美国82%的人口具有高中毕业文凭，22%的美国人拥有本科和研究生学位。今天，几乎所有的5~17岁的青少年都进入了学校，而年龄在18—21岁的青年人有43%升入大学学习。各种各样的教育方式，使美国教育正在迈向终身教育之路。特别是知识经济大潮涌来之际，为了适应新的社会需要，美国政府更加重视教育。1999年，克林顿提出了全美新的国民教育纲领，要求8岁以上儿童“能读会写”，13岁以上少年“能够上计算机网络获取知识”，18岁以上青年能够接受“大学教育”，成年人接受“终身教育”。美国提出的目标是到21世纪初将美国发展为群众性的知识社会，以适应知识经济时代的到来。

1997年，美国总统科学技术政策办公室向国会递交了一份名为“开创21世纪的科学和技术”的报告，克林顿在附信中写道：“我们有责任，对我们自己、对我们的孩子、对未来的后代，去进行在科学技术上的这些远见投资，以帮助我们把握住这一变化瞬间，建设一个更加美好的21世纪的美国。”

第二节 先进的科学技术

1683年成立的波士顿哲学会是北美大地上的第一个学术团体。据记载，美国殖民时期也曾有过21位英国皇家学会会员，其中名气最大的当然要数富兰克林，他曾四度担任英国皇家学会理事。富兰克林不仅做了著名的风筝实验并进而发明了避雷针，而且，他对发展殖民地的科教事业也作出了重要贡献。1740年，他参与创建了后来的宾夕法尼亚大学。1743年，他又参与组织了费城的美利坚促进实用知识哲学会，后改为美国哲学会，华盛顿、杰弗逊等均被邀请成为其会员。哲学会还在政府和社会的赞助下创办了医院、医科学校、天文台、图书馆和博物馆等。

美国在独立之时虽然科技远远落后于欧洲，但却具有充分的发展潜力。首先，美国是18世纪理性时代的产物，在观念上认同科学、自由、理性。美国社会的自由开放大大有利于科学的创新精神，科学家只需忠实于自然法则和逻辑，便可追随自已的思路，大胆地进行怀疑否定，而不必担心王权的干涉和宗教的迫害。美国的开国者们十分看重知识，认为社会进步在很大程度上取决于科学的进步。他们在《宪法》第一条第8款中规定："为促进科学和实用技艺的进步，对作家和发明家的著作和发明，在一定期限内给予专利权的保障。"而且，他们一致认为科学与教育应独立于政府而发展，以免受到政府的限制和控制。

在建国后的最初半个多世纪，美国在科技上也处于草创阶段。1790年国会通过了专利法，但从1836年专利局成立到1860年内战前，登记在案的专利不过3万多件，着眼点也主要在功利性上。1793年，惠特尼发明了轧棉机，效率比手工劳动提高了50倍。后来他又发明了可替换标准化零件，带动了产品的批量生产。1802年西点军校成立，成为培养科技人才的重要基地。1803年，刘易斯和克拉克受杰斐逊委托西行探险，调查路易斯安那购地的自然环境和资源。1807年，联邦政府设立第一个科研机构——海岸测量局。1846年，联邦政府用英国科学家詹姆斯·史密森的遗赠建立了史密森学会，由杰出的科学家约瑟夫·亨利担任第一任会长，并建立了史密森国家博物研究院。1848年，美国科学促进会成立。

随着工业革命的进展，美国科技发展的速度加快了。1860~1900年，专利局所发的专利特许激增到60多万件。即使在内战中，国会还通过了莫里尔授地法，赠地建农业学校，组建农业部，因为当时农业是科技的重点。1863年，国会立法创建了国家科学院，既作为国家的学术荣誉机构，又作为联邦政府的科学咨询机构。这段时期也是美国高校网络形成之时，美国的大学毕业生数量开始跃居世界首位。在19世纪的最后30年中，美国的科技发明全面开启，科研机构纷纷成立。除了美国气象局、地质调查局等政府机构，1872年，“发明大王”爱迪生创立了第一个私人研究所，日后成为通用电气公司的研究机构。当时电气方面的发明层出不穷，也正是在电气时代，美国经济由于科技领先而后来居上。

美国在19世纪中也产生了一些具有世界影响的科学家。人类学家刘易斯·亨利·摩尔根在1877年发表了《古代社会》一书，提出文化进化理论，科学地论述了文明的起源和进化；数学物理学家乔舒亚·威·吉布斯是化学热力学的创始者之一，名列20世纪以前最有影响的十大物理学家之一；物理学家艾伯特·亚·迈克尔逊是美国第一位诺贝尔奖得主，曾任国家科学院院长，他对光速的研究与日后爱因斯坦提出相对论有渊源关系；生物学家摩尔根也是诺贝尔奖得主，他用果蝇做试验，创建了染色体遗传理论。

进入20世纪，美国的科技仍以应用为主，但1911年成立的卡内基基金会和1913年成立的洛克菲勒基金会开始加强对基础研究的支持。两次世界大战对美国的科技发展起到了巨大的促进作用，战争导致了政府的干预和投入，国家利益最终决定了科技发展的方向和力度。“一战”开始后，联邦政府对科技的资助经费每4年翻一番。1916年，国家科学院成立全国研究理事会，协调不同的科研系统，开启了跨学科跨机构的大型研究。“一战”后的20年间，贝尔实验室等一大批工业实验室和国家实验室宣告成立。“新政”时期，政府进一步明确了科研是重要的国家资源，并设立国家资源委员会来负责科研事项。1930年左右，美国的技术和应用科学已居世界前列。

“二战”期间，美国的科技发展日臻成熟。联邦政府将科研置于自己的控制之下，使其为战争服务。由于希特勒的崛起，大批欧洲科学家，尤其是德国科学家避难来到美国，极大地增强了美国的科研队伍。1939年爱因斯坦等移居美国，向美国军事机构指出原子能发展的重要意义。年底，罗斯福命令组织铀咨询委员会，1942年研制原子弹的曼哈顿工程秘密启动，聚集了几千名研究人员，动员10万人力，耗资20亿美元，历时3年，终于在1945年6月16日爆炸了第一颗原子弹。这标志着美国已经成为科技霸主，进入了大科学时代。

原子弹的爆炸充分显示了科技的非凡威力，人类进入了一个科技的时代，国家的强大也越来越取决于它的科技实力。1950年，美国成立国家科学基金会。1951年又成立总统科技顾问委员会，在科技关系到国家安全和国家威望之处向总统进言。同年，世界上第一个科学园——以“硅谷”享誉全球的斯坦福工业园创立。但是科技的新发现似乎总是首先用于军事目的，特别是在冷战年代。美国和苏联陷入了危险的核武器竞赛，从氢弹、中子弹直到“星球大战计划”，美国为保持核优势和军事优势不惜任何代价。在空间技术上美苏也互比高低，1957年苏联人造卫星发射成功，1958年美国国会通过《国家航空和宇宙航行法》，并成立国家航空航天局。

1961年4月，苏联载人宇宙飞船上天，令美国朝野十分震惊。肯尼迪总统随即宣布：“保证在这个10年结束之前，达到使人登上月球并安全返回地球的目标。”于是美国科技预算猛增，人力物力大量投入，以保证登月计划的实施，“阿波罗11号”终于在1969年7月20日登上月球。1961—1972年，阿波罗工程共有6次登月，历时11年，共耗资255亿美元，动用总人数30万人。此后美国又发展航天飞机，从1984年起，陆续发射了“开拓号”“哥伦比亚号”“挑战者号”“发现号”和“奋进号”等，其中除“挑战者号”惨遭失败外，其余均获成功。现在美国有三大宇宙研究中心：约翰逊航天中心、马歇尔航天中心和肯尼迪航天中心。位于佛罗里达的肯尼迪航天中心是美国最大的航天器发射场。

第二次世界大战前，全世界获诺贝尔奖的科学家一共有142位，其中美国20位，占14%。“二战”后1946—1994年，全世界获奖科学家人数达282位，其中美国150位，占总数的53%，在各国中名列第一。战后资本主义国家最重要的科技项目有60%在美国首先研究成功，75%在美国首先应用。美国也是世界上输出技术最多的国家，年收入可达几十亿美元。美国在基础研究上也早已赶超欧洲，全世界科技文献中约有40%是美国科研人员的成果。

目前，美国位居世界科技中心，在现代科学的三大标志技术——原子能、电子计算机和空间技术上都居于领先地位。在生命科学中，美国科学家首先发现基因由DNA组成，并成功构造了DNA分子模式。1989年，美国成立“国家人类基因组研究中心”，1990年国会批准实施人类基因组计划，投入资金30亿美元。美国在“二战”时开始研制电子计算机，于1946年制造出第一台计算机“ENIAC”，后来逐步升级而日趋先进。1992年，美国正式提出“信息高速公路”计划，1996年又提出“新一代因特网”计划，准备彻底更新遍布美国的计算机网络系统，使它比目前的因特网增速1000倍。由此可见，信息革命将成为工业革命后人类所经历的最大的社会变革。

第三节 灵活的科研体系

美国的科研机构分为4大体系：联邦政府研究机构、私人工业企业研究机构、高等院校研究机构和私人非营利研究机构。它们各占全国科研份额的15%、70%、10%和5%。科研人员之比为7%、76%、14%和3%。科研经费之比为11%、72%、13%和4%。

联邦政府提供的科研经费最多，占全国科研经费的一半左右，但它尽量不建立独立的研究机构，而是以合同或资助的方式将科研项目委托给非政府的科研机构，只提供经费，不进行具体管理；以

1989年为例，联邦政府的科研经费中只有33%拨给了政府所属的研究机构，有52%拨给了私人工业企业的研究机构，其余14%拨给了高校，1%拨给了非营利机构。

联邦政府直属的实验室进行必须由政府承担的科研项目，优先发展军事、空间、卫生、能源和基础科学。其中开发工作占52%，应用工作占28%，基础工作占20%。在经费上，军事与民用之比约为6：4。联邦政府各部门还资助一些研究中心，由非政府研究机构负责行政管理，也称为国家实验室，工作人员皆为政府雇员。

目前联邦政府所属实验室约有750个，雇员22万人。美国没有独立而庞大的从事基础研究的科学院，基础研究有一半依靠高等院校。高校中教学和科研同时进行，相辅相成。在美国3000多所高校中，从事研究的主要是300多所设有研究生院的大学，其中约90所大学的科研占了全部高校科研的80%以上，而最重要的20所大学又占了50%。所以美国高校的科研主要是在10%的学校中进行的。其中又以麻省理工学院、约翰斯·霍普金斯大学、斯坦福大学、哈佛大学、加州大学、密歇根大学、芝加哥大学和威斯康星大学等最为重要。高校的科研以基础科学为主，占其研究的66%，应用科学占26%，开发工作占8%。高校的科研经费主要来自联邦政府，约占55%。其次为高校本身，再其次是州政府、非营利机构和工业企业。

私人工业企业的研究机构以改进产品、开发新产品、提高劳动生产率为目的。它们是美国科研的主力，也是科研成果的主要占有者。作为营利机构，它们必须追求经济效益和投资回报，一般应在5年内回收投资的50%。所以工业企业的科研以开发为主，占75%，应用占20%，而基础研究仅占5%。它们的经费约有1/3来自联邦政府，2／3自己承担。现在美国私人工业企业研究单位大约有2万个，其中100家最大公司的科研经费占75%。多数大公司都有自己的中央实验室或研究开发部，设备完善，实力雄厚，经费可高达十几亿甚至几十亿美元，占其销售额的10%。美国电报电话公司（AT&T）的贝尔研究所，雇员达2万多人，拥有专利2万多项，曾有7人获诺贝尔奖。IBM有研究所30个，雇员2.9万人，其设在纽约的中央实验室就有3000多人，曾有4人获诺贝尔奖。

非营利研究机构大多在“二战”后兴起，主要是各种科学院、私人研究所和研究公司；博物馆、动植物园、非营利的医院、学会、私人基金会等。它们的科研中基础研究占37%，开发占34%，应用占29%。经费来源以联邦政府提供为主，将近2／3，其次由自身和工业企业提供。这些非营利研究机构虽然占全美科研的份额不大，但往往具有特殊技能，影响不小，是重要的咨询机构，被称为“思想库”。美国年经费预算在200万美元以上的这类研究机构约有200个，著名的有兰德公司、国际斯坦福研究所和麻省总医院等。

现在美国联邦级的科研机构有国家科学院、国家工程科学院和国家医学科学院等。它们都统属国家科研委员会。美国这种多元化的科研体系既有优点，也有缺点。优点是可以各自发挥长处，优势互补。缺点是缺乏有机联系，可能导致利益冲突，相互保密性强。

技术进步因素在美国经济增长中的比例已经越来越大。1950年代，美国经济增长中的投资因素为80%，科技因素只占20%。到20世纪70年代已是一半对一半。到20世纪90年代初，投资因素只占30%，而科技因素占到70%。1995年美国除了整体技术实力居世界第一外，在27个关键技术领域基本上处于领先，其中包括信息通信、生物、医学、农业、环保等。

美国的科研机构可分为三种类型：一是政府实验室，如以军事目的为主的原子能实验室、宇航实验室等；二是公用事业单位的研究发展中心，如环保、卫生、标准计量等发展中心；三是私营企业的研究开发部门。美国是一个以私有制为主体的国家，所以除某些影响国防和社会的关键研究所由联邦政府管理外，其他均为私营。这部分研究单位占全国科研单位总数的60%以上。这些科研单位在科普教育方面发挥着以下三种作用：

第一，大力推动科技成果的普及转化。例如在“冷战”结束之后，美国的空间和军事研究成果迅速向民用转移。他们将部分成果“解密”，积极为军事科研成果寻找民用市场，大力发展军民两用产品。这些产品的生产成本低，技术含量高，取得了明显的经济、社会效益。正是由于这些科研成果向现实生产力的转化，使美国几乎所有行业的科技水平发生了深刻的变化，很多新兴的工业部门，如电子工业、高分子合成工业、宇航工业等得到了长足的发展。尤其是计算机的发展和广泛应用，给社会带来的影响更是始料不及的。据说，在美国有55%以上的人在家中或工作中使用计算机，居世界之首。据统计，仅1995年一年，美国人在工作中使用计算机的时间就长达320小时，回到家中还使用120小时。计算机的普及大大提高了美国人的工作效率和生活质量，也推动了价值观念的转变和思想观念的更新。

第二，科研单位与工业部门的紧密结合与合作，形成了既出成果又出人才的良性循环。美国的大学承担着教学和科研两大任务，因此科研经费和教育经费是分别核算的。随着现代化研究设备精密度的越来越高，结构越来越复杂，价格也越来越昂贵，得不到联邦政府资助的一般大学的科研手段便无法更新。于是便采取了大学与企业联姻的办法。其合作方式有如下几种：一是工商企业家参加大学的“理事会”或“监事会”，使大学和企业之间建立起良好的沟通渠道；二是企业直接对大学的研究项目进行投资，学校出成果，企业见效益；三是大学与企业共同举办专业学术研讨会或培训班，帮助企业提高职工素质；四是大学与企业之间人员互相交流。企业聘请教授任顾问，大学邀请企业家到学校任教，有助于双方技术水平的提高和人才的成长。

第三，科研机构对社会的开放，使广大群众更加贴近科学。这里讲的开放有两个方面：一是科学家走进公众，二是公众走进实验室。科学家经常通过大众传媒向公众发表科普讲话，在公共场合与青少年学生见面。他们还撰写科普读物，将深奥的最新的科学技术成果用浅显易懂的语言解释，在大众中普及。美国是一个开放的社会，其实验室也向社会开放，这不仅避免了大型设备的重复购置，提高了使用率，更重要的是使公众进入了科学的殿堂，亲眼看到了科学家们在如何地工作，以及科学技术的最新成果。

第四节　自由化市场经济

美国是世界上经济实力最强大、科技水平最高的国家。农业占国民生产总值的2%，工业占23%，服务业占75%，通胀率为2.5%。

全美劳动力1.23亿人（含失业人口），其中经营管理和高级专业人员占28.3%，技术、销售和行政支持人员占30.3%，服务人员占13.5%，制造业、矿产、运输和手工艺人员占25.3%，农业、林业和渔业人员占2.8%，失业率为5.6%。美国在世界上领先的产业主要包括石油、钢铁、汽车、航天航空、通信、化工、电子、计算机、食品加工、采矿等。

充满活力的自由市场经济制度是美国国民自己决策的结果。美国的国民在自由市场经济制度下扮演着多重角色，他们既是消费者，又是生产者、投资者和决定他们自己命运的投票表决者。美国人往往又自称他们国家是一种混合经济，所谓混合经济的含义是，在美国，绝大多数的生产资料和产品是私人拥有的，实行的是市场经济，但美国联邦政府在市场经济中扮演着极为重要的角色。美国以其占世界人口5%的国民，生产着占世界总产量25%的产品。

将美国经济和自由企业制度结合在一起是美国获得成功的主要因素。但这种结合有时也会和政府的管理角色发生冲突。政府有时会刺激某些产业的增长，当发生滥用市场势力的现象时，会采取法律手段加以制约；当由于国外进口产品涌入而损害国内产业时，会采取关税措施予以保护；有时还会参与社会福利的再分配过程。

每一种经济制度都期望通过生产和分配来满足人们的各种需求。经济制度就是将自然资源、劳动力、技术和必要的企业家和企业管理人才有机结合起来的一种机制。虽然各国经济制度都是政治决策的结果，但历史传统和民族文化无疑是影响政策决策的重要因素。

经济制度的第一要素是自然资源，由此才可能生产产品。美国有着丰富的矿产资源、肥沃的土地和适宜的气候。此外，美国有着充裕的劳动生产力。虽然有时会经历高失业的危机以及与其相反的劳动力短缺现象，但总的来说，美国充裕的劳动力有利于美国经济的发展。劳动力的高质量是美国引以为豪的对经济发展具有重要作用的因素，对教育的重视，包括对技术和职业教育的重视和投入，使美国劳动力的素质得以提高并能适应技术密集型和资本密集型产业的发展。

丰富的自然资源和充裕的劳动力是经济制度结构中的一部分，而这些要素需要由企业家根据市场供求信号予以组织，并将这些要素投入效率最高、产出比例最大的地方。在美国，通常由企业家们负责积聚资金，投入到那些他们认为能得到高投资回报的有关项目，然后购买原料、雇佣员工、组织生产和产品销售。一个项目是否能得到很好的投资回报取决于对消费者需求的分析判断。

在美国，公司制度被证明是积聚资金用于投资有关项目最有效的方法。这是一个由所有者自愿结合的组织，经股东们同意，组织起有限责任的企业。一些资深管理者被雇佣来对企业进行平稳和有效的运作。美国的经济制度是一种以私有制为基础的制度，而美国政府在某种程度上也会卷入对市场经济的规范和指导活动。但最重要的是美国国民有权决定制定经济政策的官员的去留问题。

在市场活动中，消费者和生产者显然是最主要的经济活动的决策者，但是政府活动至少在下列三个方面对美国经济产生影响。

一是直接服务。各级政府提供的直接服务主要有：邮政系统、军队等服务由联邦政府提供；公路系统的建设和维护由各州政府提供；公共教育系统由各州、县或市政府提供；警察、消防等服务系统通常由各地方政府提供。

二是管理和控制。为了保证能在总体上满足人们的最高利益，政府通过各种途径来管理和控制私有企业。在供电服务、当地通信服务等一些允许私有企业垄断经营的公共服务业，或者是道路系统等有限竞争的领域，政府的调节管理被认为是必需的。公共政策允许从事这些垄断经营或有限竞争行业的私有企业赚取合理的利润，但是限制它们不正当地提高价格，因为社会公众依赖于这些公共服务。

三是政策调控。如通过设定关税和配额规定，保护某些特定产品免受来自国外产品的竞争；通过对一些农产品的价格补贴来稳定农业生产；等等。

进入20世纪，美国的经济实力一直高居世界之首。从“二战”后到20世纪70年代，它更是在资本主义世界处于独霸的绝对优势，美元和黄金一起成了国际储币。1949年，占世界人口6％的美国人生产了世界上50％的制造品、62％的石油、57％的钢和80%的汽车。在20世纪50年代初，美国在世界生产总值中占了45％。整个20世纪50—60年代，美国经济以4％～5%的速度增长，而通货膨胀率则保持在3%以下。

20世纪70年代初，美国在世界生产总值中的比例降到25％，丧失了世界霸主的地位。这除了越战、石油危机、全球经济衰退、新经济强国崛起等外部原因外，还和美国长期推行凯恩斯主义和实行赤字财政有关。在以后的20年间，美国的国民生产总值（GNP）虽然仍稳居世界第一，但经济连年“滞胀”，劳动生产率和国际竞争力都明显下降，外贸出现逆差，财政赤字猛增，债台高筑。1980年的通货膨胀率高达13.5％，1982年的失业率超过10％。1985年美国从世界上最大的债权国变成最大的债务国，外国在美投资1.5万亿美元，而美国在外投资只有1.2万亿美元。传统工业中汽车和钢铁受挫最严重，1980年日本顶替美国成为世界上头号汽车生产国，这一形势直到1992年才得以逆转。

面对衰退，美国采取的对策是：政府加强宏观调控、减税刺激投资储蓄、产业结构重新调整、经济管理制度创新、传统工业技术改造，等等。从20世纪90年代初起，美国经济迅速回升，在整个90年代中进入持续发展状态，终于彻底扭转颓势。从1992年开始，美国国内生产总值（GDP）的增长率远高于日本和欧洲。GDP从1992年的62 444亿美元上升到1995年的67 390亿，年平均增长率为2.6%。而通货膨胀率却稳步下降，低于3%。失业率从7.5%降到5.6%，财政赤字也逐年递减。在劳动生产率的增长速度上，美国也大大超过其他国家，国际竞争力又跃居世界首位。根据1998年世界贸易组织发布的世界贸易排名，美国稳居世界第一贸易国地位，商品进出口总额达15 784亿美元，比第二位的德国高出66%还多。1997年GDP突破7万亿美元，经济增长高达3.8%。在国内经济实力、金融实力、基础建设、科技水平方面，都堪居世界首位。

更重要的是，美国在1993年提出“信息高速公路”计划后，计算机网络化的程度大大提高。企业在计算机、电信及其他高新技术设备投资的实际年增长率高达25%，产业结构优化，技术信息含量大幅增加。1996年，美国国内生产总值（GDP）的33%来自信息技术产业，而建筑只占14%，汽车只占4%。高新技术产业已经取代钢铁、汽车、建筑等传统产业，成为经济持续增长的根本动力。经济增长的首要因素已不再是农业社会、工业社会中的土地和资金等有形资产，而是科技、社科、管理科学、信息等无形资产。现在美国有上亿台电脑，其中40％都已联网，遥遥领先于其他国家，2／3的工作人员从事与信息有关的工作。这一转变使美国抢先占据了世界新一轮科技竞争的制高点，正在从工业经济社会过渡到信息和知识型经济社会。由于知识经济的固有特点，美国经济运行出现了高投入、高产出、高盈利的良性循环。于是也就有了“新经济”之说，认为美国经济这种持续的低通胀增长已经超越了经济衰退期，出现了反周期繁荣。

美国政府在经济管理中也表现得更为成熟，基本上以市场导向为主，采取适度宏观调控。冷战结束后，联邦政府压缩军费开支，促使民用品的竞争力上升，同时加强经济全球化和贸易自由化，积极开拓国际市场，建立北美贸易自由区等，以获得廉价商品和广阔市场。政府本身实行精简机构，在1993—1997年裁减雇员30万人。政府对企业不仅减少干预、放松控制，还立法保护本国产业。最令人注意的是国会于1988年通过《综合贸易与竞争力法案》，即“特别301条款”，授权总统可以单方面地采取制裁措施对付贸易对手。政府还紧缩行政开支，大力削减财政赤字，累积十几年的赤字大幅减少。1979年后，美联储的独立地位得以加强，它所实行的谨慎灵活的中性货币政策已成为经济调控的重要杠杆。宏观货币政策的目标从过去单一控制通货膨胀改为以抑制通货膨胀为主，兼顾刺激经济增长和阻止失业扩大，实现低通胀率下的经济适度增长。

企业进行了跨世纪的改革，改组简化，将市场机制引进企业内部，各部门相对独立，压缩重叠层次，大幅裁员，提高效率。为了增强竞争能力，企业间还几次三番掀起兼并浪潮，1997年企业兼并涉及金额高达9000亿美元。近年来，企业生产率每年递增2.2%，制造业的效率比德国和日本高出10%—20%。越来越多的企业实行国际化经营，成为跨国公司。中小企业也很活跃，它们灵活应变，成为风险投资和开发高新技术的尖兵，在保持经济活力和吸纳就业上发挥了巨大作用。美国企业还得益于政府的扶持政策，政府尽量减轻企业界的赋税，却把大量科研和教育工作承担下来，为企业提供无偿的人力资源，尤其是高科技人才，使企业轻装前进。在1998年全球最大的1000家公司中，美国公司占了480家。在排名前10位的公司中，美国有8家，其中位居榜首的通用电气公司的市场价值为2716.4亿美元，排名第10位的英特尔公司也有1211亿美元资产。美国经济目前的问题是，政府的总债务在国内生产总值（GDP）中所占比重仍然过大，政府开支中有6%用于支付公债利息，1998年年底欠外债1万亿美元。国民的储蓄率过低，只有4%～5%，而家庭消费债务却急剧增长。对外贸易中也还存在巨额逆差。

美国地大物博，自然资源十分丰富。它的煤、石油、天然气、水力以及铜等资源的蕴藏量在世界上都名列前茅。在1992年的国民生产总值（GNP）中，农林渔占3%，采矿、能源、工业制造业、建筑等占35%，交通和服务业占62%。

中西部的大湖区诸州是美国传统的工业区。密歇根南部底特律一带的汽车工业、宾州西部匹兹堡地区的钢铁工业都闻名于世。东北部也是老工业区，近年来一直在向电脑等高科技产品发展。西北部的工业发展最快，主要有航空航天、石油矿产、化工和高科技等产业。美国各行业都有自己代表性的企业，它们实力雄厚，直接影响着国家的经济命脉，如通用汽车公司、福特汽车公司、埃克森公司、国际商用机器公司（IBM）、微软公司、通用电气公司、可口可乐公司等。

美国是世界上最大的农业国和木材输出国，也是主要的水产品产地。美国47％的土地是耕地和牧草地，中西部是最重要的农业区，盛产玉米、小麦、畜类和乳制品。南部的传统作物是棉花、玉米、烟草，也饲养牛羊。西部的大平原生产小麦和牛，太平洋沿岸产各种水果。美国过剩的农产品需要依赖国际市场。

美国的森林面积占国土的33％，主要分布在西部，北方和南方也有一些。华盛顿州和缅因州是木材的主要产地。美国森林70％为私有，20％为联邦政府所有或处于联邦政府的监督之下，其余由州和地方掌管。森林的2/3都在经营之中。

美国东临大西洋，西为太平洋，南有墨西哥湾，北有五大湖，内河湖泊也很多，渔业发达，水产品丰富。现在渔业占第一位的是阿拉斯加州，每年产值15亿美元，其次为路易斯安那州。传统的东北部渔业主要分布在马萨诸塞州海湾和缅因湾，现在产量下降为全国第三。

从20世纪50年代开始，美国的产业结构一直在向服务业转变。1991年，在美国的全部劳动力中，农业人员占2.9％，工业人员占25.8％，服务业人员占71.3％。近年来，随着劳动力总数的增加，就业人员在大幅度增加，但农业就业人员却还在下降。在非农业劳动人员中，从事物品生产业的人数一直在下降，而从事服务生产业的人数则持续增长。在服务业中，智力劳动的比例又一直在加大，大多与信息产业相联系。

美国是世界上生活水平最高的国家之一，从第二次世界大战到

20世纪70年代初，美国人的收入增长较快，贫富差距较小。80年代后，中产阶级收入增长减缓，而贫富差距有所扩大。20世纪90年代以来，贫富的分化现象仍然存在。由于技术转型，新就业机会大多需要掌握高科技的人，结果是一方面产生了一批高技术高收入的金领阶层，一方面又威胁到许多处于中间层的白领阶层，他们难以适应新的工作要求，甚至被计算机所代。其中贫困率最高的是黑人、印第安人和拉丁裔人。

专题：比尔·盖茨的企业家精神

经济活动的主体是企业，企业的发展离不开企业家的推动。尤其是美国这样的自由市场经济国家，更是催生了一大批享誉世界的大企业家，如“钢铁大王”卡内基、“汽车大王”福特和“全球首富”比尔·盖茨等。

比尔·盖茨，微软的创始人，是新世纪的财富偶像。2005年，盖茨被英国伊丽莎白二世女王授予英帝国爵级司令勋章（KBE）。2006年11月15日，盖茨获得2006年度詹姆斯·摩根国际慈善家大奖。

2007年3月的《福布斯》杂志再次将比尔·盖茨评为全球最富有的人，这是他连续13年获得这一称号。目前他的身价高达560亿美元。据称，盖茨一个人的财富要比全世界最贫穷的50%的人口的财富总额还要多。曾经有人计算过，比尔·盖茨拥有的财富可以买31.57架航天飞机，或者344架波音747，拍摄268部《泰坦尼克号》，买15.6万辆劳斯莱斯产的本特利大陆型豪华轿车。如果他掉了一张1000美元的钞票，他根本没有必要弯腰捡起来，因为4秒钟之后他就能把掉的钱赚回来。

比尔·盖茨于1955年10月28日在华盛顿州西雅图市出生。他的父亲威廉是一名公司律师，母亲玛丽是一名学校老师。他是一个天才，13岁开始编程，不到20岁便写出BASIC语言，有人预言他将在25岁成为百万富翁；他是一个商业奇才，独特的眼光使他总是能准确看到IT业的未来，独特的管理手段，使得不断壮大的微软公司能够保持活力；他的财富更是一个神话，31岁便成为世界首富，并连续13年登上福布斯榜首的位置。他的理想是把世界引向未来时速之路。他认为21世纪，电脑和因特网会使各地的财富和权利分配更加平均和大众化。他自认为“螺旋桨头脑”和“达尔文式管理”是运作微软最有效的手段。数据神经系统是未来管理的必然模式。

如今，如果你的办公桌上有一台个人电脑，里面几乎必定装有微软的操作系统。比尔·盖茨使个人计算机成了日常生活用品，并因而改变了每一个现代人的工作、生活乃至交往的方式。因此有人说，比尔·盖茨对软件的贡献，就像爱迪生之于灯泡一样重要。

比尔·盖茨给人的印象从来都是“永远长不大的大男孩儿”。很多人对他的身世了如指掌：1973年进入哈佛大学，大三辍学，与同窗保罗·艾伦一起创办了微软公司，推出了DOS和WINDOWS系统，然后成为世界首富。

1975年，年仅19岁的盖茨写了一封著名的《致爱好者的公开信》，震惊了计算机界。盖茨宣称计算机软件将会是一个巨大的商业市场，计算机爱好者们不应该在不获得原作者同意的情况下随意复制电脑程序。当时的计算机界受到黑客文化影响，认为创意与知识应该被共享。盖茨预言："我们意识到软件时代到来了，并且对于芯片的长期潜能我们有足够的洞察力，这意味着什么？我现在不去抓住机会反而去完成我的哈佛学业，软件工业绝对不会原地踏步等着我。"盖茨随后离开了哈佛校园，一手创办了世界上最成功的企业之一——微软公司，并逐渐将软件产业化。

盖茨的商业手法往往遭人非议，其中之一就是MS-DOS的来源。在1970年代末，IBM正在计划进入个人电脑市场，并在1981年正式推出了IBM个人电脑（PC）。IBM需要为自己的产品寻找合适的、基于英特尔x86系列处理器的操作系统。IBM在与另一家公司简短谈判后找到了微软。而微软则又在未告知自己正在与IBM谈判的情况下找到了西雅图电脑公司，以据说是5万美元的价格向该公司购买他们所开发的操作系统（微软的支持者称，当时微软与IBM有协议，规定微软不得向外界透露谈判事宜）。微软之后再授权IBM使用该操作系统（已经更名为PC-DOS）。微软还与其他电脑生产商谈判，将经过更改后的MS-DOS系统安装到每一台新电脑上。事后西雅图电脑控告微软在未告知事实的情况下以极低的价格购买该公司的产品，但是双方最终达成庭外和解。盖茨的声誉因1990年代末美国政府一系列控告微软垄断的案件而再度受损。

2006年6月15日，盖茨宣布2008年7月将隐退，届时将辞去微软首席软件设计师一职，并不再参与微软的管理事务。在宣布这一消息的时候，盖茨显得相对镇定，但是却掩盖不了某些哀伤的气氛，一些员工甚至热泪盈眶。隐退后的盖茨将专心于比尔和梅琳达·盖茨基金会，盖茨将几百亿美元的家财捐献给这个慈善基金会，并表示将只留几百万美元给他的三个孩子。微软的一名员工说："毫无疑问，他的慷慨使得数十万人重获生命。"随后不久，"股神"巴菲特宣布，将捐款300亿美元给比尔和梅琳达·盖茨基金会，前提是盖茨夫妇还活着！

1997年，盖茨和夫人梅琳达共同创立了盖茨图书馆基金会，为全美国的图书馆提供读者上网服务。2000年合并的比尔和梅琳达·盖茨基金会，致力于为全球特别是非洲贫穷国家和地区提供医学和健康服务以及艾滋病研究。至2005年年底，该基金会共捐赠了291亿美元用于以上的研究和资助。批评者认为基金会的创立只是盖茨对公众负面评论微软公司垄断行为的回应。但是我们也应该注意到，无论动机是什么，该基金会在为贫穷学生提供奖学金、艾滋病防治方面无疑有很大贡献。

正如沃伦·巴菲特曾评价比尔·盖茨说："如果他卖的不是软件而是汉堡，他也会成为世界汉堡大王。"言下之意，是盖茨成就了微软，而非微软成就了盖茨，是其商业天赋使他成为这个世上最富有的人。事实上，也的确没有哪一个企业领袖能像盖茨一样，始终将自己的光芒覆盖在企业之上。对微软来说，盖茨不单单是一位企业高管，而是微软品牌的延伸。在微软内部，所有员工都将他当作英雄一般来崇敬，他们相信，只要盖茨活着，微软神话就不会终结。

世人对盖茨的评价褒贬不一。有人说他是成功的企业家，有人说他垄断行业、欺凌弱小；有人说他是"最慷慨的慈善家"，有人说他是一个虚伪的人——他的慈善之举只是有史以来最昂贵的公关活动；有人说他是当之无愧的全球首富，有人说他只会贪婪地在股市中套现，从微软用户的身上榨钱……但是就像美国人所说的那样：“不管你是爱他，还是恨他，你都无法漠视他——这就是比尔·盖茨的魅力。”

第九章
美国的教育体系

如果要选择留学国家，中国学生大多会首选美国，中国人也以能去美国留学而自豪，不为别的，就因为美国的教育尤其是高等教育代表着世界的最高水平；与教育相似，美国的科技水平也始终处于世界领先地位。在美国人看来，每个人都应该有机会接受最好的教育，以发展个人的天赋与能力。

第一节　高等教育

美国的高等教育几乎代表了全球教育的最高水平。无数学子都想去美国留学。美国教育制度和大多数国家教育制度的一个主要不同点，就是美国的教育为社会上每一个人而办，不是专为少数人而设。用税款兴办的免费教育，除了设立一般学校的科目如数学、历史、语文外，还有缝纫、打字、无线电与汽车修理等科目。学生可依自己的兴趣、个人未来的计划和才能，从许多科目中自行选修。美国教育的主要目的，在于发展每个孩子的才能，不管它高或低到什么程度，同时给每个孩子灌输公民意识。

美国的大学分为公立和私立两种，其中私立大学的学校数量多，但公立大学的学生数量多，约4／5的大学生在公立大学学习。公立大学包括军事院校、各州的州立大学以及各种地方上的专科学校、社区学院和市立大学等。公立大学学费低，若是本地学生，学费付得更少。州立大学为了方便学生，往往在不同地点设好几个分校，学生可以走读。报考公立大学也比较容易被录取，有的公立大学对本区居民还实行全部录取政策或最低录取条件。尤其是社区学院，始建于20世纪初，到60年代变得十分普遍，被称为“人民大学”，它由地方当局出资，学生几乎免费。它的教育目标和课程设置相当灵活，根据本社区的社会经济需要而定，与当地工农商发展相结合。社区学院还办短期培训班，参加的多为成年人。社区学院占了大学的40%，它使高等教育完全平民化了。

私立大学的种类也很多，有专科学校、宗教性学校、普通大学和专业学院等。私立大学的经费主要来自学费、私人捐赠、对外服务和政府资助等。美国的名牌大学大多为私立大学，学费昂贵，但它们也给经济困难的学生提供奖学金、低息贷款、半工半读等机会。有的私立大学贯彻赞助性反歧视法，有将近2／3的学生为低收入者、少数民族学生或外国学生。私立大学一般以质量自诩，配备教师较多。

无论是公立还是私立，美国的大学都有很大的独立性。成立大学、授予学位需要由政府审批，但学校成立后政府就不再管理，学校在招生、人事、财务、发展等方面都可自行做主。大学内董事会为最高决策机构，一旦基本方针定了，便由校长掌控。

美国没有全国统一的大学入学考试，各大学自定标准。由于美国地方办中学，各校情况很不一样。为了有统一的衡量标准，有的私人机构设计出大学入学试题，每年考几次，全国在同一天考，成绩供大学录取参考。现在最普通的是“SAT考试”，几乎是申请入大学者必备的考试。申请研究生则须考“GRE”。各学校录取的分数线不同。除统考的成绩外，要求入学者还要填写申请书，附以前学业的成绩单，以及推荐信数封。美国目前大概有60%的中学毕业生上大学，但是只有一半最后完成学业取得学位。

美国的大学大致分为4种：一是二年制的社区学院，可以在读完后结业取得准学士学位，也可以再转学到正规大学去上三年级继续学业。二是四年制的文理学院或专业学院，毕业后获得学士学位。文理学院学习人文科学、社会科学和自然科学。由于大学是培养全面发展的人才，所以一二年级一般不设专业。专业学院有工程、机械、音乐等专门学校。三是综合性大学，下设许多学院和学系，既有本科四年，又有研究生课程，授硕士学位，但一般不授博士学位。四是研究性大学，包括本科，但以研究院为主，研究生有时可占学生总数的60%。大学还设有各种高级专业学院，如法学院、医学院、商学院等，必须在取得学士学位后方能申请。在美国3500多所大学中，大约有170所属于研究密集型大学，可授予学士、硕士、博士三种学位。名牌大学都属此类，它们承担大量的科研任务，在经费和授予学位方面也占很大份额。

美国的名牌大学很多，其中多数是私立学校，如8个常春藤学校：哈佛大学、耶鲁大学、普林斯顿大学、哥伦比亚大学、布朗大学、康奈尔大学、宾州大学和达特茅斯大学，它们都位于东北部，大多建校早，学费贵，有贵族化的声誉。常春藤联合会原是它们的体育联合组织，原因是这些校舍的墙上大多攀附着常春藤。同样著名的大学还有斯坦福大学、加州大学伯克利分校、芝加哥大学、麻省理工学院、威斯康星大学、约翰斯·霍普金斯大学等。

1957年苏联卫星上天后，极大地刺激了美国的科研和教育投资。1958年的《国防教育法》决定向大学科研提供联邦资金，并向大学生提供教育贷款。1963年，国会开始为大学校舍提供资金，条件是学校没有种族、民族、宗教的歧视。大学现已成为科研的主要力量，政府资助的基础研究有一半在大学进行。此外，大学还要承担成年教育的任务，有3／4的高校实施了成年教育计划。

美国高等教育的世界领先地位，提高了美国在配置全球科技人才资源上的强大能力。一是吸引了大批人才资源。目前在美国的留学生已超过49万，约占世界留学生总数的1／3。不仅如此，美国著名高校还吸引了一批世界级科学家和工程师移居美国，取得重大科学发现和技术发明。这已构成了美国国家创新体系的重要优势。1992年，美国24岁获得学士学位的人口比例为31%，高于日本和欧洲（日本在1992年为23%，欧洲国家低于20%）。在美国，1963—1967年获得博士学位的职工，在美国工程界起始年薪可超过8万美元，在物理学界也可以超过7万美元。二是集聚了科学家和工程师人才资源。1993年在美国拥有的254万名的科学家和工程师中，美国大学集聚了约34万人。三是积极从事高新技术的商业化。1985—1990年，美国联邦政府在大学系统设立了25个工程研究中心，旨在促进大学高新技术的及时商业化和产业化。四是成为美国基础研究的主要力量。2000年，美国大学仍然是美国基础研究的主要承担者，花费了美国全部基础研究支出的44.3%，超过美国企业界13个百分点。五是通过创办科学工业园区促进了大学社会功能的扩展和提升，如著名的“斯坦福研究园”。20世纪90年代初，该园区内有50—60家公司，就业人员2.8万人，每年上交政府的税款和公用事业费1500万美元，斯坦福大学每年获得500万美元。同时，每年约有

500名学生可参与园区工作，得到收入。美国硅谷的成功经验证明，大学也是创办科技型企业与集聚创新和创业人才的重要主体。六是造就了一批世界级的科学家和工程师。这是美国政府两大科技政策的目标之一（另一个就是保持美国在每一项科学前沿领域的世界领先地位）。

长期以来教育投资的持续增长机制，推动着美国成为世界教育特别是高等教育强国。在联邦政府诸项财政开支中，增长最快的就是教育投资。“二战”以后，美国教育投资一直占美国国内生产总值（GDP）的6%—7%的比例。2000年，美国教育投资增加到了6000多亿美元。在这样的背景下，美国高等教育得到了跨越式发展。1995年，美国高等学校数和在校学生数从1910年的近1000所、33万多人分别增长到3600所、1400多万人，18—21岁适龄青年大学入学率达到80%以上，已基本实现了“所有美国人得到世界上最好的教育，使美国的教育达到能与其他工业国家竞争的水平”。美国大学的迅速成长与美国高等教育的社会化投资机制密切相对应。这不仅表现在高等学校创办主体的非政府化，而且表现在企业对人力资源培训的战略性投资持续增长。目前，美国企业每年的人力资源培训费高达上千亿美元。

第二节　私立学院

当时英国政府不向殖民地提供教育经费，各殖民地便根据自己对教育的重视程度来兴办教育，从而形成了美国由地方办教育的传统。南方由于居住分散，不利于集中办学，大都由家长们合作聘请一位教师来教育子女。富裕的人家则自请家庭教师，孩子长大后，还要将他们送到英国大学去接受绅士教育。中部居住区比较集中，有私人办的学校，也有城镇办的学校，经费依靠私人捐款和公家拨款。当时各地贫穷的孩子都有拜师为徒的传统，一面学手艺一面学文化。总之，教育被认为主要是家长的责任，但私人捐赠教育和教会的慈善学校也一直存在。

对教育最有热情的是新英格兰的清教移民。他们在安顿下来以后，首先是进行宗教礼拜，其次是建立政府，然后就是关注教育了，因为他们急着要培养牧师，还要让每个人学会阅读《圣经》。1635年，他们开办了波士顿拉丁语学校，为学生进入大学打基础。1636年，也就是他们到达美洲的第6年，就由议会拨款400英镑，即当年税收的1／4创办了北美第一个学院。由于清教领袖们大多毕业于剑桥大学，他们便将该地改名为坎布里奇（剑桥）。两年后第一批新生共12名学生入学。同年，约翰·哈佛牧师去世，将他的图书馆及财产的一半留给学院，议会于是决定将学院命名为哈佛学院。在近60年的时间里，哈佛学院是北美唯一一所授予学位的学院。学院主要教授古典语言文学、神学和哲学，授课都使用拉丁语，注重的是学生的精神道德修养。毕业生中有一半人日后成为牧师。

1642年、1647年、1648年，马萨诸塞殖民地连续通过教育法案，要求保证每个需要上学的人都能上学。法律规定，每50户以上的村镇必须指定一个住户教授孩子读书写字，每100户以上的城镇必须开办一个学校。由于清教移民居住集中，学校便像教堂一样，成了新英格兰城镇的特点。学校的教育主要是读、写和算术，宗教自然是渗透在教育中的重要内容。著名的《新英格兰初级读本》在教字母“A”时，用的就是这样一句话：“在亚当的堕落中，我们大家犯了罪。”

到美国建国时，殖民地一共成立了9所学院，除了哈佛学院，还有弗吉尼亚主教派办的威廉·玛丽学院（1693年）、由哈佛毕业生开办的康涅狄格的耶鲁学院（1701年）、由长老会办的新泽西学院（1746年），后来成为普林斯顿大学、由英国国教办的英王学院（1754年），后称为哥伦比亚学院、由富兰克林建议创办的费城学院（1755年），现在的宾州大学、由浸礼会在普罗维登斯办的布朗学院（1764年），由荷兰改良新教在新泽西办的王后学院（1766年），后称拉特格斯学院，以及由公理会在新罕布什尔办的达特茅斯学院（1769年）。这些学院大多由宗教教派创办，由于当时政教合一，政府提供一定的资金。学院由终身制的校董们控制，以便不脱离教派影响。

建国后，合众国宪法中只字未提教育，教育权继续掌握在地方和人民手中。当时13个州中，有5个州的宪法提到了公立学校。从华盛顿开始的历届总统都十分重视教育，立国者们认为，只有普及公共教育才能培养共和国所急需的有知识的公民。杰弗逊主张培养以美德和才能为衡量标准的天然贵族，来取代以前以财富和出身来衡量的人为贵族。他一贯重视教育，认为“对人民普遍地进行启蒙教育，暴政和对身心的压制就会像黎明时的鬼怪一样消灭掉”。他建议在弗吉尼亚建立一个免费的公立学校体系，普及初等教育，选拔优秀生进中学和大学接受教育。杰弗逊提倡现代化的教育，他在试图改革威廉·玛丽学院遭到失败后，于1819年创办了弗吉尼亚大学，学校课程中取消了神学，增加了现代语言、政治经济学和自然科学等内容。

此后，将教育与宗教分开的做法渐成趋势。1827年，马萨诸塞州立法禁止公立学校传播宗教，随后又有9个州的宪法禁止拨款资助宗教学校。这促使移民在北方和中西部筹建了许多具有宗教色彩的私立学校。

在美国内战前的改革运动中，推广公共教育是一个重要内容。改革者们认为，良好的教育是良好社会的关键。而教育在一个实行男子普选的民主社会中显得格外重要，是每个公民作出明智选择所必须具备的。被称为"美国公共教育之父"的霍勒斯·曼说过："在一个共和国中，无知是犯罪。"因为"人民若无知识，一个共和形式的政府就会像一个没有院长或管理员的疯人院一样无法无天，只不过后者规模小，前者规模巨大罢了"。教育对培养有纪律有教养有判断力的国民意义重大。同时，美国人也普遍将教育看作不同阶层之间的最大平等因素，在一个个人奋斗的社会里，教育是最好的投资，尤其能为下层民众在社会上获得机会创造条件。在移民潮开始后，他们又把教育视为使移民美国化的最好方式。

于是，公立学校的思想被普遍接受，由公共税收支持的小学招收所有学龄儿童，不论其家庭贫富。同时，公立学校还由小学发展到中学。1821年，马萨诸塞建立了第一所公立中学，1827年，马萨诸塞教育法规定，每500户以上的镇必须办一所中学，每4000户以上的要办大学预科。1852年，马萨诸塞州颁布第一个强制上中学的法令。到1860年，该州已有公立中学100多所。当时全国只有300多所公立中学，而私立中学则有6000多所。期间，高等教育也加强了。1819年，美国最高法院在达特茅斯学院归属案的审理中作出有利于私立学院的判决，于是私立大学迅速发展。但学校规模都不很大，最大的也就四五百个学生。

然而，这场轰轰烈烈普及教育的运动却基本未触及南方。到内战前，南方已大大地落后了。虽然南方白人上大学的比例高于北方3倍，但中小学的入学率却只有美国其余地方的一半。加上实际上学人数和天数等原因，南方白人接受的教育只有其余地方的1／5。更不用说大批黑人奴隶都是文盲了。为了让奴隶驯服，不少州是明文禁止奴隶识字的。

内战中对教育影响最大的是1862年通过的“莫里尔法案”，也称“赠地院校法案”。它规定每个州可按议员人数出售公地来资助教育，每有一名议员就可出售3万英亩（约1.2万公顷）公地。各州用这些资金至少建立一所大学。这类增地院校的课程应包括全部传统的课程，但须以农业、工艺等实用科学为主。受惠于这项法案，三四十所院校随即诞生，大批学生得以入学，由此出现了美国庞大的州立大学体系，联邦政府也从此介入了高等教育。

内战后经济的飞速发展也促进了教育的发展，教育投资占国民生产总值的百分比从1860年的1.4%增加到1900年的2.9%。同时文盲人数下降，从20%下降到11%，工人素质明显提高。各州相继通过强制教育法，到1880年将近3／4的学龄孩子在学校读书。公立中学几乎普及，课程设置广泛，包括各种实用技能。黑人儿童也第一次有了上学的机会，但种族隔离的结果，黑人学校条件比白人学校差得多，最高法院却承认所谓“隔离而平等”的原则。这一原则直到第二次世界大战后的1954年的“布朗诉教育局案”才最终被推翻。

1870—1910年是美国高校蓬勃发展的第一个伟大的40年。原来大学的基础课程主要是古典文学、数学和哲学，离社会现实较远。1869年，埃略特任哈佛校长后实施改革，提高教学质量，设立新的课程，实行选修制，并大力加强研究生教育和各专业学院。到18世纪70年代，耶鲁、哈佛等大学都专设了研究生院。1876年，以研究为主的约翰·霍普金斯大学在巴尔的摩成立。美国的研究生教育在内战后很快发展起来了。男女同校在中西部开始较早，1833年奥伯林大学创办时就实行了男女同校，1858年，艾奥瓦大学成为男女同校的第一个州立大学。东北部地区由于传统太强，难以改变，便新建了一系列女子学院，一些老牌的大学也设立了附属女校，如哈佛在1879年，哥伦比亚在1889年。到1901年，共有128所私立女校，所有的州立大学都向女生开放。到1920年，美国大学中有一半学生是女子。黑人大学也在战后兴建起来了，如哈华德大学。1890年新的“莫里尔法案”为黑人的公共教育提供了赠地。

20世纪初，美国教育又经历了一次改革。约翰·杜威等教育改革家强调教育的意义，开办实验学校，改革课程，提倡学习实用本事，边干边学，并推广进步的引导式教育方法，注重学生个人的培养。职业学习、课余学习等也变得丰富起来。同时，职业教育也得到了加强。1917年，国会立法扩大职业教育，联邦政府拨款兴办低于大学程度的职业学校。普通高中也开设职业课，便于学生毕业后直接就业。社区学院也在此时诞生了。但直到1940年，美国大学适龄青年中只有20%能上得起大学。

“二战”后美国迎来了大学教育的又一次大发展，《1944年军人调整法案》引起高等教育中的重大变化，国家为退役军人提供教育资金，包括学费和生活费，因此接受高等教育的人有780万人，占全部退役军人的48%。两年后，大学生中有一半是复员军人，许多出身贫寒的人成了家中第一个大学生。大学教育迅速扩大，不再是中上层社会的特权了。

美国宪法中不提教育，除非涉及宪法问题，联邦政府一般不直接插手教育事务，这是由美国的体制所决定的。直到内战后的1867年，国会才批准成立了一个联邦教育办公室，后来长期隶属于不同的部门，到1950年代成为卫生、教育和福利部的一部分。1979年在卡特总统任内，美国才成立了单独的教育部。里根在竞选时还许诺要取消它，后来虽未兑现，但也成功地削减了其1／3的雇员和不少项目经费。教育部负责全国范围的教育统筹协调工作，包括教育立法、规定教育方向、确定财政资助事项、提供教育补助经费、统计教育数据、确保公民受教育机会等。教育部还要和各州教育界人士定期开会，研究教育中存在的问题和解决的方法。联邦政府对教育的财政投入不断增加，现在美国中小学的经费中有6%来自联邦政府，大多是以项目形式提供的。

各州宪法都有关于教育的条款，大多将初等和中等教育归入地方政府的责权。每个州都有州教育委员会，由州长任命或选举产生，下设州教育厅。教育委员会负责制定总方针，教育厅负责监督地方执行。教育委员会有权决定学校上课的天数，颁发教师和行政人员的执照，规定每个年级的必修课程和最低要求。地方又分成若干独立的学区，每个学区选举产生地方教育委员会，它们是中小学真正的决策机构，权力比州教委会还要大。凡是学区的居民，都有选举权和被选举权，选上的大多是家长、教师和商人。他们商定学校的预算和财政申请、聘请或解雇教职员、设定课程课本、制定校规纪律、配置图书馆等教育设施。这样的学区，全国有近1.6万个，这就决定了美国初等和中等教育具有鲜明的地方性。

学校的经费来源除了联邦政府的拨款外，还有州政府的拨款，这两项一直都在增加。但地方财政税收仍然是中小学的主要收入，占开支的40%—50%，每个区自定支持教育的财产税额。显而易见，财产多的富人区和财产少的穷人区在教育经费来源上必然差距巨大，公立学校的质量也因此参差不齐。为此，有的州实行再分配计划，将州里的财产税统一归入公共教育基金，再重新分配给各个学校，缩小各学区的差距。有的富人区一方面进行抵制，一方面通过私人捐赠和征收地方特别教育税来保持优势。对此，有的州又规定，随着富人区教育经费的增加，穷人区的经费也自然增长。虽然实行再分配计划的州已经相当普遍，但穷富地区的教育经费仍有很大的差距。

美国的义务教育最初为6年，后来逐渐延长，到20世纪90年代平均为10年。各州规定不同，密西西比州义务教育为8年，而弗吉尼亚和阿肯色州为13年，大多为9年。中学实行学分制，分科选修，学满16个学分可以毕业。必修课程有英语、社会学科、数学、自然科学和体育卫生，选修课范围则很广。有的初中单独立为中间学校，有的高中分为学术科（大学预备）、职业科（学习专业知识，为从事某一职业作准备）和普通科（毕业后从事一般劳动）。中学毕业必须完成4年英语，3年社会学，2年数学和自然科学的学习。此外，中等教育中还有一些专门学校，如大学预备学校、职业学校、音乐美术学校等。美国完成义务教育的人口比例在90%以上。

中小学教师资格是必须上过4年以上大学，具有学士学位。现在有1／3的中小学老师有硕士学位，而教师中以女性居多。

由于中小学由地方管理，所以美国中小学在学习内容上也不一致，地方教育委员会必须考虑当地居民特点来决定教育目标和优先考虑的问题，比如重工还是重农抑或重商。各地也表现出不同的社会和政治倾向，有的自由，有的保守，宗教色彩浓的地方甚至要在自然科学课中以《圣经》的《创世纪》来代替“进化论”。当然，太极端的做法一般都不会长久。民权运动后，美国强调同等受教育的机会和教育的多元化，少数民族地区的学校比较注意使教育适合他们的特殊要求，有必要的地区还实行双语教育。针对学习质量下降的情况，美国在20世纪90年代试行了选校计划，打破原地上学的习惯，让家长学生自选学校，试图通过竞争来提高教育质量。

尽管美国的公立中小学已经占绝对优势，但私立中小学仍很普遍，有12%的学生上私立学校。上私立学校的原因很多，有的不满公立学校为取消种族隔离而强制实行的校车接送制度，有的认为公立学校教育质量不行，有的感到吸毒犯罪等问题解决不了。私立学校中有4／5是各宗教组织开办的，其中天主教的学校最多。也有的没有宗教色彩。私立学校大多通过较高的教育质量、严格的纪律以及其他特长来吸引家长和学生。一些名牌私立中学相当于大学预备学校，为学生升入名牌大学作准备。这类学校学费昂贵，比较贵族化。私立学校的经费主要来自学费、私人捐赠和投资。公共提供的经费不足1／10，属于国家为每个学生提供的医疗、营养等一般性补助。私立学校为了使学生的背景多元化，也提供少量奖学金。

第三节　教育国策

美国作为一个依靠外来移民及其后裔建设和发展起来的国家，其政府深知外来文化精英和人才对美国社会发展的重要性。尽管美国对外来移民的文化和技术素质的要求越来越高，政策上的标准和宽严程度也会发生变化，但是有一点不会改变，而且今后也难以改变，那就是美国对于它所不需要的人会毫不留情地拒于国门之外，而对美国发展所需要的人才，特别是那些在经济、科技、国防和文化等方面涉及美国重大国家利益的人才，美国绝对不会等闲视之，而是极力通过各种政策法规和措施，大力吸引世界各地的优秀人才。其政策的依托点是通过确立美国所需要的人才在移民法中所享有的优先地位，并通过亲属移民的安排解决这些优秀人才的后顾之忧。美国的政策措施对美国综合国力的进一步提升，提供了不可缺少的人力资源。

吸引和鼓励世界各地的优秀人才移民美国，是美国的一个传统。早在建国初期，开国元勋们就十分关注这个问题，他们明确表达了吸引、鼓励有技术的人移居美国的重要性和必要性，只有这样才能较快地促进美国的繁荣和发展。因此，美国在独立后实行了“自由移民”政策，大批移民来到美国，其中不乏具有一技之长的欧洲和世界其他地区的移民，为美利坚合众国的早期发展作出了重要的贡献。

随着大批移民的涌入，美国最终在20世纪20年代形成了移民限额制度，确定了限制入境移民人数和选择民族来源的原则。即便是在这些限制和排斥外来移民的移民法的框架之中，美国政府依然对美国所需要的人敞开方便之门。通过对20世纪20年代所确立的移民限额法的研究可以看出，这些移民法的共同特点就是明确了美国欢迎的对象和身份。它规定美国所需要的专业知识人士，包括艺术家、工程师、医生、律师、学者、宗教人士以及演员等，这些人在入境时不受移民限额的限制。它还规定了“优先限额移民”的原则，在当时特别鼓励那些精于农业耕作并愿意以务农为生的移民入境，从而缓解第一次世界大战后美国农业技术人员匮乏的问题。这些立法表明，美国政府始终注意利用移民政策吸引外国人才、为美国社会发展服务的重要性。这种包括吸引外国优秀人才在内的“限额优先原则”，为后来美国移民政策的修订提供了有益的借鉴和启示，并成为第二次世界大战结束以来美国移民政策中越来越突出的特征。

第二次世界大战后，世界各国面临着经济发展的严峻挑战，随着新的技术领域的不断出现，在美苏冷战的背景下，各国对各种人才的争夺更为激烈。就美国而言，发展经济的考虑，特别是对人才的需求，是美国移民政策变化的一个重要动因，也是美国逐步调整移民政策，使之更符合美国国家利益的根本原因。对人才的需求突出体现在战后三个重要的移民法的制定上，最为典型的则是《1990年移民法》。

战后第一个吸引外来移民的重要法律就是《1952年移民法》。《1952年移民法》在吸取20世纪20年代移民法吸引人才所确立的原则的基础上，采用了给予美国急需的各类人才移民限额优先权的方法。该法规定，全部移民限额中的50%用于美国急需的、受过高等教育的、有突出才能的各类技术人员。技术类移民在限额制度中占有如此大的比重，这在美国历史上还是第一次。在《1952年移民法》实施中，美国政府又制定了一系列科研资助和专项基金管理制度等配套措施，以各种优惠条件和手段吸引外来人才。

20世纪60年代美国社会、经济和文化的发展变化，导致美国考虑修订《1952年移民法》，使之更加适合美国社会、经济发展的需要，于是产生了《1965年移民法》。《1965年移民法》对外国人才的优先考虑，构成了该法最大的特点。在吸引国外技术人才的条款上，《1965年移民法》把受过高等教育、具有突出才能的移民，以及美国急需的熟练与非熟练劳工列入限额移民的优先制中，分别享受第三优先权和第六优先权，两者加起来占全部移民限额的20%。这个移民法对美国吸引外国人才有着特殊的意义，在很大程度上导致移民的来源发生了结构性的变化。《1965年移民法》的重要后果就是移民素质的普遍提高，尤其是来自亚洲的移民。在这一时期来自亚洲的移民中，专业技术人员、管理人员和具有大学学历的移民占有很大的比例。对此，兰德公司的一份研究报告就曾经写道："来自亚洲的新移民是迄今为止进入我国的专业化程度最高的移民集团。"

《1965年移民法》实施以来，在吸引世界各地的优秀人才方面收到了显著的效果，对美国社会经济的发展起到了极大的推进作用。进入20世纪90年代以后，世界经济进入一个新的增长时期，以信息产业为突出特征的新的技术革命，成为这一时期世界各国发展经济的重点，而各国对相关高科技人才的争夺越来越激烈。为了适应美国社会经济发展的需要，针对在吸引高科技人才上所面临的迫切问题，美国在总结《1965年移民法》的经验成败的基础上，经过政府内部和社会各界的多次酝酿和反复辩论，终于在1990年通过了新的移民法。

同以前的移民政策相比，《1990年移民法》及其以后美国政府陆续出台的相关法令的特点是明显的：

一、最为突出的特点就是设立了技术移民所享受的限额优先权，根本的目的就是吸引美国所需要的各类人才。

《1990年移民法》对限额优先原则作了修订，把家庭团聚和技术类移民分开，更加体现了美国政府对高科技人才的高度重视。在《1990年移民法》中，对技术类移民的优先权作了明确的分配，除第四类和第五类优先权分配给特殊移民和投资移民外，享受第一类优先权的技术移民包括在科学、艺术、教育、商业、运动等方面具有特殊才能的人，杰出的教授及研究人员，多国企业中的高级经营管理人员。第二类优先权分配给具有高学历或特殊能力的专业技术人员，申请人必须具有硕士学位，或有科学、艺术和商业方面的特殊才能。第三类优先权给予技术人员、专业人员以及其他劳工，并规定技术人员必须有两年以上的工作经验，专业人员必须具有学士学位，其他劳工不得超过1万人，并禁止从事季节性劳动。这项法律还规定，上述移民在申请签证时必须出示自己的学历证书、获奖证明、职称证书及美国劳工部颁发的就业许可证等。技术类移民的限额是每年14万人，占全部限额的32%。

二、它所吸引的人才重点突出，特别是掌握高新技术的外来人才。

就美国而言，当前国际信息产业格局是美国拥有的绝对优势，它在全球的中央处理器、系统软件的产量方面占有绝大部分的市场份额，具有影响的全球性网络公司也大多设在美国。这一优势成为美国新经济的一个重要动力，也是美国经济在20世纪90年代持续增长的一个重要原因。信息和信息产业已经像核武器、尖端常规武器和经济实力一样，成为美国的重要的战略资源。因此，美国政府在移民法的框架下，多次通过一些具体的法令，特别是增加移民的签证数量，来吸引信息产业方面的高科技人才，效果十分突出。

三、从《1990年移民法》中不难看出，美国为吸引世界优秀人才所制定的政策具有合理性、全面性和实用性。

这首先体现在吸引人才的领域上，《1990年移民法》几乎涵盖了美国所需人才的方方面面，为希望移民美国的技术人员打开了方便之门。从吸引人才的层次上看，它既包括世界知名的学者和其他高级专业人才，也包括美国所急需的一般技术工人，人才需求层次非常明确。通过制定这种具有合理性和全面性的吸引世界优秀人才的政策，美国可以基本上提供满足其社会发展所需要的一切人才。

美国吸引世界优秀人才的政策措施，对美国的社会发展，特别是对美国的经济发展，产生了不容低估的影响，同时也对世界其他国家在人才的需求上产生了重要的影响。

首先，技术人才主要通过移民的途径进入美国，其比例一直保持平稳状态。同时，美国经济和高科技的发展仍需要外来移民特别是技术人才补充新的血液和活力，这种结构性的需求使得技术移民在近年来美国入境移民中占有相当的比例。《1990年移民法》实施后，亚洲移民中技术类移民的比例最高，技术移民占全部移民总数的44%左右，中国移民中高级经营管理人员和专业技术人员的比例，占本国技术移民数额的38%左右，日本人达到45%，菲律宾人为37%。

因此应该注意的是，技术类移民的条款发挥了明显的吸引效用，使得美国在毫无投资的情况下轻而易举地获得了大量的高技术人才，为美国经济的持续发展、在世界科技领域始终保持领先地位，提供了必不可少的人力资源。据一些美国学者的研究和统计，20世纪80年代，在美国各大学获得工科博士学位的研究生，55%是外国出生的，他们中间的绝大多数人留在了美国。同时，在美国各个行业就业的、持有博士学位的工程师中间，每3个人中就有1人是外来移民。据20世纪90年代中期的一项调查，美国所有大学中的工科教授，75%是外来移民，35岁以下的讲师中有一半以上来自外来人才。美国《商业周刊》曾乐观地评论道："美国高科技公司的下一代科学家和工程师，将成为外来移民的天下……从半导体到生物技术，美国的高科技工业如果要保持强大的竞争力，就越来越需要外来移民中的科学家、工程师和企业家。"这也是美国政府不断完善移民法，使之更能吸引国外人才的一个基本出发点。

其次，高素质的移民为美国提供了现成的专业人才，节约了美国大量的教育经费。在20世纪80年代以来的所有外来移民中，拥有大学本科以上学历的移民平均占27%左右，加上高中以上学历的移民，其比重则高达60%左右。这种情况在亚洲移民中最为突出。这样，仅外国移民在本国接受教育一项，就为美国节约教育经费15亿美元。据"美国大学协会"的研究，到21世纪初期，美国每年仍需要增加7.5万名自然科学和工科专业的博士，文化人类学和社会科学等各专业人才不足的问题可能会更为突出。因此，美国还将继续实行鼓励技术人才的各种政策。

最后，这些技术移民，特别是从事高科技研究的移民进入美国后，对美国社会发展的影响是长期的和无法估量的。这种情况对非欧洲裔的移民来说就更为突出。以亚洲移民为例，大量高素质移民直接导致了亚裔集团社会经济地位的变化，由于亚洲移民教育程度高，改变了亚裔集团的就业模式，许多人从事科研、行政管理等工作。同时，由于社会经济地位的变化，使得亚裔集团参政意识和政治地位不断提高；因此，他们要求平等权利，广泛参与美国社会政治生活，加快了亚裔集团融入美国主流社会的步伐。同时还应该看到的是，由于技术移民而产生的亲属移民的不断增加，以及异族通婚率的上升等，对美国未来的人口结构亦将产生不容低估的巨大影响。

毋庸置疑，美国通过各种政策措施特别是移民法吸引世界优秀人才的政策是极其成功的。其政策法规的制定及其产生的相应后果，有许多值得我们思考和借鉴的地方。

专题：透视哈佛和耶鲁式的精英教育

美国大学以其不可取代的优势，在全球教育界占据着举足轻重的地位。美国著名高等学府有：哈佛大学、麻省理工学院、哥伦比亚大学、加利福尼亚大学伯克利分校、斯坦福大学、芝加哥大学、乔治·华盛顿大学、耶鲁大学、加州理工学院、约翰斯·霍普金斯大学、普林斯顿大学和杜克大学等。透过这些高等学府的精英教育模式，我们可以看到支撑这个超级大国的科技支柱。

一、哈佛大学——追求真理的精英培育法则。

多年以来，在美国的学术界渐渐形成了一种学术标准，对真理的认真探索以及道德水准的提高至今仍然是这一标准的核心，而这一标准的源头，正是出自于哈佛大学。哈佛大学的创办者是一批从英格兰远道而来的清教徒，在他们的思想中，折射和衍生出一种求真求实的做人态度，影响着一代又一代哈佛人，教导他们以此作为自己的行动指南。

哈佛大学第19任校长昆西曾指出：“大学最根本的任务就是追求真理，而不是去追随任何派别、时代或局部的利益。”哈佛学子威廉·詹姆斯在1903年开学典礼致词时说：“真正的哈佛是无形的哈佛，藏于那些较为追求真理、独立而孤隐的（学生）灵魂里……这所学府在理性上最引人称羡的地方，就是孤独的思考者不会感到那样的孤单，反而得到丰富的滋养。”

的确，在哈佛大学，真理被摆在一个非常重要的位置，求学的过程就是求真的过程。不断地掌握知识、探索世界的过程，就是不断接近真理的过程。“与柏拉图为友，与亚里士多德为友，更要与真理为友。”威廉姆斯·艾米思的这句名言是哈佛的校训，为哈佛学子提供了学习和为人的第一准则。可以看出，哈佛大学的校训强调的有两点：

一是哈佛大学重视传统，相信在伟大的传统中有深远的智慧，所以哈佛大学不大可能出现全盘反传统、全盘反历史的疯狂现象。二是哈佛大学强调追求真理是最高的原则，无论是世俗的权贵还是神圣的权威，都不能代替真理，都不能阻止人们对真理的追求。

哈佛大学的校徽主体部分以三本书为背景，在上面的两本书上分别刻有“VE”和“RI”两组字母，在下面的一本书上刻的是“TAS”这组字母，“VERITAS”在拉丁文中就是“真理”的意思。

几百年来，哈佛大学正是在追求真理和勇于开拓的信念鼓舞之下，始终不遗余力地引导学生为理想、为实现人生价值进行不懈的追求和奋斗。也正是在这种生生不息的精神熏陶之下，哈佛大学才得以在美国的名牌大学中始终保持着独一无二的特色，从而造就了一代又一代的社会精英，在各种领域中作出许多影响重大的贡献。

哈佛大学塑造的精英之一、著名的思想家拉尔夫·沃尔多·爱默生曾在一次联谊会上发表了一篇名为《美国学者》的讲演。在演讲中，他强烈抨击了美国社会中“灵魂从属于金钱的‘拜金主义’，以及资本主义劳动大分工使人异化为物”的现象，强调人的价值。这一演讲轰动一时，在民众中引起巨大的反响。

爱默生极有可能因为这样的言论而遭到社会多方人士的指责或抨击，但哈佛大学的教育给予了他强大的精神动力，他觉得他有义务说出事实的真相，揭露出社会上存在的不良现象以及人们心中的不良思想。即使因此遭到打击或不公的待遇，也要坚持自己的想法和说法。

他认为，作为学者，其根本任务便是“自由而勇敢地从事物的表象中揭示真实，以鼓舞人、提高人、引导人”。通过对哈佛大学“求是崇真”的校园思想的深入认识和解析，并以此指导自己的思维，爱默生终于创立了自己独特的思想，提出了“依靠自我，尊重自我，独立自助，崇尚个性”的观点。

相信你自己，在“追求真理”旗帜的影响下，追求并坚持你认为是正确的道路。爱默生正是本着对真理对事实的不断探求，不因压力而违背自己的思想认识，才最终树立了自己的思想体系和人格魅力。

哈佛学子心中对于真理的探寻和执著精神，同样离不开作为领导者的校长对于学校精神的坚持和发扬。2000年，美国哈佛大学遴选校长，新卸任的总统克林顿和副总统戈尔均被提名。但哈佛很快就把这两个人排除在外，解释理由是：克林顿和戈尔可以领导一个大国，但不一定能领导好一所大学，领导一流大学必须要有丰富的学术背景，而克林顿与戈尔都不具备此条件。

后来，原任美国财政部长、世界银行首席经济学家、副行长萨默斯被挑选为新校长，因为他在经济学研究方面做到了一流，是国际知名学者。虽然萨默斯最后被迫辞职，但完全是由于他个人的原因：他在学校管理方法和领导作风方面存在问题，导致他与同事的关系紧张并严重影响哈佛大学的团队精神，于是哈佛大学的教授纷纷向萨默斯投下了不信任票。

尽管萨默斯在财经界赫赫有名，但在哈佛大学这个校园里，他不能享有一丝的特权——这是哈佛精神的生动诠释。反对特权、崇尚平等，无论他的身上有多少光环，只要他是哈佛人，就要传承和发扬哈佛的精神，如此，学生耳濡目染，才会深受其思想精髓的熏陶。

也正是经过一代又一代哈佛人对于优良传统的秉承和不断努力进取，哈佛对于追求真理这样一个最初的思想，最终形成了一种学校的传统精神和培养哈佛精英的重要学术标准和道德标准。

二、耶鲁大学——校园环境影响能力培养。

在耶鲁大学，校方非常注重校园的学习环境对于人才培养的重要意义。为了培养和提高学子们独立的思辨能力，提供一个自由良好的生长环境，耶鲁大学做了以下努力：

首先，耶鲁大学所设置的必修课相对来说比较少，绝大多数学生都能选择自己喜爱的课程。但是有一个条件，学生必须学习一些不同领域的课程。

在美国的高等教育中有这样一个观念，就是在学生头两年的学习中，他们需要广泛地涉猎各种各样的学科，而在后两年的学习中再确定自己的专业——这和很多国家包括我国的大学在大一刚进校时就让学生确定自己专业的做法有所不同。

耶鲁大学认为，如果刚进大学就分专业，那么学生对很多学科都还没有直观的认知度，选择的余地也非常狭小，一旦进入一个系，就等于为自己找好了一条已经确定的路，必须一步步走下去，没有什么可以探索的，空间很小，想转个弯都很难。而让学生涉猎不同的专业，则有利于他们更好地了解自己到底适合什么，并有足够的时间思考自己该选择什么。

其次，耶鲁大学实行“教授治校”的办法，由教授们组成教授会，参与学校的教学和具体事务的决策和管理工作。

耶鲁大学的教学力量一直是它引以为傲的重要资本，耶鲁大学认为，教授当家做主可以更好地保证学术的自由与发展。在耶鲁大学，教授们习惯于我行我素，各人的教学方式也有很大的自由度。

小型的研讨班是耶鲁大学课堂上经常见到的学习方式，教授们通过这样的形式鼓励和激发学生发表自己的想法并努力捍卫自己的观点，而且随时欢迎学生在课堂上对自己提出问题和质疑。

学术自由带来的积极后果，就是一个学生想往哪个方向发展，都会受到教授的鼓励和帮助，只要那是一个合理的发展方向，不管你的思维往哪个方向突破，教授们都会帮助你、扶持你。在你的独特思维形成的过程中，没有任何框框的束缚，也没有锁死的框架，没有人逼着你按照预先设定好的方向往前走，也没有人无端地阻止你限制你。这对于一个人思维素质的培养，具有非常重要的意义。

就像种子在良好环境下健康发芽，小树在自由空气中茁壮成长一样，耶鲁大学整个校园给人的感觉就是这样。耶鲁大学的教授一个个都桀骜不驯，敢于上书政府，敢于批评美国参军征兵法，法学院的教授甚至敢于直面美国国会。这种敢于挑战的精神和强烈的思维论辩，对学生来说是一种极大的激励，使得他们敢于吐露自己的真实想法，在学术和为人处世上形成自己独到的新颖的思想而不屈服。

最后，耶鲁大学始终坚持学术的独立性。为了维护耶鲁大学的传统独立精神，历届校长一直抵触来自政治和经济上的压力，即使付出再大的代价也在所不惜。

越战时期，美国政府下令：凡是自称以道德或宗教理由反战者一律不准领取奖学金。当时美国各个名校都遵照政府的指示行事，唯有耶鲁大学始终不移地坚守着自己学术独立的阵地，仍然以申请者的成绩作为奖学金的评比标准而无视战争和政治的因素。为此，耶鲁大学付出了巨大的代价，失去了联邦政府的一大笔基金，经济上几度陷入困境。但当时的校长金曼布鲁斯特，却在耶鲁学子中获得了极高的声誉和尊敬。社会的发展需要学生大胆地质疑社会现实，敢于向权威说“不”，这种“学术为上”“学术独立”的精神潜移默化地影响着学子们，让他们敢于坚持自己的学术和为人理想，绝不屈服。

耶鲁大学提倡讨论式的课堂授课方式。一位西方教育家讲过，大学的本质在于把一群优异的年轻人聚在一起，让他们的创造力互相激励，产生使他们终身受益的智慧。所以，教授是哪里的博士，出了多少专著，并不是主要的，重要的是大学的教学如何为学子们创造一种更有成效的互相激发智慧和创造力的环境。即使是本科生，在听完教授的理论课之后，也必须参加由研究生助教主持的研讨班。可以说，在耶鲁大学，研讨班贯穿了大学教育的始终。

我们可以看出，在这样的环境下，每个学生的角色已经不仅仅是受教育者，而同时是教育者。学生不仅有学的义务，更有为他人、课堂讨论贡献智慧、交流所得的压力。并且在这样的教育体制中，能让不同背景的学生将各自不同的阶层、种族、文化中的经验带进课堂，社会中各个集团的思想在这里交锋、整合，使学生能接触到更多元化的信息和知识，培养了他们多角度的思辨能力。这样的方式让学生在毕业后能很快融入社会，为社会、国家贡献出他们的智慧。

三、斯坦福大学——敢于挑战，勇于冒险。

斯坦福大学校长约翰·亨尼斯在谈到斯坦福的办学理念时说道：

“我们的理念是要追求新的知识，推动我们的学业与学生进行交流，因为我们不断地进行研究，不断地进行教育，我们认为最重要的一个财产就是要双方都达到优秀，在教和学方面相互影响，而且都达到杰出的效果，这是我们大学的一个理念。”

而对于这个理念具体表现在哪里，亨尼斯是这样说的：“斯坦福最有特点的、区别于很多世界其他大学的就是它有不断冒险的精神，在教学和研究方面都有这样的精神，不断地寻求和探索新的方向及新的理念。”

很多新事物的出现或者新旧事物的更新换代，都离不开一些冒险和挑战的成分，如果只是在固有的圈子里面打转转，那么世界对你来说也就只有这么小了。在斯坦福大学这样的校园，处处显露出不断拼搏的踪迹，也处处充斥着新事物代替旧事物的新鲜空气，身处这样的环境，自然无时无刻被其影响着。

斯坦福的教育者认为，鼓励青年人自己去发现他们追求的答案，不是一种最容易的学习方法，但却是回报最丰厚的一种学习方法。教育能做出的最重要的一条贡献，就是发展学生追求创造性方法的本能和好奇心。

要知道，随着时间的推移，学过的许多东西都有可能会被忘记，但是一个人对于未知事物的好奇心和探索欲望，对于提出问题和找出答案的能力却未必会消失。无论是哪个国家、哪个地区的学校，都应当明白这个道理，并认真汲取这个经验，因为学生能够接受到这种教育制度是他们作为教育者的重要职责，而学生能否接受到这种教育制度，亦是关系到他们自身能否在未来成长为精英的一个重要砝码。

对此，斯坦福大学教授、著名化学家保罗·伯格有着自己的见解：

“我们每个人都在寻求自己的幸福之路。1980年，我在瑞典接受诺贝尔奖时曾说过，我是获得了双重幸福的人。因为除了诺贝尔奖给我的声誉之外，研究工作本身也给了我难以用语言表达的欢乐——新的发现、开创新事业和进入无人涉足过的新领域——这些都使我感到无比激动和愉悦。这种巨大的幸福不仅科学家能够体会到，从事文学、音乐、艺术甚至商业的人，也可能获得可与之比拟的回报。每一个愿意在未知领域里冒险的人，都有可能获此殊荣。这种冒险极富挑战性和诱惑力，值得我们为之竭尽全力。”

在美国，鼓励不断挑战和冒险的学术教育方针并非只针对大学生。很多同学在其青少年时代，就开始被灌输这样的学习思维。老师对于同学们提出的问题，往往不会给予直接的回答，他们并不认可学生采用那种不费脑筋的学习方法，而是鼓励他们到有关的书籍中自己去寻找答案。此外，他们还经常引导学生通过到图书馆查找相关资料或者亲自做实验的方法去寻求答案、解决问题。通过这样的方式，学生会在若干时日后发现自己所得到的收益比预想的要多得多。

在进入高等学府之后，老师同样会鼓励同学们提出超出他们知识和经验以外，甚至是超出老师本人的知识和经验以外的问题，思考那些还未得出答案的问题和事物。保罗·伯格在大学期间成为学校课外科学俱乐部的成员，他的老师鼓励他通过实验来解决某些与自然界相关的问题。他说：“一开始，我只是重复已经做过的实验，随后，我被要求设计新的实验方法来解决我自己提出的难题。”

在成为斯坦福大学的教授之后，保罗·伯格不仅自己始终对未知的新领域秉持这样的冒险态度和研究精神，对于他的学生，他也采取了同样的教育方式。他清楚地了解到，在任何时候，探索未知世界的激情并找出答案的强烈欲望，都是一个人向精英迈出的一个重要步伐。基于这样的校园文化以及对校园文化精髓的领悟，保罗·伯格终于成为病毒繁殖、侵袭正常细胞并使之癌变的最早研究者，获得了1980年的诺贝尔化学奖。

而斯坦福大学第五任校长史德龄，还把斯坦福大学的创建本身看作是不避风险、敢于革新的表现。当然，在步骤上他却表现得十分稳妥，“在破旧立新之前，要把新东西看准”，他常常这样告诫自己的学生。结果，在他治校的19年间，新事物层出不穷，各项业绩都非常可观。

坚持在教学和科学研究中以挑战自我，勇于冒险为育人法则，通过追求知识与技术的不断革新，不断探索，斯坦福大学以此为基点来培养第一流的学生，使得有些斯坦福学子，即使在很久之后，还流淌着这样的血液。造就挑战与冒险的理念，由此便派生出来许多类似的奇迹，斯坦福的精神，就是这样被催化、被辐射出去的。

这就是为什么在创校的初始阶段，同美国东海岸的其他大学相比，斯坦福大学只不过是一所名不见经传的“乡村大学”，但是到了1985年却被评为全美大学第一名的关键因素。属于“后起之秀”的斯坦福大学之所以能够后来居上，源于其本身的成长历程便是一条不断挑战自我、锐意革新的艰苦创业之路。

第十章
美国文学与艺术

有人说："美国无文学，更无文学史！"其实这只是强调它的文学史太短、文学缺乏历史的积淀，但并不表明它没有文学。美国不仅有文学和艺术，而且还是特色明显的文学和艺术。一个国家的文学艺术和它的宗教信仰是分不开的，美国得天独厚的社会环境和根深蒂固的宗教信仰使得它的文学艺术异彩纷呈。

第一节　开朗豪放的文学风格

美国的文学史是从殖民时代开始的，当欧洲的殖民者和清教徒来到这片大陆上的时候，也带来了欧洲的文化。这往后很长一段时期，美国文学一直都受到欧洲文化的很大影响。一直到美国独立后，美国人强烈地感觉到了民族文学的需要，美国的民族文学才开始发展。

南北战争是美国文学史上的一个分水岭，战后美国文学进入了一个全盛时期，产生了强调个性主义和直觉的早期浪漫主义以及以爱默生为代表的超验主义文学。爱默生的时代是美国前所未有的文学变动时代，产生了一大批优秀的作家和作品。他们突出地给予了当时美国文学以深度和力量，也促进了浪漫主义高潮的来临。但是由于战争的影响，社会动荡不安，这时的作品更注重于揭示社会的阴暗面，同时美国的民族文学进一步发展创作出了许多带有本土色彩和批判现实主义的作品。“一战”后，美国人陷入战后的茫然，美国也开始进入了现代文学阶段。

美国早期人口稀少，有大片未开发的土地，为个人理想的实现提供了很大的可能性。美国人民富于民主自由精神，个人主义、个性解放的观念较为强烈，这在文学中有突出的反映。美国又是一个多民族的国家，移民不断涌入，各自带来了本民族的文化，这决定了美国文学风格的多样性和庞杂性。美国文学发展的过程就是不断吸取、融化各民族文学特点的过程。

许多美国作家来自社会下层，这使得美国文学生活气息和平民色彩都比较浓厚，总的特点是开朗、豪放。

内容庞杂与色彩鲜明是美国文学的另一特点。个性自由与自我克制、清教主义与实用主义、激进与反动、反叛和顺从、高雅与庸俗、高级趣味与低级趣味、深刻与肤浅、积极进取与玩世不恭、明快与晦涩、犀利的讽刺与阴郁的幽默、精心雕琢与粗制滥造、对人类命运的思考和探索与对性爱的病态追求等倾向，不仅可以同时并存，而且形成强烈的对照。从来没有一种潮流或倾向能够在一个时期内一统美国文学的天下。

美国作家群体敏感、好奇，往往是一个浪潮未落，另一浪潮又起，日新月异，瞬息万变。作家们永远处在探索和试验的过程之中。20世纪以来，许多文学潮流起源于美国，给世界文学带来积极的与消极的双重影响。

美国移民刚到新大陆时忙于生存，所以刚开始时文学发展比较缓慢。最早发表的关于北美的作品是游记、日记之类的文字，作者都是英国人。英国殖民地建立之后，许多出版物是关于神学的研究。著名的作家有科顿·马瑟（1663—1728）和乔纳森·爱德华兹（1703—1758）等。

北美出版的第一部诗集《海湾圣诗》是以民歌形式写成的圣诗。迈克尔·威格尔斯沃思（1631—1705）的诗全是解释加尔文教的教义，成了宗教性的普及读物。女诗人安妮·布拉兹特里特（1621—1672）写的也是宗教生活，不过多少以世俗的笔调抒写妇女的心情。生前只发表过挽诗的牧师爱德华·泰勒（1644—1729）反映了严格的清教主义的衰落。在这些诗人身上，英国的影响也是明显的，布拉兹特里特得益于斯宾塞，泰勒的诗里看得出约翰·多恩和乔治·赫伯特的影响。

美国民族文学形成于独立革命时期。这场斗争产生了大量的革命诗歌，并且造就了美国头一批重要的散文家和诗人。政治上的独立促进了文化上的独立。战争结束之后，美国作家的作品陆续增多，逐渐摆脱英国文学的垄断局面。年轻的民主共和国使人们满怀信心，并吸引着旧世界更多的人奔向新的大陆。这样的社会条件促使19世纪上半叶的文学创作具有浪漫主义的色彩。作家们吸取欧洲浪漫派文学的精神，对美国的历史、传说和现实生活进行描绘，美利坚民族的内容逐渐丰富和充实起来。从十九世纪二三十年代到南北战争前夕，是浪漫主义运动的全盛时期，各种不同风格的作家泉涌而出，作品从内容到形式都具有鲜明的民族特色。批评家们称这一时期的文学为美国文学的“第一次繁荣”。到了19世纪中叶，浪漫主义文学的基调由乐观走向疑虑，复杂的社会矛盾，如蓄奴制，又使某些作家采取现实主义的创作方法。

独立革命是美国民族文学诞生的背景。早在战争爆发之前，美国殖民地人民在欧洲启蒙主义学说影响之下，已经具有了民族独立的意识。富兰克林（1706—1790）世俗的格言比爱德华兹清教主义的教诲更能吸引广大群众。富兰克林用清晰、幽默的文体传播了科学文化，激发自力更生的精神，他的爱国热忱和关于自学、创业的言论，对于美国人民的人生观、事业观和道德观产生了深远的影响。独立革命期间充满了反抗与妥协的尖锐斗争，这迫使作家们采取政论、演讲、散文等简便而又犀利的形式投入战斗。发表“不自由，毋宁死”这一名言的演说家帕特里克·亨利（1736—1799），像战鼓那样鼓动战士奋勇杀敌的托马斯·潘恩（1737—1809），行文朴质无华却字字击中要害的托马斯·杰弗逊（1743—1826），都是无畏的战士，他们为了战斗的需要锤炼自己的语言艺术。那个时期的诗歌也具有强烈的政治性，大量的革命歌谣出自民间。菲利普·弗瑞诺（1752—1832）是当时著名的革命诗人，他的创作开创了美国诗歌的优秀传统。

19世纪初，一些以美国为背景、美国人为主人公的作品开始出现，初具美利坚民族的特色。欧文（1783—1859）致力发掘北美早期移民的传说故事，他的《见闻札记》开创了美国短篇小说的传统。库珀（1789—1851）在《皮袜子故事集》中以印第安人部落的灭亡为背景，表现了勇敢、正直的移民怎样开辟美国文明的途径。诗人布莱恩特（1794—1878）笔下的自然景色，完全是美国式的，他歌颂当地常见的水鸟和野花，而且通过它们歌颂人与人之间的和谐。这些作家的作品满怀乐观向上的时代精神。色彩阴暗的爱伦·坡在诗歌、短篇小说和理论批评方面达到新的水平，标志着民族文学的多样性和在艺术上的发展。

19世纪30年代以后，东北部沿海的美国文化中心新英格兰地区成了最早的工业区。杰克逊总统的民主主义路线又使国内的民主空气增长。这在意识形态上造成两方面的后果：一方面出现了超验主义者团体，另一方面使一些作家产生不少疑虑，浪漫主义文学的基调由乐观转向怀疑和消极。

到了50年代，随着工业化引起的种种社会问题的出现，作家们敏锐地感受到民主制的弊病。梭罗（1817—1862）侧重超验主义中人的“自助”精神，主张回返自然，保持纯真的人性，因此与资产阶级社会秩序发生冲突。在霍桑与梅尔维尔身上，这种矛盾以抽象、神秘的形式表现出来。霍桑（1804—1864）深受加尔文教派的影响，又想有所摆脱，于是转向对人类状况与命运的探索，如《红字》。梅尔维尔（1819—1891）同霍桑一样，把他所感觉到的社会矛盾归结为抽象的“恶”，而“恶”的强大与不可理解使《白鲸》等作品蒙上神秘、悲观的气氛。

19世纪30年代之后，北部进步人士掀起越来越高涨的废除黑奴运动。黑人的处境激起许多作家的同情，从爱默生、朗费罗到惠特曼都写过反对蓄奴的诗篇。影响最大的作品是斯托夫人的小说《汤姆叔叔的小屋》，林肯称她为“发动了一次战争的小妇人”。诗人惠蒂埃（1807—1892）抗议蓄奴制的诗篇数量最多，反映了19世纪废奴运动历次的重大斗争。废奴文学虽限于道义上的谴责，却也推动了废奴斗争，在文学史上，也是19世纪现实主义创作的先声。

从南北战争结束到第一次世界大战，美国文学总的倾向是现实主义的兴起、发展和浪漫主义的衰微。南北战争结束后的二三十年内，资本主义处于自由竞争阶段，民主、自由的理想鼓舞着人民和作家，文学创作中乐观的情绪处于主导地位。

乡土文学最先出现于十九世纪二三十年代，南北战争后进一步发展。这种文学描绘本乡本土的传说与现实生活，地方色彩浓厚，基调是乐观的、抒情的，如描写西部矿工生活的布雷特·哈特（1836—1902），或者是幽默的、机智的，如裘维特（1849—1909），这是战后美国健康、活泼生活情趣的反映。马克·吐温（1835—1910）的创作活动持续近50年，是这一时期主要的作家，代表作是《哈克贝里·费恩历险记》。他早期的短篇小说吸取西部乡土文学中幽默故事的特点，采用诙谐、滑稽的夸张手法表现美国的社会生活。马克·吐温是幽默艺术的大师。他在滑稽中含有讽刺，逗趣中有所针砭，创造了独特的艺术风格。

出身高贵、深受欧洲文化影响的亨利·詹姆斯（1843—1916）是描写上层阶级精神面貌的代表作家。他的风格高雅、细致，讲究表现形式，与粗犷、诙谐、富于生活情趣的马克·吐温形成对比。亨利·詹姆斯虽然崇拜欧洲文化，但在道德情操方面更偏向于文化修养不高的美国人。美国人心地纯真、善良，比狡黠的欧洲人（或常住欧洲的美国人）可爱，这是他的《贵妇人的画像》等小说中常出现的主题。他开创了心理分析小说的先河，他的作品，尤其是后期作品如《鸽翼》，不厌其烦地发掘人物“最幽微、最朦胧的”思想与感觉，把“太空中跳动的脉搏”转化为形象。在心理分析精微细致这一点上，亨利·詹姆斯达到了前所未有的境界，为小说艺术的表现力开辟了新的途径。

美国黑人文学起源于黑人奴隶歌曲，这些歌曲，不论是悲歌还是民歌，倾诉了黑人背井离乡、沦为奴隶的痛苦心情。书面文学最早出现在18世纪，19世纪以后陆续增多。表现形式先是诗歌，再是小说。作者多数是已经获得自由的黑人。除少数迎合白人读者的口味外，多数作家倾吐黑人奴隶的苦难。南北战争前后，以道格拉斯（1817—1895）为首的黑人作家提出废除蓄奴制、争取黑人人权的要求。南北战争后出现的诗人邓巴（1872—1906）、小说家切斯纳特（1858—1932）在艺术上更为成熟，前者想象丰富，表现含蓄，后者揭露了战后南方种族歧视的状况，反映了黑人知识分子的思想倾向。

从第一次世界大战到第二次世界大战，是美国文学的第二次繁荣时期。20世纪20年代，各种流派相继出现，表现了高度发展的资本主义社会的种种矛盾和精神世界方面的问题。30年代基本上是左翼文学占主导地位的时期，从30年代后期起，文学界分化成各个流派，又出现了纷纭多样的局面。总的来说，现代派文学与左翼文学是这个时期两股最大的文学思潮。从这个时期起，美国文学开始发生世界性的影响。1930年后，美国作家陆续得到了诺贝尔文学奖。

20世纪初，美国的经济有了很大的发展。垄断资本进一步集中，大城市人口密集，工农运动规模越来越大。社会面貌与人的精神面貌，已非19世纪传统现实主义手法与惠特曼式的风格所能准确反映的。大战前的最初10年为孕育新的风格、新的流派作了准备。欧洲的现代派文艺不断介绍到美国。

19世纪下半期美国的诗歌处于过渡阶段，继惠特曼后只出现了一个重要诗人艾米莉·狄更生（1830—1886）。她一反浮夸的浪漫主义诗风，以不规则的韵律、奇特的对照和自由的联想，打开了通向美国现代诗的道路。1912年，《诗刊》在芝加哥创办，标志着现代派文艺的开始。《诗刊》的头3卷里，出现了庞德（1885—1973）、韦·林赛（1879—1931）、艾·洛威尔（1874—1925）、威·卡·威廉斯（1883—1963）、桑德堡（1878—1967）、沃·斯蒂文斯（1879—1955）、艾·李·马斯特斯（1868—1950）、玛·莫尔（1887—1972）等人的作品。这些人后来都成为美国有成就的诗人。其中有意象主义者，有接近劳动人民的芝加哥诗派，有20世纪的田园诗人，有新的乡土主义者，有抽象哲理派诗人。他们的共同点是表现现代资本主义社会中越来越突出的人的异化，并或多或少流露出彷徨和悲观的情绪。即使是田园诗，弗罗斯特笔下的新英格兰风光也笼罩着疏远、陌生与死亡的阴影。现代派诗歌的代表作是艾略特的《荒原》。这首诗为西方现代社会提供了一个象征性的比喻。

现代主义在戏剧方面的代表人物是奥尼尔（1888—1953），他的剧作受到象征主义、表现主义和弗洛伊德主义的影响。他对美国社会的合理性表示怀疑，创造了美国现代的悲剧。在小说方面，格·斯泰因（1874—1946）与舍·安德森（1876—1941）开创了美国现代派小说的道路。

第一次世界大战结束几年之后，对这次战争的厌恶情绪开始在文学上有所反映。“迷惘的一代”的作家大多参加过这次战争，他们普遍有一种被欺骗、被出卖的感觉。他们不再相信虚伪的道德说教，而以玩世不恭的生活态度来表示自己的消极抗议。“迷惘的一代”的代表作是海明威（1899—1961）的《太阳照样升起》。有些作家没有赶上参加战争，如“爵士时代的歌手”菲茨杰拉尔德（1896—1940），他的情绪是和“迷惘的一代”相通的。海明威、菲茨杰拉尔德等作家唱出了幻灭的哀歌。稍晚的托马斯·沃尔夫（1900—1938）在短短的10年间写出了好几百万字小说，其中的主人公都是他自己，主题是不断寻求连作者自己也不甚清楚的目标。

第二次世界大战的规模空前巨大。战争中发生的事件，如600万犹太人被屠杀，原子弹在广岛爆炸，使美国的知识分子感到震惊。他们怀疑人性是否还有善良的一面，也感到人难以控制自己制造出来的巨大物质力量。他们对文明与进步的信念发生了极大动摇。50年代在“冷战”、“麦卡锡主义”和朝鲜战争的背景下，文坛趋于沉寂；六七十年代，经过越南战争、民权运动、学生运动、女权运动、水门事件，文坛活跃起来，出现了一批爱思索的作家。在他们眼里，美国的社会已变得十分复杂，价值观念混乱。他们普遍感到不知怎样解释这样的现实，于是便通过怪诞、幻想、夸张的方式，再现生活中的混乱、恐怖和疯狂。他们表现的是没有目标与方向的梦魇世界，他们讲的是支离破碎的故事，写的是“反英雄”、甚至是不完整的形象。这个时期，文学作品中对性爱（包括同性爱）的描写也更为露骨了。

第二节　异彩纷呈的现代艺术

真正意义上的美国美术，是从17世纪初欧洲人进入后才开始的。以后的美国美术史，是摄取以欧洲为中心的文化传统和样式，逐渐树立独立的美术风格，并进而对世界美术产生重大影响的历史。欧洲人离开他们那具有悠久历史和丰富传统的大陆，向一个所有东西都必须重新创造的陌生世界移民，这决定了他们的美术富有创造性，并且首先是实用的。美国独立以前，所谓“殖民时代”的艺术家大多是在欧洲学习成长的。部分画家的作品还曾被认为是欧洲艺术家所作，美国18世纪著名的肖像画家：吉尔博特·斯图亚特（Gilbert Stuart）就是其中之一。

到了19世纪，仍然有大量画家到德、法、英等国学习，这时候美国在国际上享有一定声誉的画家，多是长年侨居在国外的。如以华丽的技巧为上流社会绘制肖像的约翰·萨金特，在国外度过了一生；受东方艺术影响，讲究装饰美的惠斯勒，二十几岁离开美国，一直居住在国外；追随印象派的女画家卡萨特，也是短时间回到过美国，她的艺术风格主要是在法国形成的。这一时期的美国画家主要是附庸于英、法画坛，追随并传承着欧洲古典的艺术传统。

19世纪上半叶，浪漫主义的风景画被引进来，美国艺术家通过广袤的自然表现崇高精神，渐渐地萌生了美国美术的特性。它与埃默森等人的超绝主义有联系。南北战争以后，工业化的进展，促进了国家和城市的繁荣及大众文化的发达。第二次世界大战前和战争期间，一大批外国艺术家亡命美国。以与他们的交流为契机，美国艺术家通过从独自的空间感觉重新评价欧洲艺术，创造了内涵崇高的抽象表现主义。由此，美国美术获得了独特面貌。原来以欧洲为中心展开的西方美术史，由美国继承和发展。美国在第二次世界大战中尤其战后，继意大利和法国之后成为世界现代美术的中心和策源地，以千变万化的流派和风格对世界美术发生了广泛而深刻的影响。

房屋对于欧洲移民来说是最基本的需要，所以建筑成为美国美术的先导。殖民时期，美国东北部都市的格子状街道和不讲究装饰的邸宅，与东南部大农庄的乡村建筑形成对比。18世纪末，从欧洲来的学院派建筑师，适应新兴国家的需要，建立起一些庄重的希腊罗马样式的建筑。法国的朗方是其代表，他设计了首都华盛顿的中心区。19世纪初，第3任总统杰弗逊离任后，受帕拉迪奥的影响而从事建筑设计，他以罗马的潘忒翁神殿为规范，在建筑作品中显现开拓精神。这一时期，还在费城等都市开始低层连续住宅的建设。在南北战争中，建筑的特色是希腊样式和哥特式的复兴。南北战争后，在法国第二帝政样式的推动下，就学于法国美术学院的美国样式主义建筑师在东部形成强大的势力。

19世纪中叶，以钢铁为中心的产业革命，推动着建筑工艺学的飞跃发展。电梯和钢筋混凝土的发明，导致美国产生了首创的建筑形式——摩天大楼，它被认为真正代表美国精神。摩天大楼的建设在19世纪80年代以中部的芝加哥为中心而后达到全盛。以沙利文为代表的芝加哥派建设了合理的钢筋结构高层大厦，在1893年的芝加哥万国博览会上，战胜了东部势力。沙利文及其后继者赖特开启了美国现代建筑的大门。之后直至20世纪30年代，以麦金、米德、怀特建筑事务所的折中样式为代表，美国建筑一直处于停滞状态。其间以第一次世界大战为转机，以成为世界第一大工业国的技术发展为背景，摩天大楼的建设在国际上引人注目。在曼哈顿林立着如纽约帝国大厦等摩天大楼，并且为高层化大都市建设提出了新预制构件计划。

从20世纪30年代后期开始，赖特的活动引人注目，自落水别墅后，他又创造了许多有机建筑的杰作。以第二次世界大战为契机，德国包豪斯体系的瓦尔特·格罗皮乌斯、米斯·范·德尔·罗厄等亡命美国。他们的教育活动和设计活动，与赖特、萨里南的活动并驾齐驱。在纽约还有汇集了各国建筑师智慧的国联本部建筑和SOM建筑事务所的城市建筑计划，美国一举变为大胆的现代建筑的试验场。以纽约曼哈顿区为例，著名的建筑有：赖特的古根海姆博物馆、罗厄和约翰逊的西格雷姆大厦和联合国总部建筑群、萨里南的CBS大厦、布鲁尔的惠特尼美术馆、亚马莎基的世界贸易中心。芝加哥西尔斯大厦建于1970—1974年，由SOM建筑事务所设计，是迄今世界上最高的建筑物。费城的卡恩、纽黑文的鲁道夫，也取得了出色的成就。此外，还可提到的有向巨型建筑挑战的罗奇、具有象征性的文图利和穆尔等人的建筑风格。

美国在独立战争后，出现了受欧洲影响的新古典主义倾向，制作了许多以独立战争的英雄为代表的理想化的肖像雕刻。鲍尔斯在新古典主义上融入美国特有的自然主义，博得了国际声誉。南北战争后，要求在造型上反映美国社会的理念，与建筑一样，1893年的芝加哥万国博览会成为雕塑的舞台。当时的肖像雕刻和纪念碑上，圣高登斯保住了格调。20世纪的雕塑，始于纳德尔曼的单纯化具象雕刻。与来自法国的拉谢兹的生命主义并行，从蒙德里安、阿尔普受到启发的考尔德创造了活动作品。相对绘画上的抽象表现主义，利普顿、史密斯等非常活跃。巨大的物体雕塑进入都市空间而令人注目。著名的雕塑家有尼夫尔松、诺古奇、基恩霍尔兹、奥尔登伯格、克里斯托、莫里斯、贾德等。

1620年在首批移民到达之后，绘画主要有3个来源：（1）移民中原有的民间艺术家；（2）从欧洲来短暂停留的二三流画家；（3）一些航海家、旅行家或地质生物学家留下的速写或地质画。它们构成了民族画派的准备阶段。约1670年，北美殖民地开始形成了一个无名画家群，以波士顿为中心从事创作，留下50余件作品，大多画的是本地名流的肖像，其风格有尚兰小画派的痕迹。作者大都是画匠，或在殖民地短期停留的欧洲画家。这些肖像画说明，美国艺术从一开始就完全是市民的艺术。独立战争前后，美国绘画逐步成熟，涌现了一批受过专业训练、有较高艺术造诣的职业画家，他们为19世纪美国艺术的繁荣奠定了基础。

1728年，苏格兰画家斯迈伯特来到波士顿。他带来了欧洲古典大师作品的铜版复制品，也在这儿举办了个人画展。其后英格兰画家布莱克本善画洛可可风格的肖像。由于他们的活动，影响了一代美国画家。其中最主要的是科普利，堪称美国美术史上的第一个大师。他早年生活在波士顿，独立战争期间移居英国。他的肖像画真实刻画了美国人的精神面貌，在技法上也达到了英国肖像画的水平；历史画创作也有突出成就。韦斯特主要活动在英国，1792年继任英国皇家美术院院长，在艺术观点上受新古典主义的影响。斯图尔特是一位杰出的肖像画家，在英国和北美都有很大影响，他画的多幅《华盛顿像》成为美国美术史上的名作。

在19世纪上半期，美国艺术的发展还体现在大众化的艺术中。被称为民间画或原始派的画家大都没受过专业训练，主要模仿斯图亚特和科尔等人的风格，但非常质朴，形象稚拙，色彩鲜艳。

19世纪中期的南北战争改变了美国历史的发展进程，战后的工业革命和经济繁荣，也带来了艺术的黄金时期。风景画家丘奇、英尼斯，静物画家哈尼特，风俗画家亨特等人在各自的领域中作出了贡献。与此同时，欧洲艺术对美国的影响也日益增强，大批美国青年远渡重洋到法国、英国等地学习绘画，回美国后给本地的艺术带来新的技法和风格；也有一部分画家留在欧洲，成为欧洲19世纪末新美术运动的重要人物。女画家卡萨特1866年赴法深造，后定居法国。她是参加了法国印象派画展的唯一的美国人。沙金是美国最杰出的肖像画家。他的风格是将古典主义传统和印象派手法融为一体。惠斯勒的声誉已经超出美国，成为西方艺术的伟大革新者之一。他深受东方艺术的影响，追求纯艺术的表现力。

美国现代艺术的发端首先以强烈的美国精神体现出来，一群被称为“八人派”的青年画家敏锐地感受到了现代社会对人的生活方式与精神面貌的深刻影响，因此他们反对学院派的高雅与超脱，要求画城市的街道和被正统的艺术家认为是不堪入画的题材。因此当时的一些评论家就戏称他们为垃圾箱画派。虽然“八人派”的宗旨是追求题材上的突破，但他们也带来了不拘一格的表现手法。亨利是“垃圾箱画派”的典型代表，他曾到巴黎学画，风格上受印象派影响，但他回美国后即以下层社会的生活为题材，形式也变得更为粗放。1908年2月，以亨利为首的8名画家为与学院派对抗举办了自己的画展，从而轰动一时。在“垃圾箱画派”中，只有普伦德加斯特与众不同，他受后期印象主义的影响较大，不注重题材，手法上带有先锋派的特征。他是美国最早采用现代主义手法作画的画家之一。

在第一次世界大战前后，在欧洲蓬勃发展的现代主义运动开始猛烈地冲击美国。摄影师施蒂格利茨1905年在他自己的摄影室举办了一个分离派摄影展览，之后又把展览扩充到绘画与雕塑，这就是著名的“291画室”。1908—1917年，“291画室”大量展览和介绍欧洲现代派艺术家的作品，以及在现代派艺术中起了重要作用的儿童画和非洲雕刻。继“291画室”之后一个更重要的事件是“军械库展览会”，这个展览标志着美国现代派艺术的诞生。从此以后，美国艺术开始纳入了西方现代艺术的潮流。

这个展览于1913年2月17日在纽约举行。在展出作品中最引起轰动的是美国画家的立体派风格和抽象绘画，其中最为突出的画家是戴维斯。他是“军械库画展”的组织者之一，也是欧洲现代艺术在美国的主要传播者，他自己的风格受立体派影响较大，反映了现代都市生活所造成的视觉感受，也具有很强的装饰性，同时也尝试过其他的现代抽象艺术的手法，属于美国最早的抽象画家之一。他在接受立体派的构成时，也接受了野兽派的色彩，而在艺术观念上也受到中国与印度艺术的影响。奥基夫是施蒂格利茨的妻子，是美国著名的现代主义女画家。她的画是用抽象的语言表达孤独意识和压抑感，充满神秘主义色彩。其他的画家还有马林等。

在两次世界大战之间现代派运动在美国的主要表现是精确主义，又称立体派现实主义。这主要是一种风格和题材选择的范围，而不是一个画派和运动。这些画家的抽象形式的来源，主要是城市的建筑街道和工业设备及厂房。他们受欧洲的分析立体主义和纯粹主义的影响，也有达达主义的观念，主要人物有希勒等。此外，超现实主义在30年代在美国也流行过，1931年和1936年的两次超现实主义展览为它在美国的传播奠定了基础。

到20世纪30年代，现实主义艺术再次在美国复兴，这主要表现在壁画运动与乡土现实主义两个方面。在全球性经济危机冲击下，美国政府制定了联邦艺术计划，组织失业的艺术家参与各种公共建筑工程的壁画装饰工作。这项事业中，现实主义画家本顿获得了突出的成就。他反对欧洲抽象绘画对美国本土文化的冲击，坚持以美国普通劳动者的生活为题材，在风格上受墨西哥壁画的影响。与本顿的情况相似的乡土现实主义画家，他们在力求反映美国人民生活方式和思想感情时，都或多或少受到现代派手法的影响。这些画家中，霍珀用写实的手法描绘现代都市生活给小人物带来的孤独感；伍德用早期尼德兰绘画的风格来暗喻美国的传统，冷漠中包含着讽刺；怀思乡土题材的作品充满怀乡的愁绪和牧歌情调。

自20世纪70年代以来，纽约虽然一直是美国艺术的中心，但再也没有明确的艺术主流了。艺术家不断地追求新颖的形式，其内涵也远远超出了“艺术”的一般概念范畴。如超现实主义（即照相现实主义）、恶臭艺术、大地艺术（或过程艺术）、电子艺术、音响艺术、光影艺术和影视艺术等。

第三节　魅力隽永的流行音乐

美国的流行音乐作为欧美流行音乐的主体，主要是以欧洲及其他国家的传统音乐、民间音乐以及黑人音乐为基础融合而发展起来的。随着后来的逐渐演化和发展，又产生出新的种类形式，如爵士乐、廷潘胡同歌曲、乡村音乐、拉格泰姆布鲁斯、摇滚乐等。流行音乐是与严肃音乐相对而言的，它不同于严肃音乐，因为严肃音乐常具有较深的思想内涵和一些专门的知识层面，需要听众运用自己的知识和修养细细领悟、品味。而流行音乐对于听众来说，其形式短小、通俗，唱起来上口，并且对于听众不需要更多的专门知识，仅依靠对音乐的心领神会与感性认识就能理解。

美国音乐经过长期发展，到20世纪初才具备独特的美国风格，并取得了与西方各国音乐文化同样重要的地位。在此之前，美国境内存在着生活在这块土地上的各个民族或种族的音乐，也存在着欧洲音乐家从欧洲各国带来的专业音乐。它们之间经过长时期的相互影响、融合，最终促进了美国音乐的形成和发展。

16—18世纪印第安人的歌唱主要用于劳动、婚丧、准备作战等场合，以鼓等打击乐器伴奏，音调简单，独具一格。16世纪后，随着各国移民的到达，也带来了他们本国的音乐文化。经过激烈的争夺，英国人终于取得了在北美大陆的优势。因此，英国音乐对美国音乐的影响最大，它为美国音乐的形成奠定了最初的基石。1619年，第一批非洲黑人奴隶被贩运到北美。非洲黑人酷爱音乐，惯于一边劳动一边唱歌。黑人音乐的动人曲调和独特的切分节奏，对美国音乐的发展起了巨大作用。

1640年，马萨诸塞出版了《海湾诗篇歌集》，是北美刊印的第一本书。18世纪初，为提高歌唱水平，许多牧师著书指导唱歌。同时，随着移民的增加和一些大城市的逐渐繁荣，世俗音乐也变得活跃起来。欧洲乐器如小提琴、吉他、哈普西科德等开始流行，出现了专业音乐家。1731年在波士顿举行了第一场音乐会。通常的音乐会节目包括爱国歌曲、歌剧咏叹调、传统民歌等，有时也有一些标题的或无标题的器乐作品。在此基础上产生了美国本地出生的第一批作曲家。同欧洲音乐相比，当时美国作曲家的作品被认为不够成熟。

19世纪初，许多欧洲音乐家来到美国，他们带来了远比美国先进的音乐水平和技巧。1848年欧洲革命后，又有大批德国音乐家移居美国。他们使原先习惯于赞美歌的美国人的音乐趣味发生明显变化，也给美国年轻一代作曲家的创作带来巨大影响。与此同时，音乐教育获得迅速发展。

南北战争后，美国音乐生活更加丰富，又有一些重要的音乐团体相继建立，如大都会歌剧院（1881年）、波士顿交响乐团（1881年）等。更重要的是，出现了一批具有相当专业技巧的作曲家。他们把美国音乐提高到了欧洲的水平，但作品缺乏独创性，带有明显的模仿倾向。其中成就最高的是麦克道尔，他被认为是美国第一个取得国际声望的作曲家。

当美国作曲家几乎都在追随欧洲风格时，歌曲作家福斯特却采用美国黑人音乐的曲调进行创作。他的很多歌曲是为当时盛行的“黑人剧团”（由白人化装扮演黑人，其成员称为游吟艺人）写作的；而真正的美国黑人音乐却未受到重视，它们只在黑人中流传发展。当时流行的黑人音乐的主要类型有灵歌、布鲁斯、劳动歌曲等。

19世纪末20世纪初，美国出现了摆脱德国音乐控制的新潮流。捷克作曲家德沃扎克对此起了很大作用。他于1892—1895年应邀就任纽约音乐学院院长。他建议美国作曲家把美国印第安人和黑人的音乐运用到自己的创作中去。也有的作曲家转向法国音乐，他们的创作与印象派有着密切联系。另有一位作曲家艾夫斯在独自探索美国化的音乐语言。他在当时并未引起人们的注意，后来才被认为是美国老一辈最著名的作曲家。

20世纪20年代，社会舆论鼓励美国作曲家创作具有美国风格和特点的作品。一批作曲家在各方面支持下，为美国民族主义音乐的确立作出了贡献。特别在交响乐领域，他们为美国音乐赢得了与欧洲各国音乐并驾齐驱的地位。曾在巴黎师从法国作曲家布朗热学习的科普兰、哈里斯、辟斯顿、汤姆森以及塞欣斯等人，都在一定程度上把美国的音乐语言与西方第一流的作曲技巧结合起来。他们的学生和追随者如舒曼、巴伯、伯恩斯坦等继承了他们的道路。这些青年作曲家大都是国内培养起来的。

20—30年代的美国音乐并不只是朝着一个方向发展。西方音乐在第一次世界大战后经历了空前的剧烈变化，出现了新的现代音乐流派；即便是上述作曲家，在他们的某些作品中，也表现出不同程度的实验的性质。最重要的实验主义者是1915年定居美国的法国作曲家瓦雷兹。同时期，美国的流行音乐空前发展。特别是从黑人音乐布鲁斯、拉格泰姆等演变而来的爵士音乐风行全国。具有独立的美国风格的音乐剧（亦称百老汇歌舞剧）是在欧洲的轻歌剧和喜歌剧的基础上逐渐发展起来的，在流行音乐中占有特殊地位。著名的音乐剧作曲家有R.罗杰斯、格什温、伯恩斯坦等。

纳粹政权的出现和第二次世界大战，使许多著名的欧洲作曲家来到美国，如欣德米特、巴托克、勋伯格、斯特拉文斯基、米约等。他们给美国音乐带来了新的巨大影响。美国成为西方音乐文化的一个重要中心。美国音乐创作的民族性不再受到重视，许多美国作曲家的作品与欧洲音乐在风格上的差别几近消失。

20世纪50年代以后，美国音乐更趋多样化。尽管有的作曲家基本上按照传统的音乐语言进行创作，但是吸引着新一代作曲家的是层出不穷的各种新音乐流派，代表人物是凯奇。在流行音乐领域内，也出现了新的品种。从布鲁斯等音乐发展而来的摇滚乐风靡全国，爵士音乐退居次要地位。摇滚乐的代表人物有普雷斯利（1935—1977）等，民歌的著名歌手有迪伦等。70年代以后，摇滚乐的热潮逐渐衰退，各种流行音乐互相影响，在风格上趋向综合。最著名的流行音乐歌手是杰克逊。

在音乐表演方面，美国往往由于拥有世界第一流的指挥、独奏家和歌剧演员而达到很高水平。美国的交响乐团占全世界总数的一半以上。其中波土顿、芝加哥、克利夫兰、纽约和费城等交响乐团均享有国际声誉。

美国音乐种类繁多。爵士音乐（Jazz）是19世纪末20世纪初在美国新奥尔良发展起来的一种流行音乐，其形成与发展经历了比较复杂的过程。爵士乐来自非洲音乐。17—18世纪，非洲黑人被贩运到北美，过着非人的奴隶生活，音乐成为他们抒发内心痛苦、寻求精神慰藉的主要工具。黑人奴隶保持了非洲音乐的传统，同时又逐渐受到欧洲音乐的影响，于是产生了许多美国黑人的音乐形式，如布鲁斯、拉格泰姆、灵歌、福音歌等。其中以布鲁斯和拉格泰姆对爵士乐的形成影响最为明显，它们的一些艺术特征迄今仍保留在爵士音乐中。

布鲁斯是一种黑人民歌，以吉他或其他乐器伴奏，源自黑奴的劳动歌曲，内容多表现黑人的不幸生活和哀怨及渴望幸福的情绪。

最著名的布鲁斯歌手是史密斯，她的富有特色的演唱（包括各种滑音和颤音的运用），对早期爵士音乐风格的形成有很大影响。她演唱的《圣路易斯布鲁斯》是广为流传的经典性的布鲁斯之一。拉格泰姆（曾译散拍乐）是一种钢琴音乐，可能是从饼步舞（美国南方种植园中农奴们的一种舞蹈）、班卓琴曲与欧洲的舞曲、进行曲等综合演变而来的。其中重要的代表人物是作曲家乔普林，他最著名的作品是《枫叶拉格泰姆》。

20世纪初，当布鲁斯和拉格泰姆等乐曲在新奥尔良由黑人小型铜管乐队演奏为舞蹈伴奏时，便产生了最初的爵士乐。人们称它为“新奥尔良爵士”。起初的爵士乐师都不识谱，他们凭着良好的音乐素质、听觉和记忆来熟悉基本曲调及其和声结构，以此为主题作即兴变奏。这种节奏一个接一个，变化无穷，可以充分施展爵士音乐家的聪明才智和创造力。实际上爵士乐更多的是一种表演者的艺术。即便后来爵士乐发展到必须按谱演奏时，也仍然保留了演奏者（特别是独奏时）即兴发挥的充分可能。乐谱只是记录乐曲的基本轮廓。1917年前后，一些白人乐队在舞厅、酒吧间模仿黑人乐队演奏爵士乐，引起轰动。从此，爵士乐走出了与外界隔绝的黑人生活圈，进入城市娱乐场所，并逐渐走上了商业化的道路。

20世纪20年代，为了摆脱生活困境和南方的种族歧视，新奥尔良的爵士乐师们纷纷北上来到芝加哥及密西西比河沿岸的城市。这时的爵士乐在风格上已有了某些变化。此后，爵士乐的风格不断发展，几乎每隔10年，就出现一种新的爵士音乐形式，并产生出相应的代表性音乐家。芝加哥爵士乐基本上保持了新奥尔良爵士乐的特点，独奏变得更为重要。同时，萨克斯管成为主要的爵士乐器，并一直沿用至今。20年代的爵士乐常被称作“热爵士”，其代表人物有L.阿姆斯特朗等。30年代，爵士乐的活动中心从芝加哥转到了纽约，并发展了一种被称作“摇摆乐”的风格。40年代，新奥尔良爵士乐再度兴起。同时出现了一种新的爵士乐形式：比博普。比博普因人们模仿乐曲开头动机的声音而得名，它的特点是旋律快速跳跃，节奏多变。50年代抛弃了比博普那种过分激烈的音响，而追求一种克制的、柔和的音乐风格。这种风格的爵士被称作“凉爵士”。这时受过专业音乐教育的爵士音乐家越来越多，他们经常采用严肃音乐的作曲技巧来从事爵士乐曲的创作。

60年代，在凉爵士和传统爵士继续发展的同时，又出现了所谓的“自由爵士”。它实际上是爵士音乐家受现代专业音乐创作的影响，把无调性、自由节奏等手法引入爵士乐的结果。70年代以后，爵士乐趋向于各种风格的结合，不仅综合了爵士乐自身发展过程中的各种风格，而且广泛吸取了其他流行音乐以及南美、中东等地的各种音乐成分。从50年代后半期开始，另一种新型的流行音乐“摇滚乐”兴起，使爵士乐退居次要地位。摇滚乐是从“节奏布鲁斯”发展而来的；而节奏布鲁斯是在传统布鲁斯的基础上吸取了爵士乐的舞蹈节奏等因素形成的。摇滚乐强调持续不断的两拍子的节奏型。

虽然如此，爵士乐并没有停止发展，它仍然拥有自己的听众。有时爵士乐与摇滚乐互相影响、渗透，使人难以区分。

爵士乐产生以后，很快风行美国，并且流传到世界许多国家。爵士乐不仅影响了其他流行音乐形式（包括音乐剧），也影响了严肃音乐的创作。20世纪许多欧洲作曲家都曾采用爵士乐作为创作素材。美国作曲家格什温、科普兰等，更以创作了爵士乐语言与欧洲传统作曲手法相结合的、富有美国特色的音乐作品而著称于世。

北美黑人的宗教礼拜歌曲，内容大多反映黑人遭受残酷奴役、痛苦无告，只好把希望寄托在宗教上的悲惨处境，歌曲用英语演唱，旋律朴素，多数为五声大调式（如《没有人知道我的痛苦》《下来，可爱的马车》）或七声小调式（如《去吧，摩西》《钉十字架》），富于切分节奏、和声，近似美国基督教会的赞美诗。由于经常即兴演唱，几乎没有定语可以遵循。南北战争后，由于菲斯克大学黑人歌唱团等黑人歌手的传布，美国最有代表性的黑人民歌闻名于世，并成为爵士音乐的重要素材。北美白人演唱的民间赞美诗亦称灵歌。

从18世纪末至20世纪的200年中，美国流行歌曲经历了由借用、翻译、模仿欧洲各国歌曲，到逐渐发掘和发展本国不同民族的多种音乐因素，来创造自己的具有美国特色的歌曲形式的过程。18世纪下半叶，美国人民遭受殖民统治的时候，就通过歌曲表达他们的反抗与斗争情绪。在美国独立战争和战后一段时期，流传了更多的歌曲，如《扬基嘟得儿》（采用英国同名歌曲曲调）、《切斯特》、《亚当斯和自由》（采用《阿那克里安》曲调，此歌于1814年被重新填词，成为著名歌曲《星条旗》）等。这些歌曲大多采用英国歌曲的曲调进行填词，带有宗教圣咏的痕迹，这是由于当时美国的音乐尚处在以教堂音乐作为美国早期流行的歌曲，且都来自英国、爱尔兰、苏格兰、德国和意大利的歌曲和歌剧曲调的缘故。

18世纪末19世纪初，爱尔兰和苏格兰歌曲在美国开始流行，其中《美好的往日》等歌曲，脍炙人口。这些歌曲具有乡土气息，得到美国人民的喜爱。19世纪初，德奥歌曲在美国也很流行，如舒伯特、阿布特、库克思的许多歌曲均被译成英文，印成歌篇出版。19世纪20—40年代期间，在美国普遍流行采用欧洲歌剧的曲调填以英文歌词的歌曲，或英国作曲家用意大利歌剧风格谱写的歌剧曲调。

这是最早显露出美国自己特点的歌曲。它是由白人创造的、供白人欣赏娱乐的音乐表演形式，发源于美国北部和中西部。19世纪20年代，英国演员C.马修斯有意识地将黑人语言的拼音、节奏等特点加以喜剧化，配上简单的音乐旋律加以表演，受到热烈欢迎，许多美国演员如狄克逊、尼科尔斯、斯威尼威、法雷尔等，纷纷效仿马修斯的表演，成为当时最出名的流行歌曲作者和表演者。19世纪下半叶，游吟艺人的歌曲大大发展，出现了众多的表演团体。其表演者都是白人男子，采用的音乐素材来自昂格罗、流行曲调、意大利歌剧或由此派生的曲调等。据考证，南北战争前的美国音乐很少与黑人音乐有联系。

19世纪下半叶，在美国反蓄奴制的斗争及南北战争期间，产生了一些反映黑奴痛苦生活和争取解放的歌曲。南北战争是美国历史上影响较大的一次全民性战争，在当时和以后的文学艺术作品中，歌曲为数最多。这些歌曲在音乐上除与英国、爱尔兰等欧洲音乐保持联系外，明显地出现了与黑人灵歌和其他黑人歌曲音调上的联系，即明显地表现出美国特色。19世纪从事歌曲创作的美国作曲家有霍普金森、卡尔、休伊特、肖、拉塞尔、哈钦森家族和福斯特。其中霍普金森（1737—1791）是美国第一个歌曲作者。肖（1779—1848）是第一个在美国出生的歌曲作家。拉塞尔（1812—1900）被誉为在福斯特之前的美国最有成就的歌曲作家。哈钦森家族则是演唱和创作歌曲的著名小团体。19世纪美国最重要的歌曲作家是福斯特，他在短促的一生中创作了200余首歌曲，其中有的吸收了传统的英国民歌的特点。他的代表作《故乡的亲人》《我的肯塔基老家，晚安》《主人长眠在地下》等，已成为世界名曲。

美国的流行音乐对世界音乐的发展产生了极大的影响。这种影响是一种循环关系，非洲的黑人文化作为流行音乐的源泉使其迅速发展，当这种美国形式的流行音乐回到非洲时又促使了世界音乐的诞生。20世纪80年代，当世界音乐的影响逐渐扩大，世界各地的音乐家便通过各种先进手段充分体现了更加前卫的当代意识，从而又返回来促进了流行音乐的发展。因此，我们可以明显地看到世界音乐并不是孤立存在的，它是一种流行音乐、民族音乐甚至传统音乐相结合的混合体。

第四节　震撼心灵的现代舞蹈

20世纪70年代风靡世界的一种群众自娱性舞蹈就是美国黑人创造的爵士舞。爵士舞从20世纪70年代兴起，最初只流行在美国小城镇的黑人聚居区和拉丁美洲下层社会中，并不为人所注意，甚至被上层社会所不齿。但没多久，它就迅速流传，直至风靡全世界。迪斯科音乐强调以夸张的强弱力度的交替反复诱发内在的节奏冲动来支配舞步，比传统的华尔兹、探戈等，更为自由，突出个性。舞蹈动作可随着音乐节奏即兴发挥。

在美国，民间舞蹈一词所指的范围比某些国家要广泛得多，传统舞蹈、仪式舞蹈、社交舞蹈、舞厅舞蹈中的许多舞蹈都可以称作民间舞蹈，往往很难分清它们之间的界限，这和它的舞蹈文化构成有关。美国民间舞蹈主要分3部分：印第安人的舞蹈；欧洲移民及其后裔的舞蹈；黑人的舞蹈。印第安人的舞蹈包括社交性的、仪式性的、和劳动生活紧密联系的、用于治疗疾病的等等，几乎都是逆时针方向进行的圆圈舞，其中往往都渗透着对“超自然力”的崇拜。

印第安人大多没有文字，他们小心地保存传统的舞蹈和歌曲具有重要意义，故很少和外来舞蹈相融合。欧洲的移民——英国人、爱尔兰人、法国人、德国人、西班牙人等在涌向北美大陆的同时，带来了各自传统的民间舞蹈、宫廷舞蹈、舞厅舞蹈，他们结合当地新的生活条件把这些舞蹈加以改造，创造出具有美国特点的新舞蹈形式。其中最流行的有方舞，它与英国乡村舞和法国卡德里尔舞有关，变体很多；圆舞，显然是在成对跳的华尔兹、波尔卡、绍蒂谢等舞蹈的基础上演变出来的沿舞厅周围旋转行进的舞蹈；集体游戏舞蹈通常是边舞边唱，旁观者也以歌声和拍手相和，舞蹈动作一般比较简单、生动有趣，且可以随时变换舞伴。美国黑人对美国舞蹈的发展和美国舞蹈风格的形成起着重要作用。

从17世纪起，800万非洲黑人被当作奴隶运进美国，他们带来了非洲黑人舞蹈的激情和切分节奏（即把欧洲音乐以重拍放在第1拍的传统改变为把重拍放在第2拍或弱拍上），黑人舞蹈和白人舞蹈融合交流，创造出了新的舞蹈形式。例如，踢踏舞和爵士舞就是把爱尔兰木底鞋舞的节奏改变成切分节奏，并一反爱尔兰人那种身躯僵直、面无表情的跳法，加上了身体和手臂的动作，形成了全新的舞种。黑人奴隶模仿和嘲讽那些趾高气扬的白人奴隶主，创造了步态舞。其他如狐步舞、布鲁斯和查尔斯顿等也成为流行一时的新舞蹈。其中许多舞蹈后来成为受人喜爱的现代舞厅舞蹈，不仅遍及美国，也风靡欧洲大陆。

踢踏舞是一种用脚击打地面的节奏性舞蹈，源于爱尔兰和兰开夏的木鞋舞。它的基本技巧是用脚跟、脚掌、半脚掌、脚尖击打地面发出响声，以丰富而复杂的节奏变化取悦观众。表演时需要在舞鞋的前掌部分加装金属片，使击地的响声清脆悦耳。踢踏舞于20世纪初在美国的杂耍剧场中风行，并出现了不少专门从事踢踏舞表演的职业演员，其中最有名的有鲁宾逊、鲍威尔、阿斯泰尔、德雷伯、博格和米勒等。这种舞在20世纪70年代曾再度流行，风靡一时。

由4对舞伴站成四方形跳的舞蹈形式，尤指美国方舞，它已成为美国民间舞蹈文化的一个很有特色的部分。方舞起源于英国乡村舞的两种派别：一是源于英国轮舞，一种节奏鲜明、复杂的花样舞蹈——肯塔基跑步舞；一是路易十五时代十分流行的、四方形的法国对舞——科蒂荣。方舞通常包括一连串的“花样”，每个“花样”中的舞蹈队形都是对称的，而舞步则比较简单，“花样”的顺序是事先安排好的，由一位领舞者（可以是舞蹈者之一，也可以是不参加舞蹈的另一个人）用呼喊声来指挥“花样”的及时转换，他能够即景生情地呼喊出押韵的词句（有时还使用方言）来激励舞者，使气氛活跃起来，有时舞者也呼喊出与他相互应和的词句。美国方舞在发展过程中吸收了英格兰、苏格兰、法国及其他欧洲国家以及墨西哥舞蹈或民间游戏的因素，形成了种类繁多的变体。

20世纪80年代的电影给爵士舞提供了发挥的空间，并且还带动了“霹雳舞”的流行。霹雳舞令人眼花缭乱，跳舞者必须身怀绝技，不怕受伤。所以涉足者多是比较贫穷、胆大包天的年轻人。它的出现，始自60年代的纽约市南布朗克斯区。那里是黑人聚居的地方，纽约最贫穷的角落。这里的年轻人往往是生活中的失意者。霹雳舞便是他们发泄内心情感的产物，是在贫穷和失望压抑下迸发出来的艺术。舞姿充满野性，初时曾受到一些地方政府的禁止。但它为不少店铺招来了生意，特别是由于它迷住了一大批殴斗成性的青年，使打斗现象大为减少，所以不可遏制地生存发展下来。后来美国各地都建立了霹雳舞俱乐部、学校和剧团。不少团体已到欧美各国演出，获得巨大成功。霹雳舞20世纪80年代后逐渐跨越美国国界，走向世界，其声势可与当年摇摆舞、迪斯科舞相媲美。

第五节　独领风骚的百老汇戏剧

百老汇是纽约曼哈顿区一条大街的名称，其中段一直是美国商业性戏剧娱乐中心，因而百老汇这一词汇已成为美国戏剧活动的同义语。自19世纪中叶起，百老汇剧院逐渐增多而使这条大街灯火辉煌，获得了“伟大的白色大道”之称。20世纪初，百老汇剧院约有20多家，1925年百老汇的剧院曾多达80家，由于其他娱乐形式的竞争至1980年只剩下40家，在1927—1928年度的演出季节，百老汇上演的剧目多达280出，但在70年代已降为50出左右。

美国戏剧的历史较短。从殖民地时代起到19世纪初，戏剧在成就上远逊于同时期的散文、诗歌和小说。直到20世纪初，才渐趋成熟，在两次世界大战之间赶上了世界水平而进入黄金时代。

殖民地时代，戏剧等文艺活动由于受清教主义的束缚而被视为一种“罪恶”。尽管如此，17世纪和18世纪仍然出现了个别欧洲移民创作的剧本，例如，达尔贝1665年写的《裸者和幼兽》是迄今已知的第一出北美戏剧，但已失传。18世纪初，英国皇家驻纽约州的殖民总督亨特于1714年写的讽刺笑剧《安德罗博罗斯》是第一部在北美印行出版的剧本。独立战争前，有些地区的学院偶尔也演戏，但纯属业余性质。

直到18世纪中叶，英国人哈勒姆率剧团来新大陆演出，才推动了戏剧活动。后来又有一位英国剧团经理道格拉斯来访，并于1766年在费城建立了索斯瓦克剧院，从而使戏剧活动具有了职业性质。1767年该院上演了第一部美国诗体悲剧《安息王子》。独立战争时期，戏剧活动受到限制。1776年《独立宣言》发表后，沃伦、里柯克和蒙福德等人有一批根据欧洲古典戏剧模式仿制的剧作出版，反映了热爱自由和争取独立的主题思想，但在艺术质量上远不及当时的欧洲戏剧。汉·泰勒于1787年创作的剧本《对比》，通常被认为是职业剧团演出的美国第一部机智幽默的世态喜剧。剧中新英格兰的一个聪明伶俐、天真无邪的农民乔纳森的形象后来成为美国戏剧中所刻画的许多“美国佬”的原型。但是，直到18世纪末出现了剧作家邓勒普，美国戏剧创作才真正进入了开创阶段。

百老汇上演各种样式的戏剧，主要以豪华壮观、有歌有舞、场面宏大的音乐剧招徕观众。这种音乐歌舞剧已成为美国特有的剧种和百老汇的命脉。美国剧联于1946年以美国著名女演员兼导演安托尼特·佩雷的名字设立了托尼奖，相当于电影界的奥斯卡奖，每年颁发19项给百老汇戏剧，有最佳戏剧奖、最佳导演奖、最佳男女演员奖、最佳男女配角奖、最佳音乐剧本奖、最佳音乐剧导演奖、最佳音乐剧总奖、最佳音乐剧歌词奖、最佳音乐剧舞蹈编导奖、最佳音乐剧男女演员奖、最佳舞美设计奖、最佳灯光设计奖、最佳音乐剧男女配角奖、最佳重演剧目奖和特别奖。当前，此奖在美国剧院和演出人联盟以及美国剧联的领导下，由12位剧评家和学者组成的提名委员会提名，最后由戏剧艺术家组织的600多名成员投票表决得出，获奖者只领取金质奖章，无奖金。

外百老汇是指纽约商业性戏剧中心之外的戏剧活动，多半由一些剧团在第41街至第56街的剧院或租用的旧厅堂和地下室演出。它早在20世纪初就曾以先锋派姿态出现，主要特征是以较低成本进行戏剧实验，并为百老汇不加赏识的戏剧工作者提供演出机会。两座早期知名的外百老汇剧院都成立于纽约格林威治村。其一是1914年成立的华盛顿广场剧院，演出一些为商业性剧院忽视而具有艺术价值的戏剧，后于1919年演变成同仁剧院，在提高美国戏剧的水平方面起了很大作用；其二是普罗文斯顿剧社，由华盛顿广场剧院的一些成员于1915年在马萨诸塞州普罗文斯顿建立，旨在“给美国剧作家提供一个自由表达自己思想的机会”，1916年移至格林威治村，一直活跃了十几年，尤以首先演出奥尼尔的剧作而闻名。20世纪30年代经济大萧条时期，外百老汇曾是上演工人戏剧和具有左翼政治思想的剧作的场所，其中最知名的剧团是加·哥里利克的集体剧院。第二次世界大战后，外百老汇不仅上演新剧目，也复演百老汇演出失败的剧目，而且勇于在导演、表演和演出风格上进行大胆探索，从而形成了一个声势浩大的外百老汇运动。

随着第一次世界大战的结束，百老汇剧院文化于20世纪20年代开始迅速蓬勃发展，20年代末，是百老汇艺术的鼎盛时期，1925年这里的剧院达到80家之多。但这种好景却因为30年代初的经济危机而画上句号。

随着历史文化的再次演进变迁，现今的百老汇不仅是一条贯穿纽约曼哈顿岛南北向的马路，更是剧院或是欣赏戏剧的代名词。

“百老汇”实际上有三个含义：第一个概念是地理概念，指纽约市时代广场附近12个街区以内的36家剧院；第二层含义是在百老汇地区进行的演出；第三层含义是整个百老汇这个产业，这样的产业也包括在纽约市以外的地区，主要以演出百老汇剧目为主的这些剧院。总的来说，百老汇是西方戏剧行业的一个巅峰代表，在戏剧和剧场这个行业代表着最高级别的艺术成就和商业成就。

百老汇自20世纪60年代中期起因演出成本增高，票价上涨，外百老汇和外外百老汇以及地区剧院和大学剧院逐渐打破了以往百老汇对戏剧演出的垄断地位。百老汇的演出商为了牟利，也常把别处已上演成功的剧目搬来上演，渐渐成为美国戏剧的一个展览窗口，展示美国各地出现的成功剧目。

20世纪60年代后，纽约原与百老汇商业戏剧相对抗的外百老汇戏剧也渐趋商业化，演出费用不断上涨，于是一些新剧作家便另辟路径，在格林威治村的咖啡馆、酒吧、顶楼、地下室或教堂以更低的成本演出各种更为新颖的实验剧，由此产生了外外百老汇运动。这项运动的主要创始人之一是爱伦·斯图尔特。她是一位黑人妇女，原是服装设计师，1962年同剧作家保罗·福斯特合作，在曼哈顿东区第九街租了一处地下室，内设25个座位，上演新剧作家的戏剧。次年，她在第二大道开设了一家拉妈妈咖啡馆，内设74个座位，1965年上演的莫瑞·希斯格尔的《打字员》和1966年上演的威尔逊的《爱尔德里奇的白霜》获得了公众的好评。美国《绅士》杂志把爱伦·斯图尔特列为世界最重要的100名妇女之一，她也被称为“外外百老汇之母”。斯图尔特的实验戏剧俱乐部至今仍是美国一些希望在创作、导演、表演、舞美设计方面试行创新的戏剧艺术家向往的圣地。

第六节　风靡世界的好莱坞电影

电影发明于19世纪末，是当时科技发展的结果，也是欧美各国许多人共同努力的结果。1891年，爱迪生及其助手威廉·迪克逊成功地研制出一种供一人通过看片机观看的“电影视镜”。作为电影机的发明者，爱迪生公司赢得了专利权。

1893年，爱迪生创建“囚车”摄影场，被视为美国电影史的开端。1896年，维太放映机的推出开始了美国电影的群众性放映。

19世纪末20世纪初，美国的城市工业发展和中下层居民迅速增多，电影成为适应城市平民需要的一种大众娱乐。它起先在歌舞游乐场内，随后进入了小剧场，在剧目演出之后放映。1905年在匹兹堡出现的镍币影院（入场券为5美分镍币）很快遍及美国所有城镇，到1910年每周的电影观众多达3600万人次。

当时影片都是单本一部的，产量每月400部，主要制片基地在纽约，如爱迪生公司、比沃格拉夫公司和维太格拉夫公司。1903年，鲍特的《一个美国消防员的生活》和《火车大劫案》，使电影从一种新奇的玩意儿发展为一门艺术。影片中使用了剪辑技巧，鲍特成为用交叉剪辑手法造成戏剧效果的第一位导演。

1897年，爱迪生为争夺专利进行诉讼，到1908年，成立了由爱迪生控制的电影专利公司，公司拥有16项专利权。到1910年，电影专利公司垄断了美国电影的制作、发行和放映。独立制片商为摆脱专利公司的垄断，相继到远离纽约和芝加哥的洛杉矶郊外小镇好莱坞去拍片，那里自然条件得天独厚，又临近墨西哥边境，一旦专利公司提出诉讼便可逃离。格里菲斯1907年加入比沃格拉夫公司，次年导演了第一部影片《陶丽历险记》。至1912年格里菲斯已为该公司摄制了近400部影片，把拍片重心逐渐移向好莱坞，并发现和培养了许多后来的著名演员，如塞纳特、璧克馥和吉许姐妹等。

第一次世界大战前夕，镍币影院逐渐被一些条件较好的电影院所代替；电影专利公司的垄断权势逐渐消失，终于在1915年正式解体。此时以格里菲斯为代表的一批新的电影艺术家已经出现。制片中心也从东海岸移到好莱坞。第一次世界大战不同程度地破坏和损害了欧洲各国的电影业，却促成了美国电影的勃兴。美国电影源源不断地涌入欧洲市场。导演格里菲斯、英斯和塞纳特对美国早期电影的发展作出了贡献。卓别林于1914年拍摄了第一部影片《谋生》，立即吸引了全世界观众。

1919年，卓别林、范朋克、璧克馥3位著名演员和格里菲斯一道创办了联美公司，以发行他们独立制作的影片。20年代，美国影片生产的结构从以导演为中心逐步转化为以制片人为中心的体制。“制片人中心”模式形成了20年代的“明星制度”，各大公司均拥有一批明星。除卓别林、范朋克和璧克馥外，先后成名的还有“胖子”亚布克尔、巴拉、巴里摩尔兄弟、查尼、吉许姐妹、马许、米克斯、史璜逊、基尔伯特、嘉宝、基登、希拉、劳埃德和早逝的范伦铁诺。“好莱坞”此时已成为“美国电影”的同义语。由于在明星制度鼎盛时期有些明星的行为不检点招致公众的抨击，美国电影业成立了“美国制片人与发行人协会”，在海斯的主持下这一组织制订了“伦理法典”，以便在审查影片时剔除其中不合乎美国公众道德观念和生活方式的情节、对话和场面。这就是著名的海斯法典，它对美国电影的约束一直延续到1966年。

严格的审查制度使美国无声电影的主要成就表现在喜剧片、西部片和历史片3个方面。喜剧片的佳作首推卓别林的《寻子遇仙记》《淘金记》《马戏团》，基登的《航海者》《将军》，劳埃德的《大学新生》；西部片主要有《篷车》《铁骑》《小马快邮》等；历史片有地密尔的《十诫》《万王之王》，格里菲斯的《暴风雨中的孤儿们》，英格兰姆的《启示录四骑士》等。第一次世界大战后，不少欧洲导演陆续来到好莱坞，他们的才能不同程度地受到了制片公司的抑制和扼杀。他们和美国导演一道，拍摄出无声电影的最后一批重要影片，如鲍沙其的《七重天》、勃朗的《肉与魔》、金的《史泰拉恨史》和维多的《大检阅》等。弗拉哈迪的《北方的纳努克》则为纪录电影奠定了基础。

20年代中期，豪华的电影院已基本上取代了镍币影院。20年代末期，好莱坞电影为战胜商业无线电广播这样的竞争对手，在音响方面进行了一次革命，产生了有声电影。

1926年，华纳兄弟影业公司拍摄了用唱片来配唱的由巴里摩尔主演的歌剧片《唐璜》（克罗斯兰导演）。1927年，美国华纳兄弟公司推出世界上第一部有声故事片《爵士歌王》，电影进入有声时代。从20世纪30年代到40年代中期，美国电影一直处于黄金时代。影片产量稳步上升，美国其他地方以至世界各地的许多电影艺术家纷纷来到好莱坞谋求发展。随着有声电影的出现，除了早期的喜剧片、西部片、闹剧片外，歌舞片、强盗片、侦探片、恐怖片等各种类型片也迅速发展起来。类型电影是美国电影中的一种特殊现象，它以公式化的情节、类型化的人物和环境长期吸引着观众。如出现最早的西部片，它以美国西部开发的历史为背景，在西部独特的环境中描绘代表"野蛮"的印第安人、强盗、歹徒和代表文明的西部开发者、边疆居民、骑警之间的斗争，并一再塑造单枪匹马、独往独来的牛仔形象，一直受到美国观众的欢迎。

美国电影中的特殊现象——类型影片，在20世纪30年代获得了充分的发展。最初的类型片是无声电影时代的喜剧片、闹剧片和西部片，到20世纪30年代初期，歌舞片、盗匪片、侦探片、恐怖片等类型相继出现并得到繁荣发展。类型电影是美国经济、社会和文化需要的直接产物，它们中成为经典作品的有歌舞片《四十二街》《掘金女郎》《大礼帽》《风月无边》《齐格飞大歌舞》；盗匪片《小恺撒》《公敌》《疤面人》《吓呆了的森林》；恐怖片《吸血鬼》《弗兰肯斯坦》等。

除上述类型影片外，20世纪30年代还产生了大量成为美国电影史中代表作的影片，如卡普拉的《一夜风流》《第兹先生进城》《史密斯先生到华盛顿》；卓别林的《摩登时代》；克伦威尔的《人类枷锁》；顾柯的《八时餐会》《小妇人》；柯蒂斯的《新新监狱两万年》《黑色的愤怒》《侠盗罗宾汉》；弗莱明的《勇敢船长》《绿野仙踪》《乱世佳人》；福特的《告密者》《青年林肯》《关山飞渡》《怒火之花》《青山翠谷》；戈尔汀的《大饭店》；希区柯克在美国导演的第一部影片《蝴蝶梦》；朗格的《狂怒》；李洛埃的《我是越狱犯》；刘别谦的《风流寡妇》；斯登堡的《摩洛哥》《上海快车》；惠勒的《红衫泪痕》《呼啸山庄》等。此外，霍克斯、金、马莫里安、华尔许等亦拍摄了多部质量优秀的影片。

当时对美国电影发展作出贡献的还有众多的表演艺术家，其中包括亚斯坦、鲍嘉、鲍育、古柏、克劳藻、戴维斯、哈维兰、方达、盖博、格兰特、赫本、鲁宾逊、史都华和泰勒等。优秀的电影家中还包括摄影师托兰和黄宗沾。此外，童星邓波儿等主演的影片对于鼓舞20世纪30年代的美国民众起了特殊的作用。

从20世纪20年代末开始，迪斯尼创造了米老鼠、唐老鸭等一系列家喻户晓的动画形象；从1938年的《白雪公主和七个小矮人》开始，创造了《木偶奇遇记》《幻想曲》《小鹿班比》等脍炙人口的动画长片，使美国动画片的影响遍及世界。

好莱坞在20世纪30年代发展为美国的一个文化中心，众多的作家、音乐家及其他人士相继来到这一电影都城。他们之间相互影响，拍摄出一批社会意识较强的影片，如上述《史密斯先生到华盛顿》《新新监狱两万年》《黑色的愤怒》《告密者》《怒火之花》《青山翠谷》《狂怒》《我是越狱犯》《巴斯德传》《左拉传》

《华莱士传》《他们不会忘记》《黑色军团》《穷巷之冬》等。年轻的威尔斯1941年导演的《公民凯恩》吸取了经典美国电影的精华，这部从叙事结构到镜头结构均有重大创新的影片，把美国电影推向了一个新的高度。威尔斯的《公民凯恩》和《安倍逊大族》对以后电影的结构、摄影和电影理论的影响十分深远。

美国的纪录片在20世纪30年代中期，在英国的格里尔逊和荷兰的伊文思的影响下再次受到重视，代表作《开垦平原的犁》《河流》《城市》等。第二次世界大战爆发后，美国的纪录片除了为军方摄制的大批军事训练片和战争纪录片外，还有一批数量相当可观的堪称经典之作的纪录片，如福特的《中途岛战役》，休斯登的《来自阿留申群岛的报告》《圣彼得罗之役》，惠勒的《孟菲斯美女》，罗歇蒙的《战时女郎》等。卡普拉率领他的分队自1942年起用资料片和缴获的敌方影片制作出《我们为何而战》的系列片。卡宁和英国的里德合作导演的《真正的光荣》被誉为长纪录片的顶峰。

第二次世界大战期间出现了许多优秀的故事片，有柯蒂斯的《胜利之歌》《卡萨布兰卡》《出使莫斯科》；顾柯的《费城的故事》；霍克斯的《约克军曹》；希区柯克的《破坏者》《疑影》《救生船》；休斯登的《马耳他之鹰》；金的《皇家空军中一名美国佬》；朗格的《刽子手也死亡》；李洛埃的《魂断蓝桥》《东京上空三十秒》等。

从战后开始直至20世纪50年代初期，是好莱坞“黄金时代”的最后一段繁荣时期。这一时期最突出的影片有：卓别林的《凡尔杜先生》；多南和凯利的《雨中曲》；福特的《亲爱的克莱蒙丁》；霍克斯的《红河》；休斯敦的《宝石岭》《柏油丛林》《非洲女王》。

美国电影自20世纪40年代末期至50年代中期，也经历了一系列的打击和挑战。首先，1948年5月美国最高法院根据反托拉斯法对拖延多年的“派拉蒙案”作出裁决，判定大公司垄断为非法，要求制片公司放弃发行和经营电影院的业务。这就切断了大公司的主要财源，迫使公司大幅度减少影片生产。其次，美国电视发展迅速，到1953年，电影观众人数与1946年相比减少了一半。为争夺观众，早在20年前即已发明出来的宽银幕电影此时开始成为与电视竞争的手段。最甚者是自1947年起，“非美活动调查委员会”开始针对好莱坞进步人士进行政治迫害。但受迫害的电影界人士克服重重困难，摄制出描写锌矿工人罢工的影片《社会中坚》（比伯曼导演），至今仍受到电影研究人员的重视。主要发生在20世纪40年代中期至50年代初期的美国“黑色电影”，如怀尔德的《加倍赔款》《日落大道》，加奈特的《邮差总是按两次铃》和雷伊的《以夜维生》，亦是在这种政治气候的特殊条件下产生的，并随着50年代末政治压力的消退而逐渐消逝。

20世纪60年代后期以后，美国许多综合大学陆续设置了电影学院、电影系或专业，著名的有南加利福尼亚大学的电影学院，加利福尼亚大学（洛杉矶）的影剧系和纽约大学的电影制作、电影理论、影剧剧作3个系。只就电影理论学科来说，获得电影博士学位的人数由20世纪60年代中期的200人激增至20世纪90年代的2000人。各种理论研究机构和学会的发展，各种电影学术性刊物（如《美国电影》《电影季刊》《广角》《电影杂志》）的繁荣，为美国电影研究提供了条件。

美国电影评奖活动中除影响最大、历史最久的电影艺术与科学学院的奥斯卡金像奖以外，重要的还有美国影评人学会奖和好莱坞外国新闻记者协会“金球奖”等。主要的国际性电影节有芝加哥国际电影节、洛杉矶国际电影展览、纽约国际电影节和旧金山国际电影节。